남자아이 심리백과

THE WONDER OF BOYS by Michael Gurian
Copyright ⓒ1996 by Michael Gurian
All rights reserved.
Korean translation copyright ⓒ2009 by Sallim Publishing Co., Ltd.
This edition is published by arrangement with
Jeremy P. Tarcher, a member of Penguin Putnam, Inc. through Shin Won Agency.

이 책의 한국어판 저작권은 신원 에이전시를 통해
미국 Penguin Group과 독점 계약한 (주)살림출판사가 소유합니다.
신저작권법에 의하여 한국 내에서 보호받는 저작물이므로
무단 전재와 무단 복제를 금합니다.

남자아이 심리백과

아들의 마음을 알면 아들의 미래가 달라진다

마이클 거리언 지음 | 도희진 옮김

살림

머리말

> 피노키오! 아, 피노키오!
> 네가 사람이 되었어! 살아 있는 진짜 남자아이 말이야!
>
> —제페토

 어렸을 때, 친구들과 월트 디즈니 영화 〈피노키오〉를 보러 간 적이 있다. 영화에서 목수인 제페토 할아버지는 나무로 사내아이를 만든다. 그리고 푸른 요정이 하늘에서 내려와 피노키오에게 약속한다. 용감하고 정직하며 성실하게 행동하면 진짜 아이가 되게 해주겠다고. 그때 나는 용기가 남자아이를 정말 사내답게 만들어준다는 것, 성실과 정직함이 남자아이를 살아 있는 존재로 변화시켜준다는 것을 알았다.

피노키오는 자신의 양심의 소리인 귀뚜라미 지미니와 함께 수많은 모험을 한다. 고래 배 속에서 용기를 배우고, 코가 길어질 때 정직함이 무엇인지 깨달았으며, 나쁜 행동의 결과를 지켜보면서 착하게 살아가는 것이 어떤 것인지도 알게 된다. 마침내 푸른 요정이 피노키오를 진짜 아이로 만들어준 순간 나는 환호하였다. 영화를 보는 내내 피노키오와 일체감을 느끼고 있었기 때문이다. 마치 내가 '진짜'가 된 것 같았다.

1950~1960년대를 거치면서 남자아이들을 보는 사회·문화적 시선은 점점 바뀌기 시작했다. 내가 이처럼 단순하고 뻔한 피노키오 이야기에 빠져든 이유는 다양한 문화권에서 생활하면서 어떻게 성장해야 하는가에 대해 극심한 혼란을 느꼈기 때문이다.

그동안 남자아이들을 훈련하는 방식도 상당히 바뀌었다. 많은 가정에서 남자아이들을 위한 엄격한 규칙이 사라지고 허용과 묵인이 그 자리를 대신하였다. 누군가와의 따뜻한 공감이 필요할 때 어른들은 아이를 엄하게 대하였고, 정작 엄격하고 객관적인 판단이 필요할 때는 마냥 응석을 받아주었다.

이혼율이 급증하면서 어떤 유형의 가족 형태가 아이에게 가장 좋은지에 대한 생각도 변했다. 부모가 어떻게든 결혼 생활을 유지하려고 애쓰는 동안 몇몇 아이들은 점점 혼자만의 세계로 파고들었다. 가치관 역시 개인에 따라 달라져 가정에서 이렇게 배웠다면 사회에서는 저렇게 배우는 경우가 많아졌다.

한편 정치적 관점은 남녀 아이들의 생물학적 성향에 대한 토론을 억압했다. 남자와 여자는 수백 년 동안 다르게 진화해왔기 때문에 서로 다른 방식의 관심과 보살핌이 필요하다는 간단한 정보를 얻는 것조차 허용되지 않았고, 따라서 남자아이들을 키우는 데 유용한 상식들은 아랫세대로 전달되지 못했다.

나는 성인이 되어서야 비로소 용기 있고 정직한 것이 무엇인지 깨달았다. 대부분의 젊은이들이 마찬가지일 것이다. 전쟁은 용기가 아닌 수치의 현장이 되었고, 정직은 답답한 노인들의 표상이 되어버렸으며, 전통적인 윤리는 선이 아니라 무능함을 드러내는 요새가 되었다.

이러한 혼란을 견디지 못한 문화는 1970년대 후반~1980년대 초반에 결국 둘로 쪼개지고 말았다. 계속 열정적으로 새로운 모델을 찾는 한쪽은 진보주의자 또는 급진주의자로 불리고, "지난 30년 동안 있었던 일은 모두 악마가 한 짓이에요."라고 부르짖는 다른 한쪽은 보수주의자 또는 반동주의자라고 불린다. 오늘날 이 양측의 주장이 학교와 가정, 거리, 교도소, 대중매체 등에서 서로 충돌하고 있다. TV 속 멜로드라마에 등장하는 우리 사회는 피노키오 이야기보다 더 단순하다. 이러한 드라마에 우리의 아이들이 완전히 정신을 빼앗긴 채 빠져들고 있다.

피노키오의 여행

남자아이들에게 용기 있게, 정직하게 살아가는 법을 가르치지 않으면 그들은 자신이 진짜 살아 있다는 느낌을 갖지 못할 것이다. 파트너와의 관계에서 비겁해지고 가족과 친구와의 관계에서 감정을 숨김으로써 불성실해지며, 자신이 속한 공동체에서는 반사회적 성향을 띠게 됨으로써 아무 의욕도 활기도 없는 듯한 느낌을 표출할 것이다. 그렇다면 이들을 어떻게 도울 수 있을까?

이 책은 남자아이의 양육에 대한 과거의 지식과 오늘날의 지식을 결합하는 것을 목표로 한다. 따라서 남자아이들에게 건전한 성(性)과 가치관, 존중심, 친밀함, 독립심을 가르칠 때 생기는 질문에 대해 해답을 제공할 것이며 부모, 교사, 정책 입안자, 공동체 구성원들에게 매일매일의 노력을 통해 문화를 변화시키고자 하는 의욕을 불러일으킬 것이다.

우리는 남자아이들을 사랑하는 방법에 대한 새로운 비전이 필요하다. 우리 문화뿐 아니라 전 세계의 다양한 문화를 통해 얻게 되는 이러한 비전은 남자아이들이 신체적·정신적으로 더욱 건강하게 성장할 수 있도록 가정을 비롯하여 학교, 대중매체, 직장, 지역사회 등 여러 공동체에게 변화를 요구한다.

이 책의 내용 가운데 동의하기 힘든 부분도 있을 것이다. 당신의 생활방식이나 정치관, 자녀 훈련 방식, 자녀에 대한 태도를 바꾸라고 요구할 수 있기 때문이다. 쉽지는 않겠지만 이 책을 읽는 시간이 값진 것이 되기를 바란다. 무엇보다 지난 몇 십 년 동안 남자아이들에게 제대로 전달되지 못했던 그들에 대한 우리의 사랑이 이 책의 출발점이다.

근거 없는 이야기를 외면하라

　다른 사람들과 마찬가지로 나 역시 자라면서 성에 대한 터무니없는 이야기들을 듣곤 하였다. 대학에 들어갈 무렵에야 이것이 무슨 뜻인지 이해하고 다음과 같이 잘못 알려진 몇 가지 사실을 바로잡는 데 적극 참여하였다.

- 똑같은 일에 남성이 여성보다 돈을 더 받아야 한다.
- 여성이 남성보다 지적인 면에서 더 열등하다.
- 남성은 더 많은 사회적 권력을 부여받았다.
- 남편은 아내를 때릴 권한이 있다.

　여성에 대한 사회적 편견과 근거 없는 판단을 바로잡기 위해 나는 아예 다음과 같은 새로운 허구를 만들어냈다.

- 모든 여성은 페미니스트다.
- 남성은 여성보다 더 많은 힘을 가지고 태어났다.
- 남성은 세상의 악과 싸워야 하고 여성은 세상을 구원해야 한다.
- 남성은 위험한 존재다.
- 남성과 여성은 서로 다른 방식의 사회화를 거쳐 다르게 만들어졌다.

　나는 낡은 가부장적 허구뿐 아니라 성별과 관련된 새로운 허구에 관심을 갖기 시작하였다. 이 새로운 허구들이 남자아이들의 삶에 미칠 위험성을 인식한 것은 불과 10년 전 일이다. 그리고 지난 4반세기에 걸쳐 여성에 관한 많은 연구가 진행되어왔지만 남자아이들에 대한 실제적인 연구는 거의 없다는 것을 깨닫게 되었다. 불행히도 남자아이들에 대한 연구가 턱없이 부족한 상태에서 30년 동안 이루어진 과학적·사회적 발달은 남자아이의 성장에 아무 도움이 되지 못했다. 이러한 우리의 실수의 결과가 수많은 청소년 범죄 사건으로 드러나고 있다.

이 책을 통해 우리 모두가 남자아이들의 삶과 생태를 깊이 들여다보고 소년기와 남성성에 대한 그릇된 인식을 재점검해볼 수 있기 바란다. 다음은 이 책에서 다루게 될 남성·여성에 대한 허구들이다.

허구 1 : 여자아이는 남자아이보다 더 불행하게 살아간다.

아이들은 모두 그들만의 고통스러운 경험을 가지고 있다. 따라서 여자아이들이 남자아이들보다 더한 불행을 겪는다고 생각하는 것은 타당치 않다. 자녀를 키우고 있는 부모라면, 아들보다는 딸과 더 많이 포옹하고 이야기를 나누는 것은 아닌지 생각해보자.

영아의 경우, 남아의 사망률이 여아보다 25퍼센트 더 높다. 자폐아가 될 확률도 남아가 2배 더 높으며 정신 질환을 일으키는 경우도 6배나 높다고 한다. 정신분열증 환자, 발달지체아의 대부분이 남자이고 학습 장애아의 비율도 남아가 여아의 2배다. 또한 어른에게 신체적 학대를 당하는 남아의 비율도 여아보다 2배가량 많다.

많은 남자아이들의 억눌린 고통, 두려움, 슬픔이 분노로 나타나고 있으며 자살을 통해 이를 표출하는 사례도 점점 늘어나고 있다. 남자아이의 자살률이 여자아이보다 4배나 높다는 조사 결과가 이 사실을 입증해 준다.

오늘날 미국 도심의 흑인 소년들이 총격으로 사망할 가능성은 과거 베트남에서 싸웠던 흑인 참전병들보다 더 높다고 한다. 당시 베트남으로 싸우러 간 수백만 명의 남자아이 중 5만 9,000명이 전사하였고 살아남은 아이들은 전쟁을 거치며 성인 남성이 되었다. 하지만 이들 가운데 6만 명 이상은 전쟁이 끝난 후 자살했다. 전사자보다 많은 숫자 아닌가? 남은 자들도 알코올 혹은 마약 중독자가 되어 아무 의욕 없이 살아가는 인생의 실패자로 전락했다.

또 일반적으로 남자아이들보다 여자아이들이 더 좋은 교육의 기회를 얻는다. 남학생들의 낙제율이 더 높기 때문이다. 최근 들어 여성의 대학교, 대학원 합격률은 남성을 능가하고 있다.

결국 사회 발전은 '남자아이들이 더 많은 혜택을 받으며 살고 있다'는 오해를 푸느냐 못 푸느냐에 달려 있다. 좀 더 정확히 표현하자면 오늘날 우리 사회를 보건대 사회의 보호, 평균 수명 등 여자아이가 혜택을 누리고 있는 부분에서 남자아이는 아무 혜택도 얻지 못하고, 체력, 다양한 직업의 기회 등 남자아이가 우위를 점한 부분에서는 여자아이가 아무것도 얻지 못한다.

지난 몇 십 년 동안 우리의 문화적 현미경은 여성들이 당하는 억압에 초점을 맞춰왔다. 그러한 관심은 대중의 의식, 국가정책, 개인의 삶에서 많은 것을 얻게 해주었다.

이제 남자아이들에게도 초점을 맞추어야 한다. 가정과 이웃에서 존중받는 남자아이들이 있는 반면 방황하는 아이도 있고, 풋볼 스타가 있는가 하면 그보다 훨씬 많은 숫자의 남성 마약 중독자와 10대 알코올 중독자, 학교 중퇴자, 청소년 범죄자들이 있다. 남자아이들은 지금 고통에 몸부림치고 있다.

허구 2 : 남자아이들의 남성성은 타고나는 것이 아니라 사회가 만드는 것이다.

이러한 주장을 내세우는 사람들은 남녀 아이들이 처음부터 다르게 태어난다는 과학적 증거가 없다고 말한다.

그러나 모든 논란을 잠재울 만한 과학적 증거들이 존재하고, 이 책의 상당 부분도 그러한 연구 결과를 바탕으로 쓰였다. 이 책에서 제시된 여러 자료를 통해 '남자아이들은 남성만의 특성을 타고났으므로 그에 맞게 다뤄져야 한다'는 확신을 갖게 되길 기대한다. 남자아이들을 남자로 이해하고 이끌 때 우리는 더욱 효과적으로 그들을 도울 수 있다.

허구 3 : 부모만이 아들을 키우는 모든 과정에 책임을 져야 한다.

이 책은 남자아이들의 삶을 바라보는 또 다른 관점을 제시한다. 피노키오를 키우는 것이 주위 사람들의 책임이듯이, 남자아이들을 돌보는 것은 부모를 포함한 모든 성인의 책임이다.

인류학자들은 아이들을 키우는 데 마을 전체가 나서야 한다고 말한다.

부모가 아이에게 가장 큰 영향력을 행사하지만 주위 사람들도 이에 버금가는 중요한 역할을 해야 한다. 비전이 더 큰 힘을 얻게 된다면 우리와 아이들의 삶이 지금과 얼마나 달라질지 생각해보라. 모든 공동체와 대중매체가 아이들에 대한 책임을 인식해야 한다. 이 책은 남자아이를 올바르게 키우기 위해 공동체 정신을 확립하도록 동기를 부여할 것이다.

허구 4 : 남자아이들은 원래 흠이 많은 존재다.

몇 년 전, 한 저녁 식사 자리에서 『존경하는 어머니(Mommie Dearest)』의 저자 크리스티나 크로포드는 "남성은 기본적으로 파괴적이고 여성은 건설적"이라고 말했고, 나는 곧 그녀와 뜨거운 설전을 펼쳤다. 그녀의 작품에 대해 깊은 존경심을 느끼지만 여성운동 지도자, 정치가, 학자, 그리고 수많은 남편, 아내, 아이들이 그녀와 똑같이 말하는 것을 보면서 "남성은 파괴하고 여성은 건설한다. 남성은 천성적으로 폭력적이며 긍정적 가치관 형성을 방해한다."라는 일종의 국민적 합의를 느낄 수 있었다.

이 책은 남성성에 본질적 결함은 없다고 단언한다. 남성성에 대한 두려움은 종종 이해가 아닌, 증오의 감정으로 바뀌고 있지만 소년기에 대한 우리의 문화적 비전을 굳이 그런 식으로 낭비할 필요가 있을까?

나는 남성 권력의 남용, 그리고 폭력을 뿌리 뽑지 못하는 남성적 사회체계의 경향이 고스란히 나타난 지난 30년을 돌이켜보고 싶다. 그러나 내 입장은 남성의 문제를 다루는 방법에서 일부 사상가들의 주장과는 다르다. 내 생각에, 남자아이들의 타고난 성향을 비난하고 남성성을 비하하며 어린 남자아이들을 성인 남성과 격리시키는 것은 아이들은 물론 사회 문화에도 결국 아무 도움이 되지 않는다.

이 책에서 우리는 성에 대한 새로운 허구들이 아이들뿐 아니라 우리 사회에 얼마나 위험한지도 살펴보고 남자아이들에게 주어진 긍정적인 현실을 찾아볼 것이다. 결론적으로, 적절한 보살핌과 멘토링이 함께한다면 남성성은 삶의 가장 창조적인 힘 가운데 하나가 될 수 있다.

남자아이를 사랑하는 법

"우리 아인 왜 그렇게 스포츠를 좋아할까요?"
"제 아들은 왜 그리 툭하면 부루퉁해지는 걸까요?"
"말 좀 잘 듣게 하는 방법 어디 없을까요?"
"왜 아이가 아버지를 미워하는 것처럼 보일까요?"

남자아이들은 수많은 방식으로 우리 삶에 도전해온다. 나는 여러분이 이 책을 읽으면서 그 모든 도전을 기꺼이 받아들이고 실제 질문에 대한 해답을 찾을 수 있기를 바란다.

"왜 남자아이들의 싸움은 그렇게 순식간에 격렬해질까요?"
"제가 이혼한 후 아이가 상처받지 않게 하려면 어떻게 해야 할까요?"
"왜 남자아이들은 인형 같은 건 거들떠보지도 않을까요?"
"어째서 남자아이들은 수업 시간에 가만히 있질 못하죠?"

여러분들은 이 책을 읽으면서 테스토스테론과 그것이 남자아이들에게 미치는 영향에 대해 알게 될 것이며 남성의 뇌를 들여다볼 수도 있을 것이다.

"삶의 각 단계마다 남자아이들을 훈련시키는 효과적인 방법은 무엇일까요?"

"남자아이들에게 성에 대해 가르칠 수 있는 좋은 방법이 있나요?"

"아들이 게이예요. 어떻게 이런 일이 생길 수 있죠? 제가 어떻게 해야 하나요?"

"남자아이들끼리 장난하는 것과 성폭력을 어떻게 구분하나요?"

이 책은 우리가 이전까지 생각해보지 않았던 어려운 질문들을 던지고 그에 대한 해답을 제시할 것이다. 혹자는 내가 제시하는 답변에 동의하지 않을 수도 있겠지만 그 답변들은 모두 남자아이를 제대로 키우기 위한 노력의 일부다. 반대 의견은 언제든지 환영한다. 나라고 모든 정답을 알고 있는 것은 아니기 때문이다. 내 의견에 동의하지 않을 때, 혹은 내가 다루지 않은 사항들이 떠오를 때 여러분 스스로 참고할 자료를 갖출 수 있도록 좀 더 정확한 정보를 제공하고픈 것이 내 바람이다.

언젠가 두 아들을 키우는 한 여성이 나에게 이런 질문을 던졌다.

"남자아이들에게 필요한 것을 한 문장으로 나타내면 어떻게 되죠?"

갑작스러운 질문에 할 말이 떠오르지 않던 나는 낡은 수법을 이용하였다. "당신은 이미 다 알고 있잖아요. 어서 말해봐요!"

우리는 많은 대화를 나누고 마침내 다음과 같이 요약하였다.

1) 부모, 양육자의 따뜻한 보살핌

2) 대가족 공동체

3) 영적인 삶

4) 의미 있는 일

5) 멘토와 역할 모델

6) 규칙

7) 이끌고 따르는 법 배우기

8) 다양한 모험과 그것을 함께 즐길 친구

9) 다양한 놀이

10) 삶에서 자신이 맡게 될 중요한 역할

출발 단계에서는 썩 괜찮은 목록이다. 한 아버지는 이렇게 덧붙였다. "옛날 보이스카우트에서 하던 말인 '남자아이들은 목표와 규칙, 그리고 누가 책임자인지 알아야 할 필요가 있다.'와 비슷하군요."

물론 위의 '결론'들이 전부는 아니다. 하지만 이 열 가지 요소만으로도 우리는 남자아이들을 충분히 잘 키워낼 수 있으리라 생각한다. 아이들을 조금이라도 더 올바르게 이끌고자 나와 함께 많은 지혜를 나눈 수많은 부모와 양육자, 멘토, 교사 모두에게 깊은 감사와 경의를 표한다.

CONTENTS

머리말 · 4

 왜 남자아이들은 지금의 모습을 갖게 되었는가

제1장 | 출발점 : 소년기의 생태 20

유전 대(對) 환경 · 22 | 남자아이들의 원동력: 테스토스테론 · 25 | 남자아이들이 생각하는 방식: 남성의 두뇌 · 34 | 남자아이들이 느끼는 방식: 감정과 두뇌 · 45

제2장 | 남자아이들이 만드는 문화 55

제1원칙: 경쟁, 성과, 재능 연마 · 60 | 제2원칙: 임무별 감정 이입법 · 68 | 제3원칙: 대그룹에 대한 선호 · 73 | 제4원칙: 독립 추구 · 76 | 제5원칙: 단체 내에서의 개인적 희생 · 81 | 제6원칙: 남성 역할 모델 · 85 | 제7원칙: 인생을 스포츠로, 스포츠를 인생으로 만들기 · 88 | 남자아이들의 성장 단계 · 93 | 남자아이들은 남자이자 페미니스트가 될 수 있을까? · 98

 남자아이들이 필요로 하는 것

제3장 | 남자아이들에게는 대가족이 필요하다 102

세 가지 가족 형태 · 105 | 대가족 구성원으로서의 소년 · 110 | 제1가족 · 117 | 제2가족 · 119 | 제3가족 · 132

제4장 | 남자아이들이 엄마에게 원하는 것 146

바람직한 모자 관계를 위한 조건 · 149 | 10세 미만의 남자아이들이 엄마에게 원하는 것 · 152 | 10대 소년들이 엄마에게 원하는 것 · 164 | 모성애는 사라지는가? · 173

제5장 | 아빠에서 아버지로 : 부자 관계 175

왕자와 왕 · 178 | 아들에게 필요한 아버지 · 182 | 아버지에게 필요한 것 · 191 | 아들에게 이름을 물려준다는 것 · 197 | 아빠에서 아버지로: 아들 놓아주기 · 201

제6장 | 제2의 탄생 : 성인으로 향하는 길 208
잭과 콩나무 ·215 | 영웅의 여정 ·235 | 성인식의 모델 ·238

 남자아이 키우는 법

제7장 | 규칙 가르치기 248
바람직한 훈련이란? ·251 | 10세 이전의 훈련 ·263 | 사춘기와 청소년기의 훈련 ·277 | 폭력적인 아이들 ·284 | 지속적 체계로서의 훈련 ·290

제8장 | 가치, 도덕, 영성을 가르치기 293
우리가 먼저 이해해야 할 것들 ·296 | 도덕성 발달 단계 ·300 | 원형과 신화를 통해 남자아이들과 소통하기 ·314 | 대중매체를 통한 가치 교육 ·324 | 자신의 영혼을 보살피는 법 가르치기 ·328 | "이방인 같은 기분을 느끼고 싶지 않아요." ·339

제9장 | 사랑과 성 가르치기 342
사랑과 성의 세계로 안내하기 ·345 | 자위행위에 대해 가르치기 ·354 | 내 아들이 동성애자라면? ·357 | 학교에서의 성교육 ·363 | 영적 훈련으로서의 사랑 ·366 | 사랑과 성 그리고 대중매체 ·369 | 남자아이들과 성폭력 ·373 | 남자아이의 성교육에 필요한 실제적 원칙 ·377

제10장 | 건강한 남성의 역할 가르치기 383
21세기를 위한 신성한 남성의 역할 ·386 | 중요한 임무를 맡기기 ·392 | 신성한 역할을 가르치기 ·397

맺는말 ·404
감사의 말 ·406

| 제1부 |

왜 남자아이들은 지금의 모습을 갖게 되었는가

The wonder of boys

제1장

출발점 : 소년기의 생태

과거는 다가올 미래의 서막이다.
- 셰익스피어, 『템페스트(Tempest)』 중

나는 이스라엘의 어느 친목 모임에서 인도 출신 이민자인 한 내과 의사를 알게 되었다. 쿨라나푸르 박사인데, 지금도 그가 했던 말을 결코 잊을 수가 없다.

텍사스 A&M 대학교를 졸업하고 인도로 돌아가 한동안 마드라스에서 일했던 그는 몇 년 후 가족과 함께 이스라엘 하이파로 이주했다고 한다. 인도에서 소년기를 보낸 나는 박사와 함께 인도에 대한 추억을 떠올리며 많은 이야기를 나누었다. 그날 우리의 대화 주제에는 아이의 품성을 결정하는 데 유전과 환경 중 어느 것이 더 큰 힘을 발휘하는가의 문제도 포함되었는데, 그는 아이들이 배우고 성인들이 활동하는 방식, 즉 사회적 관습과 가치관의 중요성을 언급하였다. 우리는 미국의 남성적 가치관이 정신적 성장을 등한시한 채 물질적 풍요와 사회화 교육만 강조하고 있다는 데 의견을 같이했다.

박사는 이렇게 말했다. "미국이 지금 그런 식이에요. 생태의 중요성은 완전히 간과하고 있죠. 선천적인 특성이 아니라 사회화가 인간이라는 동물의 원동력이라고, 인간과 인간 사회의 힘이 아이들의 현재 모습을 만들었다고 착각하고 있어요. 자연의 섭리를 존중하는 사회적 가치관이 필요하다고 느끼지 않으세요?"

당시 나는 대부분의 동료들과 마찬가지로, 남자아이를 남자답게 만들고 여자아이를 여자답게 만드는 것은 환경이라고 믿고 있었다. 그래서 그저 공손하게 미소를 지으며 쿨라나푸르 박사의 말을 들었다.

그로부터 10년이 더 흘렀고, 이제 그가 얼마나 지혜로웠는지 깨닫게 되었다. 남자와 여자는 전혀 다르게 태어난다는 지식적인 부분만 아니라, 인간의 생태와 정신을 연결시켜 생각할 줄 아는 독창적 사고력의 측면에서 그는 정말 뛰어난 사람이었다. 인종·문화와 관계없이 특히 남자아이들의 경우 건전한 성인이 되기 위해서는 그러한 연결이 필수적이다. 지금 그 연결 작업은 우리 가정과 학교, 사회에서 점점 사라지고 있다.

유전 대(對) 환경

존스 홉킨스 대학의 카밀라 벤보우 교수는 줄리안 스탠리 교수와 함께 10만 명의 소년, 소녀들을 대상으로 학습·생활에 적응하는 방식이 성별에 따라 어떻게 다른지 면밀히 관찰한 후, 그 결과를 1980년대 후반에 발표했다.

"15년 동안 남녀의 차이를 설명할 환경적 근거를 찾았지만 아무 성과가 없었습니다. 이제 연구를 중단하겠습니다."

벤보우 교수는 많은 프로그램에 출연하여 유전적으로 물려받은 두뇌와 호르몬 차이가 남녀의 행동 방식을 지배한다는 증거를 제시하였지만, 대부분의 사람들은 그녀의 의견에 회의적인 반응을 보였다.

그러나 1990년대 중반에 들어서면서 벤보우를 비롯한 여러 학자들의 주장은 점차 사실로 입증되었다. 로저 고르스키와 같은 학자들은 두뇌의 생리학적 구조가 성별에 따라 완전히 다르다는 사실을 발견했고, 펜실베이니아 대학 연구원들은 여러 가지 다른 자극을 받았을 때 남성과 여성이 각각 두뇌의 어느 부위를 사용하여 반응하는지 뇌주사 촬영기를 통해 관찰하여 놀라운 결과를 얻었다(그 내용은 이제 곧 설명하겠다).

눈과 귀를 완전히 닫고 사는 사람이 아닌 이상, 아무도 남자아이가 남자답고 여자아이가 여자다운 것이 전적으로 환경적인 요인 때문이라고는 생각하지 않는다. 오히려 체내 화학물질, 두뇌 차이, 호르몬, 그리고 이러한 생태적 요인을 존중하려는 사회의 노력이 현재 우리의 모습과 상태를 결정한다고 보는 편이 더욱 정확하다.

우리 사회는 인간의 타고난 능력을 억누를 것인지, 아니면 효과적으로 사용할 것인지를 결정하곤 한다. 몇 십 년 전만 해도 우리는 남자아이들에게 남성성을 제한하고 여성성을 고양시키는 훈련을 거치게 한다면 그들을 충분히 변화시킬 수 있으리라 믿었다. 그러나 수십 년의 노력에도 불구하고 남자아이들의 '남성성'은 사라지지 않았다. 억눌린 남성성은 오히려 더욱 공격적인 성향으로 표출되었다.

이 장에는 남자아이들이 처음부터 고유의 천성을 갖고 태어난다는 관점을 뒷받침할 정보들이 제시되어 있다. 아이의 본성은 쉽게 바꿀 수 없다. 우리는 다만 아이가 세상에 기여할 수 있도록 그 본성을 발전시키는 법을 가르쳐줄 수 있을 뿐이다. 결국 아이의 천성을 이해하고, 아이가 가진 에너지를 본인에게 적합한 곳에 쏟을 수 있도록 돕는 것이 최선의 양육 방법일 것이다.

　물론 환경과 사회화가 남자아이에게 미치는 중요성을 부인하는 것은 아니다. 유전적으로 타고난 후 사회화를 통해 더욱 발달된 개인적 특성이 한 소년의 인생 경험에 지대한 영향을 미친다는 사실도 인정한다. 그러나 남자아이들이 잘 자라도록, 정신적으로 성숙해지도록 도우려면 남자아이들의 천성을 분명한 근거하에 일반화하고, 사회화와 환경적인 영향을 긴 안목으로 봐야 한다. 무엇보다 그들의 '천성'을 이해하고 인정한다면 얼마든지 그들과 어울리고 마음을 주고받는 관계가 될 수 있다. 이렇게만 된다면 부모가 아이에게 쓸데없이 폭력을 가하는 일도, 아이가 자라서 여성을 괴롭히는 일도 훨씬 줄어들 것이다.

　부모, 조언자, 교사로 살아가면서 더 이상 남자아이들, 남성성과 싸우고 있다고 생각하지 말자. 남자다움과 어울리는 법을 터득한다면, 곧 우리 가정과 학교는 물론 거리와 침실까지도 전혀 다르게 보일 것이다.

남자아이들의 원동력: 테스토스테론

"**제 아들 아티는** 여동생보다 훨씬 더 공격적이었어요. 아티가 네다섯 살쯤 되었을 때 전 인형을 가지고 놀게 해보려고 했죠. 물론 가지고 놀기는 했지만 제가 생각하던 방식은 아니더군요. 아이는 제일 큰 인형을 집어 들더니 이리저리 비틀어 총 모양을 만들고는 다른 인형을 향해 쏘는 시늉을 하는 거예요!"

워크숍에 참석한 한 어머니의 말에 많은 어머니들이 공감하는 듯한 표정을 지었다.

『남자아이 육아백과(The Little Boy Book)』의 저자 쉴라 무어와 룬 프로스트는 한 어머니 독자가 보내온 편지의 내용을 떠올렸다.

"지금 제 딸에게 가장 중요한 것은 바비 인형과 네일 케어랍니다. 반대로 이제 겨우 세 살 반밖에 안 된 조나단은 헐크 흉내를 내고 음식을 게걸스럽게 퍼먹는 데다 제 또래 사내아이만 눈에 띄었다 하면 붙잡고 뒹굴어대요!"

미국의 저명한 교육 상담가 돈 엘리엄과 젠느 엘리엄 부부는 저서 『아들을 키운다는 것(Raising a Son)』에서 열 살배기 사내아이의 아버지 샘이 한 말을 소개하였다.

"제 아들은 차분하고 예민한 편입니다. 다른 아이들과 마구잡이로 뒤엉켜 노는 건 별로 안 좋아하지요. 하지만 컴퓨터 앞에 앉아 있을 때 보면 마치 정신 나간 사람 같아요."

남자아이들은 남성호르몬인 테스토스테론의 지배를 받아 공격적이고 무모한 성향을 갖게 된다. 공격과 폭력을 구별하는 것은 매우 중요하다. 심리학자 아론 키프니스는 "공격성이 선천적인 데 반해 폭력성은 학습되는 것이다."라고 설명하였다.

아티와 조나단의 경우에서 보듯이, 공격성은 대개 명백히 드러나거나 샘의 아들처럼 토론이나 컴퓨터 비디오 게임 등 어느 특정한 활동을 할 때만 나타난다. 한 남자아이가 드러내는 공격적 행동의 정도와 횟수는 그 아이의 나이, 그리고 어떤 식으로 그러한 행동을 표출하도록 배웠는지에 따라 다르다. 정신적으로 문제가 있고 주의력 결핍 장애 증상을 보이거나 염색체상으로 여성이지만 남성의 신체를 가진 아이, 여성의 사고와 행동 방식을 가졌으며 동성애자거나 성격적으로 너무 민감한 남자아이는 보통의 사내아이들보다 더 공격적일 가능성이 높다. 그러나 여전히 남자아이를 다루는 최고의 방법 중 하나는 지금도 역시 아이의 공격성과 모험심, 즉 테스토스테론이 지배하는 성향에 초점을 맞추는 것이다.

여성보다 높은 성적 충동, 근육, 공격성을 갖게 하는 것이 테스토스테론의 주요 기능이다. 남자아이에게 미치는 테스토스테론의 영향은 이미 수백만 년의 역사를 가지고 있다. 평생 1조 개의 정자를 생산하는 남성들은 대략 한 달에 한 개꼴로 사춘기부터 폐경기까지 몇 백 개의 난자를 만드는 여성과 짝을 이루어야 했다.

수백만 년 전, 이와 같은 남녀의 생물학적 차이에서 인간은 대부분의 영장류와 다를 바가 없었다. 남성이 종족을 번식시키려면 끊임없이 여성과 관계를 가져야 했다. 당시 남성들이 아는 것이라곤 여성에게 특정한 배란기가 있다는 사실뿐이었다. 언제가 배란일이고 제대로 수정이 되었는지는 알 방법이 없었고, 따라서 여성의 난자를 차지하기 위해 다른 남성들과 계속 경쟁해야 했다. 정자 경쟁과 지속적인 흥분, 짝짓기의 필요성은 남성의 성적 충동을 더욱 강화시켰고 따라서 더 높은 테스토스테론 수치가 요구되었다.

남성은 높은 테스토스테론 수치 덕분에 여성보다 더 강한 성욕을 가지고 있다. 테스토스테론은 태아의 성별을 결정하는 주체이며 난자와 정자에서 일어나는 염색체 결합보다 더욱 지속적인 영향력을 태아에게 행사한다. 만일 염색체상으로 사내아이가 만들어졌지만 테스토스테론이 충분하지 않다면 아기는 여자아이 같은 생김새를 가지고 태어날 것이다.

말하자면 이런 식이다. 먼저, 정자와 난자 사이에서 유전적 결합이 이루어져 염색체상으로 남자아이를 만든다. 그러면 임신 초기에 테스토스테론이 분비되어 남성의 생식기를 만든다. 임신 중기가 되면 테스토스테론이 다시 일어나 두뇌를 만든다. 만일 임신 기간 중 모체에 가해진 스트레스가 테스토스테론의 분비를 방해한다면, 남성의 생식기가 없거나 두뇌가 없는 XY 염색체를 가진 남자아이가 태어날 수도 있고, 동성애자로 태어날 가능성도 있다. 이처럼 모체에 가해진 외상 스트레스, 약물 복용 등 많은 외적 요인과 신경 생물학자들이 아직 확신하지 못하는 여러 내적 원인들이 자궁 내 테스토스테론의 방출에 영향을 주고 있다.

테스토스테론과 공격성

'정상적인' 사내아이, 즉 적절한 테스토스테론의 분비로 신체와 두뇌가 남성으로 만들어지고 XY 염색체를 갖게 된 아이들은 남성호르몬의 지배를 받게 된다. 남자아이들은 어릴 적부터 여자아이들보다 더 공격적인 성향을 보인다.

6개월 된 유아들을 상대로 한 실험이 있다. 남자아이와 여자아이가 줄을 당기면 화면에 웃는 이미지가 나타나도록 하였다. 도중에 그 이미지를 없애면 남자아이들은 더 고집스럽고 완강하게 줄을 당기는 반면, 여자아이들은 몇 번 당기다가 결국 줄을 내려놓고 울음을 터뜨렸다.

이는 남자아이들의 운동 활동에서도 나타난다. 남자아이의 움직임은 여자아이들보다 격하지만 각 운동이 지속되는 시간이 짧고 여자아이들보다 빨리 정점에 이른다.

또한 남자아이들은 여자아이보다 화를 잘 내는 성향이 있다. 임신·출산 시 남자아이에게 더 많은 문제가 발생하는 것은 이러한 타고난 성향을 증가시키는 한 요인일 수도 있다.

일반적으로 사내아이들은 장난감만 보면 총이나 칼처럼 휘두르며 공격하려 하고 어떻게든 이기려 한다. 다른 사람의 입장을 배려하는 감정 이입적인 반응보다는 남을 자극하는 반응을 더 잘 나타낸다. 또한 경쟁적인 편이고 특히 자신 있는 활동을 할 경우에는 더욱 그러한 성향을 보인다. 따라서 자신의 특성과 재능, 기술을 바탕으로 지배 가능성을 판단한다. 또한 마구잡이로 놀려고 하고 자신의 힘이 달린다고 느끼면 공격성을 표출할 또 다른 출구를 찾아 나선다.

지금부터는 남자아이들이 또래 사내아이들과의 놀이에서 마음껏 활동하게 함으로써 형제자매에게 나타내는 공격성을 어떻게 조절시킬 수 있는지 살펴보자.

테스토스테론과 독립성

남자아이들, 특히 유아들은 여자아이들과 다른 형태로 독립성을 나타낸다. 그중 일부는 테스토스테론의 영향 때문으로, 이런 성향은 성인이 되어서까지 지속되기도 한다. 메리 베스라는 여성이 나에게 이런 말을 했다.

"케이시가 다섯 살이 될 때까지 남편과 저는 부부로 지냈어요. 두 살 무렵부터 케이시는 뭐든지 혼자 하려고 했죠. 항상 제게 붙어 있던 누나와는 전혀 딴판이었어요. 그런데 저희 부부가 이혼하고 난 후 케이시가 절 찾기 시작했어요. 떨어지지 않으려고 했죠. 어느 쪽이 진짜 케이시의 모습일까요?"

메리 베스와 같은 어머니들은 무슨 일이든 혼자 하려고만 하던 아들이 부모의 이혼 후 태도가 바뀌었다는 이야기를 종종 한다. 테스토스테론의 지배를 받는 남자아이는 여자아이보다 일찍 독립적인 성향을 나타내지만 이는 부모의 사랑을 확신하고 있는 경우에 한해서다. 만일 부모가 아이의 독립적 욕구를 지나치게 무시하거나 혹은 이혼 등의 상황에서 아이가 안정감을 원할 때 외면한다면, 테스토스테론이 지배하는 독립·의존의 욕구를 짓밟는 셈이 되고 만다.

이혼한 여성들은 자주 이렇게 말한다.

"이혼 후 아이가 내게 더 집착하는 게 오히려 좋았어요. 아이에게 내가 더 많은 영향을 줄 수 있다고 느꼈거든요. 하지만 동시에, 아이를 위해 할 일이 더 많다는 것도 알게 되었죠."

그들은 다행스럽게도 갑작스레 자신감을 상실한 아들의 반응이 나타내는 복잡한 의미를 깨닫고 있다. 아이를 제대로 사랑하려면 가급적 이혼한 남편의 도움을 얻어 아이가 다시 독립심을 가질 수 있게 도와야 한다는 것을 잘 알고 있다.

남자아이의 생태에서 테스토스테론의 기능을 연구하면 할수록 남자아이들의 공격성, 놀이 형태, 신체적으로 무모한 행동, 위험스러운 일에 대한 호기심, 독립적인 욕구 등 아들을 둔 부모들이 느끼는 전반적인 어려움에 대한 해답이 보이는 듯하다. 물론 우리는 평균치에 대해 이야기하고 있다. "지금 농담하세요? 제 아들은 너무 순해요. 날 미치게 하는 건 딸들이라고요!"라고 말하는 부모가 있을지도 모르겠다.

테스토스테론, 사춘기, 그 밖의 것

남자아이가 사춘기에 이르면 신체와 두뇌에 미치는 테스토스테론의 영향력은 몇 배로 증가한다. 테스토스테론 수치는 여자아이보다 10~20배로 증가하고 생식기는 이전보다 8배까지 커진다. 또한 테스토스테론의 하루 평균 분비 횟수는 5~7회에 이르고, 자위를 하거나 사사건건 부딪치고 우울해하고 공격적으로 변하며 수면 시간이 늘고 여자친구에게 성욕을 느끼거나 성적 환상에 사로잡히는 경우가 급격히 늘어난다. 물론 이 모든 것이 10대 중·후반의 일이다.

성인이 되면 더욱 공격적이고 경쟁적으로 변하며 직장에서의 성취욕도 커진다. 대화에서도 주도권을 잡으려 하고 외부 자극에 대해 신체적 반응 속도가 매우 빨라진다. 누군가 시비를 건다고 느끼면 바로 주먹이 올라가고 온몸으로 즐기는 놀이나 경쟁적인 스포츠, 모험을 즐기고 자신의 용맹함을 보여줄 수 있는 신체·운동 활동을 찾게 된다. 또한 어떻게든 밀어붙여 직장에서 승진하려고 애쓴다.

테스토스테론은 인간의 공격성과 자기주장에 영향을 준다. 한 실험에서 여성에게 테스토스테론과 같은 남성호르몬인 안드로겐을 주입한 결과, 두 가지 특성이 모두 증가하였다. 즉, 위험한 행동에 도전하고 자신과 일에서 더 큰 욕구를 지니며 일상생활에서도 더욱 자신감을 느끼게 되었다.

테스토스테론과 긴장감

동시에 테스토스테론은 남성의 긴장 완화 방식에 영향을 주기도 한다. 남성 생태의 거의 모든 면을 지배하는 것이 테스토스테론이라 해도 과언이 아니다. 돈과 젠느 엘리엄 부부는 『아들을 키운다는 것』에서 이렇게 설명하였다.

"사냥꾼이 짐승을 죽이는 순간, 모든 긴장과 흥분은 끝난다. 중대한 일을 마치는 바로 그 순간이 선사시대부터 오늘날까지 모든 남성이 희열을 느끼는 때다. 이 순간에서 가장 중요한 것은 한 인간의 형성에 기초가 되는 강력한 에너지 사이클, 즉 축적되어 있던 긴장이 빠르고 만족스럽게 완화되는 사이클이라고 할 수 있다. 이러한 짧고 즉각적인 사이클이 남성의 신체를 단련시킨다."

남성의 에너지가 어떻게 기능하는지 이해하는 것은 남성을 사랑하는 데 기본이 된다. 테스토스테론에 의해 유발되고 남성 두뇌 특유의 구조와 작용에서 비롯된 그 에너지는 남자아이들에게 다음과 같은 세 가지 주요 행동 양식이 나타나도록 한다.

   1) 무슨 일이든, 즉각적이고 빠른 만족을 찾는다.
   2) 감정적으로 복잡한 상황에서도 빠르게 문제의 해결책을 찾는다.
   3) 신체적 긴장감을 고조시켰다가 이완시킬 수 있는 활동을 찾는다.

  남성의 성적 행위는 이 긴장-완화 사이클을 분명히 이해할 수 있는 최고의 방법이다. 남성의 종족 번식 활동은 여성처럼 아이를 임신하는 것이 아니라 한 여성과 성적 결합 후 계속 다른 여성을 찾는 것이다. 물론 우리는 남자아이들에게 많은 것을 가르쳐왔지만 그들의 신체는 성적 생물학에 근거하여 자라고 있다.

  이 책에서 우리는 남자아이들을 양육하는 다양한 방법을 살펴볼 것이다. 그들이 건전하고 사회적으로도 용인되는 방법으로 긴장을 완화하고 만족을 얻음으로써 더욱 행복해질 수 있도록 돕기 위해서다.

  또한 긴장 완화 이상의 것을 추구하도록 가르칠 방법도 알아보려 한다. 그러나 반드시 전자의 과정을 거친 다음에 후자에 도전해야 한다. 그들에게 개인적으로 유익하며 사회적으로 용인되는 방법을 우선적으로 가르치지 않은 채, 즉각적인 만족을 초월하여 여성스러운 면을 갖고 민감해지도록 가르치는 것은 자신의 발에 총을 쏘게 하는 격이다. *남자아이들은 자신들을 이해하지 못하는 어른은 결코 믿지 않는다.*

남자아이들이 생각하는 방식: 남성의 두뇌

앤 므와르와 데이비드 제슬은 저서 『두뇌의 성(Brain Sex)』에서 "현재의 나, 그리고 내가 살아가는 방식은 우리의 두뇌를 형성하고 채우고 있는 메시지에 의해 지배된다."라고 말했다.

불과 몇 십 년 전까지만 해도 남녀의 두뇌 차이를 언급하는 것은 남성이 여성보다 우세함을 나타낼 때였다. 예를 들어 남성 두뇌의 중량과 크기가 여성보다 10~15퍼센트 정도 크다는 사실이 증명되었을 때 학자들은 "보시다시피 남성의 두뇌가 더 큽니다. 따라서 더 우등하다고 볼 수 있죠."라고 말하기 바빴다.

이와 같이 두뇌 '과학'은 여성을 폄하할 때 등장하는 단골 메뉴였다. 결과적으로 사람들은 남성과 여성의 두뇌에 대한 대화를 회피하였고 지난 4반세기 동안에 심지어 민감하고 위험스러운 이야깃거리로 인식되기에 이르렀다. 오늘날 모든 정치·사회적 대화에서 신경과학에 대한 언급이 빠지면서 위험 요소가 하나 제거된 것 같지만, 사실은 다른 것으로 대체되었다. 우리는 특히 자녀 양육 기술을 아이들에게 맞추지 않으려는 20세기 후반의 사회를 만들어왔다. 이처럼 아이에 따른 맞춤식 육아의 부재 상황에서, 두뇌가 어느 한쪽으로 기능하는 남녀 아이들은 어딘가 문제가 있다고 평가되곤 했다.

그럼에도 불구하고 두뇌 연구는 사회 변화와 더불어 계속 진행되어왔다. 이제 남녀 두뇌 차이의 증거는 매우 방대하여 아무도 부인하기 어려워졌다. 다행스럽게도 연구는 이미 "내 두뇌가 저 사람의 것보다 더 뛰어나다."라고 말하는 수준을 넘어섰다. 이제 우리는 여자아이들은 이것을 못하고 남자아이들은 저것을 못한다는 식의 단순한 사실 이상으로 남녀 두뇌 차이를 이해할 수 있게 되었다.

두뇌를 연구하는 것은 생태가 운명이 아니라 하나의 기질임을 의미한다. 뇌는 놀라운 메커니즘을 가지고 있고 따라서 추진력과 기술, 적절한 교육이 뒷받침된다면 누구에게나 무한한 가능성을 열어줄 수 있다. 성별에 따라 기회를 제한해선 안 되는 것이다. 동시에, 아이들이 어릴 때 어떤 일을 하든지 그들 각자의 방식을 편안하게 발전시키도록 도와야 한다.

두뇌의 구조적 차이

엑스레이를 통해 아이들의 머릿속을 들여다보면 어떤 차이를 발견할 수 있을까? UCLA의 두뇌 과학자 로리 앨런(Laurie Allen)이 지적하듯이, 최소 일곱 사람의 두뇌를 관찰하기만 하면 남녀 두뇌의 구조적 차이를 발견할 수 있다.

먼저 크기상의 차이가 있다. 남자아이의 뇌는 여자아이보다 최소한 10퍼센트 정도 더 크다. 또한 여자아이의 뇌에는 남자아이보다 더 큰 뇌량(腦梁)이 존재한다. 뇌량이란 우뇌와 좌뇌의 정보를 교환하는 백색 신경 다발을 가리키는데, 여성의 뇌량은 남성의 뇌량보다 크기 때문에 남성보다 좌우 두뇌의 상호 작용이 활발히 이루어진다.

대체로 남자아이들은 여자아이보다 읽는 능력이 다소 떨어지는데, 뇌량의 크기가 작은 것이 그 한 가지 이유다. 양쪽 뇌가 동시에 더 많은 것을 끌어들일 때 보통 읽는 능력이 뛰어나다. 남자아이들이 타인의 얼굴에 나타난 감정을 파악하는 데 서투른 것도 뇌량이 작기 때문이다. 이 역시 더 많은 두뇌 부위가 사용된다면 나아질 수 있는 부분이다.

엑스레이를 통해 뇌를 더 자세히 관찰해보면, 남자아이보다 여자아이에게 더 많이 나타나며 공격적 행동을 금지하는 신경전달물질인 세로토닌(serotonin, 포유동물의 혈액·뇌 속에 있는 혈관 수축 물질-옮긴이)을 발견하게 된다. 세로토닌은 테스토스테론처럼 뇌의 시상하부(視床下部)에서 분비된 호르몬과 함께 작용한다. 남자아이의 뇌는 여자아이보다 더 많은 양의 테스토스테론을 분비하고 세로토닌은 더 적게 전달한다. 그 결과 남자아이들이 훨씬 더 공격적인 성향을 갖게 되는 것이다.

엑스레이로 계속 두뇌를 관찰해보면 좌우 뇌를 사용하는 남아와 여아의 방식이 구조적으로 다르다는 점을 알 수 있다. 펜실베이니아 대학의 루빈 거 박사는 뇌스캔 장치를 이용, 대학생 이상의 남녀들을 대상으로 뇌를 사용할 때의 두뇌 컴퓨터 사진을 얻었다. 고도에 따라 다른 색상을 나타내는 지도처럼, 두뇌 사진은 대뇌피질 활동의 강도에 따라 여러 가지 색으로 나타났다.

두 물체를 서로 맞추는 방법 등 공간과 관련된 작업을 할 때 남성의 우뇌 활동 정도는 물체의 색상마다 다르게 나타나지만 여성의 두뇌 활동 정도는 색상에 관계없이 거의 동일했다. 최첨단 기술을 이용한 이 시각적 과정은 아이들이 즐기는 블록 놀이부터 성인들의 건축 디자인까지, 왜 남성들이 공간 지능 활동에서 여성보다 우세한지를 분명히 설명해준다. 남성의 두뇌는 공간 지각적으로 설정되어 있는 것이다.

또한 루빈 거 박사는 이 실험을 통해 남성의 두뇌가 언어적으로는 강하지 않음을 설명하였다. 언어를 사용할 때 남성의 두뇌는 여성보다 더 적은 부분만 사용되었다. 한마디로 남성의 두뇌는 마치 기계처럼 어떤 과제를 수행할 때만 켜졌다가 꺼지는 반면, 여성의 두뇌는 항상 켜져 있다고 볼 수 있다. 양쪽 두뇌를 비교할 때 계속 '켜져 있는' 여성 두뇌와 '켜졌다 꺼지는' 남성 두뇌 간의 차이는 경이롭기까지 하다.

이러한 차이는 남성이 목표 지향적이며, 한꺼번에 여러 가지 일을 하는 능력이 여성보다 떨어지는 주요 원인이라고 볼 수 있다. 또한 왜 남성이 어떤 방해 요인에 대해 여성보다 더 적대적인 태도로 반응하는지, 테스토스테론에 기초한 공격성을 왜 더 강하게 나타내는지를 설명하는 열쇠가 된다.

두뇌의 차이와 당신의 자녀

언젠가 두뇌 차이에 대해 한 학교에서 강의한 적이 있다. 1남 2녀의 어머니 샐리는 나에게 이런 말을 했다.

"제 아들은 남편과 똑같아요. 딸들은 항상 테이블 위에 자기 물건들을 잘 쌓아두는데 그 녀석은 거실 곳곳에 온갖 잡동사니를 늘어놓고 공간을 한가득 차지하죠. 집에서 거대한 공룡 한 마리를 키우는 기분이라니까요. 온 세상이 자기 것인 줄 아나봐요. 공간에 대한 이러한 행동 방식이 아이의 뇌 기능과 연관이 있을까요?"

샐리의 관찰이 정확하다. 사내아이들은 여자보다 넓은 공간을 차지하려는 경향이 있다. 한 어린이집 교사는 형제지간인 5~9세의 세 남자 아이들 때문에 고충이 엄청나다고 하소연했다. 그 아이들은 항상 에너지가 넘치고 이것저것 집어 던지는데, 한마디로 통제가 불가능하다는 것이다. 그들을 밖에서 놀게 해보라고 내가 조언하자 그 교사도 동의했다. 그녀 역시 밖으로 데리고 나가면 어떨까 싶었지만 실행에 옮기지 못한 상태였다. "실내 활동에 잘 적응시켜보려고 했어요. 그 아이들에게만 특별히 신경 쓸 수 없으니까요."

그녀가 일하는 어린이집 시설은 매우 비좁았다. 결국 그녀는 잠시도 가만있지 못하는 남자아이들을 위해 지하실을 손질하여 아이들 공간으로 만들고 좀 더 자주 야외 활동을 했다. 그러자 여러 문제들이 저절로 해결되어갔다.

남자아이들의 뇌는 지금도 계속 우리에게 외치고 있다. "우리에게 더 넓은 공간을 주세요!"

남자아이들의 뇌는 야외에서 스스로 놀이를 만들고 즐기면서 재창조된다. 농구, 축구 등의 경기는 넓은 공간에서 사물을 움직이는 기량을 발전시키도록 뇌의 기능을 돕는다. 반면 여자아이들의 뇌는 야외 활동에서 상황을 설정하고 즐김으로써 재창조된다. 집, 인형 놀이, 가상의 삶 등은 다양한 언어 기술을 사용하고 일대일로 하는 수많은 의사소통을 필요로 하여 복잡한 감정적 행동을 유발한다. 바로 여기에 몇 가지 행동의 차이가 있다. 모두 뇌에서 비롯되는 차이다.

유아기 때부터 남자아이들은 여자아이보다 더 단기간 동안, 더 적극적으로 사물을 본다. 여자아이들은 남자아이보다 집중하는 시간이 길다. 이러한 성향은 유년기 내내 지속된다. 아들에게 집중력이 없다고 불평하는 부모들은 그것이 절반 정도는 천성적인 이유에서 비롯된다는 것을 알아야 할 것이다. 게임이나 컴퓨터, 신체 활동 등을 할 때 움직이는 사물과 관련된 부수적 활동을 하는 것은 남자아이의 집중력을 키우는 데 도움이 된다.

남성은 여성보다 냄새와 맛, 촉감을 덜 느끼고, 보고 듣는 것도 상대적으로 적다. 듣기를 예로 들어보자. 여성들은 남자가 잘 듣지 않는다고 불평한다. 이는 남성들이 처음부터 그렇게 태어났기 때문이다. 남성은 대체로 한쪽으로만 듣는 경향이 있다. 여성은 양쪽 귀를 사용하여 더 많은 정보를 듣곤 한다. 남성은 평생 동안 여성이 말하는 것보다 적게 들으며, 이것이 남녀 관계에서 심각한 문제를 야기한다. 사내아이들은 종종 다른 사람의 말을 무시하는 듯 보이거나 여자아이들보다 주위의 소음에 둔감하다.

때문에 아들이 부모의 말을 제대로 듣고 있지 않다고 생각될 때 화를 내고 소리 지르기보다는, 남자아이의 뇌가 어떻게 기능하는지를 이해해야 한다. 아이가 잘 듣지 않는다면 남자아이들의 가장 뛰어난 감각인 시각적 자극을 시도해보는 것도 좋다. 이야기나 게임, 사물을 통해 메시지를 전하는 것도 좋은 방법이다. 아이가 어떤 자극에 가장 민감한지 알아내는 것이 첫 번째 과제다.

여성은 남성보다 지속적인 신체 접촉을 원하고 그것을 얻지 못할 경우 사랑받지 못하고 있다고 느낀다. 상당 부분이 뇌에 장치된 남녀 고유의 특성 때문이다.

남자아이들은 어떤 시각적 문제나 정보가 왼쪽 눈에 제시되었을 때 더욱 능숙하게 처리한다. 왼쪽 눈이 남성의 공간 지각을 관장하는 우뇌와 연결되어 있기 때문이다. 여자아이들은 어느 쪽 눈에 제시되었는지에 관계없이 똑같이 시각적 정보를 처리한다. 유아기 때도 남자아이가 엄마를 바라보는 횟수는 여자아이의 반 정도다. 때문에 엄마들은 아들이 다른 아이들과 나쁜 짓을 하고 있지 않나, 엄마에게 불만이 있나 오해할 수 있다. 그러나 그 진짜 이유는 공간 내의 모든 사물을 빠르게 훑고 지나가는 남성 뇌의 특징 때문이다.

TV, 비디오 게임, 컴퓨터 문화는 남성의 뇌가 만들어낸 작품이다. 이들은 의사소통의 시각적 수단으로서 수많은 이미지와 사물의 움직임을 빠른 속도로 제공한다. 물론 TV와 컴퓨터는 다른 감각들의 발전을 저해하기도 한다. 그러나 남자아이가 채널을 이리저리 돌리고 여자아이는 어떤 프로그램을 계속 보려고 할 때, 혹은 남자아이가 컴퓨터만 없으면 극도로 초조해할 때 "저 아이를 어떻게 좀 바꿔보자."가 아니라 "저 아이가 좋아하는 활동을 통해서 스스로 잠재력을 발견하도록 도와주자."라고 이해해보려 한다면 긍정적인 변화를 유도할 수 있다.

남자아이들은 여자아이보다 3배나 독서에 어려움을 느낀다. 미취학 남아는 여아보다 1년 가까이 언어능력의 차이를 보이기도 한다. 반면 수학에서는 대개 여자아이들을 앞선다. 비밀은 바로 뇌에 있다. 수학은 우뇌의 추상적이고 공간적인 구성 개념과 연결되므로 남자아이들이 두각을 나타내고 언어능력은 좌뇌에서 비롯되는 것이므로 여자아이들이 앞서는 것이다.

이러한 뇌의 차이는 성인이 되어서도 크게 달라지지 않는다. 여성은 사람들과 친해지는 방식, 친하게 지낼 사람, 자신의 언어능력과 감정이입 능력을 활용할 수 있는 일을 직접 선택함으로써 편안함과 안정감을 느낀다. 감정적·신체적으로 성적 욕구가 일어날 때는 말로 무엇을 표현하고 상대방을 이해하는 데 서투른 상대를 선택한다. 그러나 대부분의 경우 사이좋게 어울릴 대상으로, 여성과 남성은 각각 동성을 선택한다.

로맨스를 비롯한 여러 사회 활동이 이성의 능력을 배우는 데 도움이 안 된다는 뜻은 아니다. 부모와 교사들이 아이들과 성인에게 다른 뇌의 재능을 가르칠 수 없다는 것도, 이성과 사이좋게 지내는 것이 비신경학적이라는 것도 아니다. 이러한 식의 해석은 과민 반응일 뿐이다. 풍요로운 공동생활이란 곧 공동체 정신을 가진 많은 사람들과 좋은 관계를 맺는 것을 의미한다. 두뇌 정보에 대한 연구는 현명한 자녀 양육 방법을 찾아가는 경로와 같다. 그 과정에서 남아와 여아가 나이에 상관없이 편안한 동성의 친구를 찾음으로써 자신의 참모습을 발견하게 되는 것이다.

어떻게 모든 뇌는 다르게 만들어졌는가

테스토스테론에 대해 말할 때 우리는 인류의 조상들이 삶에 적응하고 각자의 호르몬을 지녀온 방식에 대해 이야기했다. 뇌도 마찬가지다.

농업 기반의 사회로 접어들기 전까지 인간은 수백만 년 동안 수렵과 집단생활을 하였다. 여성은 아이를 낳아 키우고 가사를 돌보고 농업 환경 속에서 먹을거리를 책임졌다. 남성은 여성을 수태시키고 부족 내부의 결속을 다졌으며 사냥에 몰두했다. 이에 따라 남녀의 뇌는 생존의 필요에 의해 각자 해야 할 일을 잘할 수 있는 방향으로 발달되었다.

따라서 여성의 뇌가 감각적 정보에 더 민감해야 했음은 물론이다. 아이들이 보내는 신호를 잘 포착하고 뜯어 모아온 갖가지 풀에서 독초를 골라내려면 뛰어난 감각이 필요했기에, 남성보다 더 자세히 보고 듣고 냄새 맡고 느끼고 맛볼 수 있는 능력이 필수적이었다.

또한 여성의 뇌가 감정적 정보를 더 잘 다루게 된 것도 당연하다. 자녀 양육과 공동 집단생활은 사냥이라는 한 가지 일에 집중하는 남성보다 더욱 감정적 처리 능력을 필요로 하였다.

반면 사냥은 예리한 감각이 필요한 활동이므로 남성의 뇌는 여성보다 뛰어난 공간 지각적 능력을 갖게 되었다. 사냥과 전쟁, 여러 보호 활동을 책임져야 했던 남성에게 감정적·언어적 능력이 강조될 이유가 없었기 때문이다.

결국 뇌는 우리의 조상들이 살아갈 수 있도록 발달되었고 지금도 그대로 우리를 지배하고 있다. 생물학적 그리고 구조적으로 뇌는 거의 변하지 않을 것이므로, 남자아이들의 선천적 특성과 생리를 깊이 이해함으로써 우리는 그들의 인생을 좀 더 현명하게 이끌어나갈 수 있다.

남녀 간 뇌 차이의 진화를 이해하는 사람들은 아이들의 뇌와 호르몬의 기능에 따라서 사내아이들을 양육한다면 "남자아이는 원래 다 그래."라고 말하는 것과 무엇이 다르겠냐며 우려의 목소리를 높인다. 그들은 부모들이 남자아이의 폭력성을 더 키우고, 여성을 건축·공학·경찰직에서 배제하며, 남성을 자녀 양육에서 제외하는 뚜렷한 성적 구분을 강화시키지 않을까 두려워하는 것이다. 하지만 꼭 그렇지는 않다. 뇌 차이의 진화에 대한 지식을 갖춤으로써 우리는 좀 더 친밀하고 유익한 남녀 관계를 창조해낼 수 있다. 남자아이들을 타고난 천성대로 놔두는 것은 잘못이 아니다. 오히려 문제는 적절한 보살핌과 사랑, 가르침 없이 방치하는 것이다.

우리는 뇌 차이에 대한 지식을 자녀 양육과 생활에 적용하고 있다. 따라서 지금까지 사람들 사이, 특히 남녀 간의 친밀함이 어떻게 정의되어 왔는지 살펴보는 것이 꼭 필요하다. 서로 친근한 부모의 모습은 남자아이들에게 가장 중요한 영향을 미칠 수 있다. 오늘날에는 두뇌 엑스레이 촬영을 통해 사람들이 느끼는 친밀감 정도를 측정할 수 있다. 대부분의 자기계발서들은 남성은 사교성이 없고 여성은 친화력이 뛰어나다는 식의 내용을 다룬다. 이러한 책들은 여성 두뇌의 관점에서 바라본 기준을 바탕으로 하고 있다. 인간의 결혼 생활과 자녀 양육 방식은 남녀의 두뇌 차이를 존중하는 법을 배울 때 훨씬 더 나아질 것이다.

남자아이들이 느끼는 방식: 감정과 두뇌

어느 사회복지사의 이야기를 해야겠다. 그녀는 혼자 아들을 키우고 있었는데, 그녀의 아들은 여느 아이처럼 아프거나 다쳤을 때 엄마 품에 안겨 우는 아이였다. 그런데 엄마 왈, 8세가 되면서부터 아이가 변했다는 것이다.

"그전까지는 자기감정을 솔직하게 털어놓았는데 여덟 살이 되더니 비밀이 많아지고 자꾸 저를 외면해요. 한번은 그러더라고요. 제가 만날 잔소리만 한다고요."

많은 엄마들이 아이가 5~10세에 자신의 감정을 처리하는 방식에 변화가 일어남을 감지한다. 이 엄마는 아들에게 일어난 변화로 고민에 빠졌지만 이것은 지극히 정상적인 현상이다. 부모의 이혼, 어머니의 사회

생활 복귀, 형의 가출 등 다른 외적 요인이 작용하더라도 8세 사내아이가 감정을 처리하는 방식은 결국 그가 평생 사용할 방식이 된다.

남자아이들은 호르몬에 의해 자신의 감정을 '남성적인' 방식으로 처리하는 성향을 가지게 된다. 이러한 방식은 10세 정도 때 서서히 보이며 늦어도 사춘기 때까지는 분명히 나타난다.

남자아이들의 감정 처리 방식에 대해 많은 문화적 오해가 있다. 남자아이들이 자신만의 방식으로 연민을 느끼고 예민하게 반응한다는 것은 이미 잘 알려진 사실이다. 사실 이러한 성향은 모든 사람들이 가지고 있기 때문에 남자아이들 역시 훈련을 통해 더 민감해지고 다른 사람을 배려하는 법도 배울 수 있다. 하지만 남자아이들의 테스토스테론과 뇌는 그들이 사내아이 특유의 방식으로 감정을 처리하고 반응하도록 유도한다. 남자아이에게 부모의 감정 처리 방식을 따르도록 애쓰는 것은 상처만 남길 뿐이다. 아이의 감정은 어느 누구도 아닌 아이 자신의 것이며 따라서 아이 스스로의 방식으로 감정을 처리할 필요가 있다.

남자아이들이 감정을 처리하는 방식

다음은 남성들이 선호하는 여덟 가지 감정 처리 방식이다. 제시된 방식들이 우리가 테스토스테론과 뇌에 대해 배운 내용으로부터 비롯된다는 사실을 발견할 수 있을 것이다.

1. 행동으로 분출하는 방식

남자아이들은 빠르게 에너지를 분출하여 감정을 처리하고 해소시킨다. 종종 큰 소리를 지르거나 문을 부서질 듯이 닫고, 주먹으로 테이블을 치거나 상대방을 공격하며, 두문불출한 채 비디오 게임 등 특정 활동에 몰두하기도 한다. 행동을 통해 감정을 처리하는 것이다. 이처럼 위험스러워 보이는 행동으로 감정을 처리하기 때문에 때로는 상대방을 거부하는 것처럼 느껴지기도 한다.

2. 반응을 억누르는 방식

남성들은 선천적으로 감정적 반응을 보류한다. 남성의 뇌는 본능적으로 문제를 해결하려고 하며 이를 위해 감정적 반응을 늦추는 경향이 있다. 학교생활에 문제가 있어도 일주일이 넘도록 부모에게 말하지 않는 경우가 다반사이며, 며칠 동안 초조해하다가 결국 부모에게 도움을 청한다. 감정적 어려움을 겪었다는 것을 아예 깨닫지 못하는 남자아이들도 있다. 아이가 일부러 반응을 억제하는 경우, 부모는 참고 기다리면서 부모가 든든한 피난처가 되어 항상 아이 곁에서 도울 것이라는 확신을 주어야 한다.

3. 대치-객관화 방식

아들이 무슨 일로 잔뜩 화가 나 있지만 전혀 말을 하지 않는다고 가정해보자. 그러다 한쪽 문이 움푹 들어간 차 옆을 지나가게 된다면, 나는 이렇게 말해줄 것이다.

"누가 차한테 화풀이를 했나 보군. 저 문이 얼마나 예뻤을지, 처음에 저걸 칠한 사람이 얼마나 공들였을지 생각해보렴. 그런데 이제 저렇게 되어버렸구나. 가끔 그런 느낌이 들어. 최선을 다했지만 어떤 식으로든 무시당한다는…… 너도 그런 기분 들 때가 있을 거야."

이는 감정을 외부 공간에 분출하고 원래 대상으로부터 더 안전한 사물로 감정적 반응을 옮기려는 남자아이의 성향을 인정하는 전략이다. 만일 남자아이에게 자신의 감정적 경험을 이야기로 만들어 영화화하거나 책으로 엮을 수 있게 한다면, 그는 이야기를 털어놓는 데 보다 적극성을 띨 것이다. 아이에게 "무슨 일이니? 어서 말해봐."라고 다그치며 "지금 바쁘니까 빨리 좀 말할래?" 하는 듯한 뉘앙스를 풍기는 것보다는 이런 방법이 훨씬 더 효과적이다. 남자아이는 우리가 자신에게 좀 더 시간을 주기를 요구하며 또한 자신의 감정을 외부의 다른 사물과 연결시키기를 원한다.

4. 신체적 표현 방식

남자아이들은 자신의 감정을 여자아이들보다 훨씬 더 신체적으로 경험하고 표현하고 분출한다. 부모는 남자아이들의 이러한 표현 방식을 감안하여 아이에게 충분히 신체적 활동 공간과 마음껏 활용할 수 있는 무언가를 제공해야 한다. 지하실에 샌드백을 달아놓고 아들에게, "이제 여기가 네 공간이야. 필요할 때마다 와서 저 샌드백을 실컷 두드리렴."

이라고 말하는 아버지는 아이에게 지혜로운 방법으로 공간과 대상을 마련해준 것이다.

동시에 샌드백을 두드리고 신체적 자유 공간을 갖는 것이, 누구든 무엇이든 두드릴 수 있는 자유와는 엄연히 다르다는 사실도 아이에게 일깨워주어야 한다. 이와 같은 방법 제시로 감정을 처리할 적절한 한도를 보여주는 것이다.

"그 감정에 압도될 때 이리로 와서 진정시키렴. 그리고 다시 사람들과 어울려봐. 그때 네 감정을 다른 사람에게 적절하게 표현하는 법을 알게 될 거야. 왜냐면 여기서 그 감정이 깨끗이 정리되는 것을 네가 느꼈으니까 말이야."

5. 자신만의 공간으로 숨어 들어가는 방식

보통의 사내아이들은 여자아이들처럼 감정을 빨리 처리하지 못한다. 사회 인류학자 제니퍼 제임스는 한 연구에서 남성이 어려운 감정적 정보, 즉 복잡한 감정적 반응을 필요로 하는 자극을 처리하는 데 걸리는 시간이 여성보다 7시간까지도 더 길 수 있음을 보여주었다. 남자아이들은 어머니의 혼란스러운 감정, 여자 형제의 다양한 감정 표현들을 종종 부담스러워한다. 그들은 가끔 혼자만의 공간에 들어앉아 이러한 자극에서 벗어나고 싶어 한다.

아들이 자꾸만 자신만의 '동굴'로 들어가려 할 때, 부모는 그들이 잠시 밖으로 나올 때마다 아이에게 책임감을 느끼도록 유도하는 것이 매우 중요하다. 즉, 일단 문제를 해결하면 가족에게 이야기하겠다는 동의를 아이에게 받아내야 한다. 남자아이들은 부모가 아들에게 동굴에 들어가도 괜찮다고 말해주기를 원한다. 무엇보다 아이가 다시 밖으로 나오는 것을 주저하지 않도록, 편안한 마음으로 나올 수 있게 해주는 것이 필요하다.

6. 느낌에 대해 말하는 방식

대부분의 부모들은 일단 사내아이가 7세를 넘어서면 아이의 감정을 말로 표현하여 처리하도록 이끄는 것이 정말 어렵다는 것을 깨닫는다. 오히려 시간이 지난 후 아이에게 그때 기분이 어떠했느냐는 식으로 묻는 편이 낫다. 경험이 진행되고 있을 때는 아이도 자신의 기분을 모를 수 있다. 그러므로 우리가 자꾸 말해보라고 강요하면 아이는 그저 자신이 방해받고 있다고 느낄 뿐이다.

남성의 좌우 뇌를 연결하는 뇌량이 여성보다 작기 때문에 우리는 대체적으로 감정 표현에서 남성이 여성보다 어려움을 느낄 것이라고 생각한다. 정보가 우뇌에서 언어를 담당하는 좌뇌로 이동하기가 쉽지 않기 때문이다. 태어나서 10세 때까지 남녀의 두뇌가 성숙해지고 사춘기 무렵 호르몬 조절을 거치면서 남자아이들은 감정과 언어적 정보의 연결을 점점 어려워하게 된다. 따라서 남자아이들의 감정에 대해 말하는 것은 여자아이들의 감정을 다루는 것과 전혀 다르다.

그렇더라도 우리는 그들에게 "기분이 어떠니?", "그 일은 어땠니?"라고 묻는 노력을 계속해야 한다. 이때 중요한 것은 질문하기에 적절한 시기를 잘 선택해야 한다는 것이다. 아이가 심리적으로 편안하다고 느끼는 장소를 찾을 때까지 기다릴 필요도 있다. 한 번 묻고 잠시 기다린 다음 내버려둘 필요도 있다. '아이'가 원하는 때에 우리를 찾도록 놔두자. 계속 질문을 해댄다면 아이는 처음에 부모가 자신에게 관심을 갖고 있다고 생각하지만 얼마 지나지 않아 마음속에서 분노를 키우게 된다.

7. 문제를 해결하는 방식

남자아이들은 사소한 문제에 감정적 에너지를 낭비하지 않는 경향이 있다. 또한 문제를 해결함으로써 감정의 에너지를 분출한다. 물론 이는 성인 남성에게도 해당된다. 이것이 바로 보통 남성들이 최대한 빨리 문제 해결에 착수하는 한 가지 이유다. 물론 그들이 그런 식으로 훈련되었기 때문이지만 보다 근본적 원인은 그들의 호르몬과 뇌에서 찾을 수 있다. 일단 문제를 접하면 그들은 계속 그것에 관심을 갖고, 문제를 해결한 뒤에는 쾌감을 느끼는 것이다.

8. 울기

남자아이들은 학교에 들어갈 때쯤 되면 아주 특별한 상황에서만 눈물을 흘린다. 뇌가 더 완벽하게 형성되고 테스토스테론의 지배력이 커지는 사춘기 무렵이면 그들은 우는 것에 불편함을 느낀다. 우리 사회가 남자아이에게 울지 말라고 가르치고 있고, 또한 울기 위해서는 빠른 속도로 어려운 감정 데이터를 처리해야 하기 때문이다. 남성의 두뇌는 여성과 달리 빠른 감정 처리가 어렵고 따라서 아이는 제정신이 아닌 듯한 불안정함을 경험하게 된다.

　남자아이가 여자아이만큼 많이 울지 않는 이유 가운데는 앞서 언급했지만 분명 우리가 '그러지 말라고 가르쳤기 때문'도 포함되어 있다. 그러나 그러한 가르침은 몇 세기에 걸쳐 인간이 남성의 뇌를 이해하고 받아들이는 결과를 가져왔다. 남자아이들은 울음보다는 행동, 문제 해결 등의 방법을 통해 감정을 처리하는 것이다. 우리는 남자아이들이 이러한 방법들을 완전히 익히도록 기꺼이 도와야 한다. 이것이 그들에게 매우 자연스러운 방법들이기 때문이다.

　감정을 억누르는 경향 역시 남성 생물학에서의 위험 요소임을 깨달아야 한다. 남성이 '나도 내 기분을 모르겠어. 누가 나 좀 도와줘.'라고 생각하는 건 매우 자연스러운 현상이다. 이것은 남성에게 매우 심각한 문제다. 따라서 남성이 더 많이 느끼고 더 울 수 있도록 도우려는 사회적 차원의 노력은 매우 의미 있다. 하지만 자신의 감정에 대해 더 많이 말하도록 유도하는 것보다 남성 특유의 방법을 찾아 권하는 것이 더욱 효과적이다. 비록 소년을 포함한 모든 남성들이 부자연스럽게 느끼는 면도 있겠지만 말이다.

생태에서 문화까지

우리는 곳곳에서 남자아이들의 생태를 엿볼 수 있다. 운전하면서 공원을 지나다 보면 축구를 하는 남자아이들을 자주 접한다. 그들은 공간 내에서 물체를 움직임으로써 자아상을 발전시키고 공간 운영의 복잡한 규칙을 따르고 있는 것이다.

농구 코트가 있는 길을 지날 때는 셔츠를 벗어 던진 채 땀을 흘리며 몸싸움을 벌이는 남자아이들을 보게 된다. 그들은 공간 내에서 경쟁적으로 물체를 이동시키고 있다.

건물을 지나 어느 공사 현장을 보면, 남자들이 새로운 건물을 짓고 있다. 그들은 맨 처음 공간의 크기를 예측하고 설계도를 그린 후 팀을 짠다.

또한 매일 점차 증가하는 남성들의 반사회적 폭력 사건을 목도한다. 남성의 뇌와 훈련되지 않은 테스토스테론의 위력은 점차 세상에 악영향을 미치고 있다.

이제 어디서나 남성의 생태를 확인할 수 있지만, 우리는 보통 이렇게 생각하곤 한다. "또 저 녀석들이 남성의 사회와 문화를 만들고 있군. 그들이 어떤 식으로 사회화되었는지 한번 보라고. 어떻게 좀 바꿔볼 방법이 없을까?" 또는 "그 남성 문화는 사라지지 않을 거야. 남성들로 하여금 TV를 응시하고 직장에서 여성을 따돌리고 폭력적인 놀이를 하고 전쟁을 일으키게 만들지.", "남성 문화와 여성 문화는 상극을 이룰 수밖에 없어. 어느 한쪽을 바꿔보자."라고 말한다.

소년기의 문화는 어떠한가? 우리가 그것을 위해 할 수 있는 일은 무엇인가? 좋든 싫든 남성의 뇌가 존재하는 한 남성 문화는 형성될 수밖에 없다. 부모, 상담가, 교사로서 우리는 그 문화를 인정하고 이끌어줄 것인가, 아니면 외면하고 배격할 것인가라는 질문에 반드시 대답할 수 있어야 한다.

제 2 장

남자아이들이 만드는 문화

부모님과 선생님은 날 전혀 이해하지 못해요. 언제나 닦달만 하죠.
"대통령이 되든 망나니가 되든, 저 아인 어쨌든 사내아이야."라는
생각의 틀에 가둬두고 꺼내주질 않아요.

— 로렌(14세)

애리조나 주에 사는 캐롤은 나의 신문 칼럼에 다음과 같은 편지를 보냈다.

"저는 8~14세까지의 세 아들과 11세 된 딸 하나를 키우고 있는 독신 여성입니다. 세 아들이 크는 것을 보면서 저뿐 아니라 아이들 스스로 얼마나 혼돈스러워하는지 깨닫게 돼요. 큰아들은 네 명의 또래 친구들과 어울려 다녀요. 그 아이들이 불량스러운 복장을 하고 입에 욕을 달고 다니면서 거친 행동을 하면 사람들의 시선이 곱지 않죠. 고만고만한 녀석들이 몰려다닐 때면 마치 범죄자들처럼 보이기까지 해요.

열 살 난 둘째 아들이 어느 날 학교에서 돌아오더니 그러더군요. 선생님이 자기한테 '그러다간 커서 감옥에 갈 거야.'라고 말씀하셨다는 거예

요. 둘째 아들은 모범생에 성격도 좋은 편인데 말이에요. 선생님께 전화를 했더니 '그냥 농담한 거예요. 남자아이들의 문화에 휘둘리지 않도록 주의를 주기 위해 한 말이었어요.'라고 하시더군요.

여덟 살짜리는 아직까지 엄마에게 안기는 걸 좋아하는 어린애예요. 하지만 이미 조금씩 제게서 멀어지고 있고 전 그냥 보고만 있어요. 세 아들이 각자 원하는 것을 하리라는 사실을 알지만 아이들이 걱정되기 때문에 제 마음은 너무나 혼란스러워요. 딸아이의 경우는 제가 그 애를 깊이 이해하기 때문에 걱정은 안 됩니다. 여자아이들이 어떻게 어울리는지는 저도 잘 아니까요. 하지만 사내아이들은 시도 때도 없이 위험천만한 짓을 해요. 세 아들을 사랑하지만 때로는 제가 그 아이들을 힘들게 하고 있다는 걸 저도 알아요.

제가 무슨 질문을 한 건지 저도 잘 모르겠군요. 아들을 키우는 것이 얼마나 어려운지 솔직히 털어놓고 싶었어요. 엄마로서 아이들에게 어떤 태도를 보여야 하는지 알고 있다고 생각했는데 지금은 확신이 안 들어요. 몇 년 전엔 '아들들에게 인형을 쥐어주면 어떨까.'라는 생각도 했어요. 약 30초 동안은 그런대로 효과가 있더군요. 하지만 큰아들이 마침내 인형을 잡아 뜯어놓는 걸 보면서, 제 '성 정치학'은 산산이 무너져내렸어요. 남편과 함께 지내던 10년이 넘는 기간, 그리고 저 혼자 아이들을 키우는 지금까지 계속해서 남자아이들의 문화를 이해하려고 노력하고 있어요. 당신은 이해가 되시나요?"

나는 캐롤에게 "우리 같이 고민해봐요. 분명 해답을 찾을 수 있을 겁니다."라고 답장을 보냈다. 몇 년에 걸쳐 그녀와 주고받은 편지들은 내가 이 책을 쓰는 데 깊은 영감을 제공했다.

남자아이들의 문화를 대하는 우리의 상반된 태도는 내가 부모와 다양한 연령대의 소년들, 여러 단체를 상대하면서 씨름해야 하는 어려운 문제 가운데 하나다. 우리는 그들의 문화에 호의적이기도 했다가 금세 혐오감을 느끼기도 한다. 존중하면서도 무서워하고, 다른 성격의 문화로 바뀌길 바라고 있다.

하지만 남성의 문화는 절대로 사라지거나 변하지 않는다. 남성의 생태가 그것을 지배하고 있기 때문이다. 이제 우리에겐 두 가지 선택이 있다. 즉, 남성 문화가 본질적으로 잘못되었기 때문에 바뀌어야 한다는 가정과 신성불가침의 영역이기 때문에 그대로 유지되어야 한다는 가정 중 한 가지를 바탕으로 판단해야 한다는 것이다. 만약 후자의 관점이라면 남성 문화의 지나친 남용을 완화시킬 수 있는 전략을 짜야 한다. 지난 몇십 년 동안 남성 문화의 옹호와 문화 전체의 발전이 상호 조화를 이루는 데 실패해왔기 때문에 이러한 전략은 더욱 중요하다.

남자아이들에게는 특수한 지시, 훈련, 구조 체계를 가진 문화가 필요하다. 만일 우리가 그 문화의 성격을 바꾸려 한다면, 혹은 그 문화에 어떤 구조를 부여하지 않으면 남자아이들을 올바르게 이끌 수 없을 것이다. 이는 곧 우리 사회가 폭력, 남성 우월주의, 동성애에 대한 혐오 등 많은 위험 요소를 떠안게 됨을 뜻한다.

비록 지금 이 가정이 마음에 들지 않더라도 독자들은 이 책의 다음 몇

장에 걸친 내용에 관심을 가져주기 바란다. 이 책은 남자아이들의 문화와 가족, 공동체와 사회에 바로 적용될 수 있는, 일종의 소프트웨어 프로그램을 만들기 위해 쓰였다. 남자아이들을 관찰하고 그들에 대한 수많은 연구 자료들을 읽으면서 몇 년을 보낸 결과, 나는 최근 등장한 '남자아이를 남자답게 만드는 것은 사회화'라는 철학이 전례 없는 사회적 실험임을 깨닫게 되었다. '인간이 천성의 지배를 받지 않는 사회를 만들 수 있다'는 믿음은 어찌 보면 우리의 교만함일 수도 있다. 우리 사회의 복잡한 네트워크는 생물학적 필요성에서 파생된 것이다. 우리는 남자아이들을 위한 스포츠 구조를 만들고 남자아이들은 스스로 또래 집단을 만든다. 그들은 여자아이들보다 과학을 좋아하고 남성 특유의 언어 패턴을 통해 의사소통을 한다.

남자아이들의 문화적 특성을 열거하자면 끝이 없다. 남성의 폭력성을 포함한 거의 모든 것이 뇌와 호르몬의 생태에서 비롯된다.

나의 접근 방식은 매우 현실적이다. 나는 우리 가운데 어느 누구도 남자아이들의 타고난 특성을 바꿀 수 없다고 생각한다. 그들 문화의 근본적인 요소도 변화시킬 수 없다. 그러나 우리는 그들의 문화가 보다 튼실한 결실을 맺을 수 있도록 이끌어야 한다. 부모와 교사들이 남자아이들을 바꾸기 위해 쏟는 정치적·교육적 에너지를 그들이 진정한 남성이 되도록 돕는 데 사용한다면 우리는 그들을 지도하고 감독하고 훈련하며 그들의 삶을 조직화하고 그들의 사회와 문화를 존중할 수 있을 것이다.

소년기의 문화는 특정한 몇 가지 원칙을 기본으로 하고 있다. 용기 있게 다룬다면 그들에게 유익한 원칙이라고 확신하는 바다.

제1원칙: 경쟁, 성과, 재능 연마

남자아이들이 자존감을 갖기 위해선 경쟁의 경험과 맡은 일을 완수하는 경험이 필요하다. 올바르게 경쟁하는 기술을 배우지 못하고 성과에 대해 칭찬받지 못한 아이들은 좌절감을 경험할 수 있다.

남자아이들과 경쟁심

남자아이들은 종종 다른 사람을 무시함으로써 자아상을 확보하려 한다. 한 명이 "이 자식아, 잘 지냈냐?"라고 말하면 상대방은 "어이, 새대가리, 안녕."이라고 맞받아치는 식이다. 많은 엄마들이 아이의 이런 말버릇에 대해 불평하면서도 어쩔 도리가 없다는 것을 알고 있다. 한 엄마는 "열다섯 살 된 아들은 친구들과 나누는 대화가 온통 욕이에요. 제가 옆에 있을 때는 나름 조심하는 듯싶지만 몰래 엿들어보면 정말 다른 세상 아이 같아요."라고 말할 정도다.

　남자아이들은 언어적·신체적으로 경쟁하고, 경쟁을 바탕으로 관계를 구축해간다. 그들에게 경쟁은 행동을 길들이는 한 형식이다. 그들은 이러한 전략을 통해 문화적·언어적 개념을 형성하고 자아상을 완성해간다. 남자아이들이 서로 무시하는 말투로 욕하는 모습은 너무도 흔하다. 그들은 여러 다른 형식의 위계 조직 체계, 즉 지위를 얻기 위해 경쟁하는 시스템을 통해 삶을 경험한다. 그러나 협동이 유리하다고 느낄 때면 언제든 협력 관계를 형성한다.

　게임이나 스포츠 활동은 남자아이들이 경쟁을 통해 성장하고 발전하는 좋은 예다. 남자아이들이 방관자로 구경만 하는 아이에게 같이 게임을 하자고 권하는 경우는 드물다. 구경하고 있는 아이들은 자신이 경쟁할 수 있는 상황인지 살피는 데 많은 시간을 할애하기 때문에 종종 따돌림당하는 듯이 보일 수도 있다. 체격이 크다거나 재주가 많거나 또는 상대가 같이 어울려본 또래 그룹이라면 바로 끼어들 수 있지만 어느 하나 유리한 점이 없다면 밀려날 수밖에 없다.

　경쟁은 남성의 발달과 자아상에 매우 중요하다. 조직적인 스포츠를 즐기는 남자아이들이 마약이나 폭력 조직에 잘 빠지지 않고 더 사교적이라는 연구 결과도 있다. 남과의 경쟁을 통해 자신을 능력 있는 존재로 인식하는 것은 남자아이들에게 필수적인 부분이다. 만일 그렇지 못하면, 또 사회가 그들에게 이러한 기회를 제공하지 못한다면 그들은 사회와 적대적 관계를 형성하고 또래 집단 및 자신을 학대할 것이다.

물론 경쟁은 오용될 수 있다. 어떤 아버지들은 경쟁에 집착하며 아들이 이기는 것만을 보려고 한다. 어떤 사내아이들은 자라서 경쟁 이외의 다른 인간관계는 모르는 성인이 되기도 한다. 미리엄 미드지안이 남성의 폭력 성향을 연구한 자신의 책 『사내아이들이 다 그렇지, 뭐(Boys Will Be Boys)』에서 지적했듯이, 경쟁은 남성의 폭력성에 불을 붙일 수도 있다.

그러나 이러한 부정적인 측면은 소수의 남자아이들에게서 나타날 뿐이다. 대부분의 아이들은 경쟁을 오용하지 않는다. 그저 삶의 일부로 받아들일 뿐이다. 운동을 더 잘하고 싶고, 우수한 학업 성적을 받고 싶고, 체스 챔피언이 되고 싶고, 형제자매 간의 다툼에서 이기고 싶다거나 그림을 더 잘 그리고 악기를 더 잘 연주하고 싶은 욕망 등, 모든 남자아이들이 자신의 욕망을 위해 마음껏 뛸 수 있는 경쟁의 장을 찾도록 우리는 도와야 한다.

경쟁, 공격성, 분노의 상관관계

경쟁과 공격성, 그리고 이들과 분노 사이에는 분명한 상관관계가 있다. 로마 시대의 경우 병사의 분노는 그의 에너지의 일부였기 때문에 전투에서 더 용맹하게 싸우기 위해 그 분노를 오히려 더 키워나가도록 훈련되었다. 마찬가지로 로마 시대의 연장자들은 어린 소년들에게 분노를 언제, 어디서 표현해야 하는지 가르쳤다. 다시 말해 소년들은 남성 문화에서 경쟁과 공격성뿐 아니라 분노 조절법도 배운 것이다.

남성 문화에 참여할 때에는 경쟁의 경험을 쌓고 남성의 산물인 공격성을 체계적으로 이해해야 한다. 더불어 이러한 경험 속에서 분노 조절 기술을 가르치지 않는다면 자신의 힘을 남용하는 공격적인 사내아이를 키워내는 결과를 초래할 것이다.

이 책의 2부에서 우리는 특히 경쟁적이고 공격적인 남자아이들에게 소파, 막대기, 침대 등 자유롭게 이용할 수 있는 물체를 제공하여 그것을 통해 욕구를 해소하는 법을 살펴보고, 생물·무생물을 향해 분노를 표현하는 것이 전혀 다름을 가르칠 것이다.

이러한 지도 방식은 우리의 문화적 가치가 바뀌면서 더욱 중요해지고 있다. 과거에는 사내아이가 자라서 군인이 되고, 대의를 위해 자신을 희생하는 것이 당연시되었다. 아주 어릴 적부터 사회의 문화는 여러 기술과 정신적·정치적 주요 사안, 감정 훈련법을 아이에게 가르쳤고 아이는 무엇이 중요한지 스스로 깨달아나갔다.

오늘날 남자아이들에게는 이러한 경건하고 엄숙한 가르침과 분노 조절 훈련이 상당히 부족하다. 군대 제도는 점차 사라지고 있지만 그럼에도 불구하고 어떻게 경쟁을 불러일으켜야 하는지에 대한 성인들의 감각을 키울 필요가 있다. 그 감각을 분노·경쟁 조절 훈련의 형태로 아이들에게 넘겨주어야 한다.

오늘날 남자아이들은 생물과 무생물을 구별하는 데 서투르다. 대상의 가치와 단순한 효용성의 차이를 배우지 못했기 때문이다. 사실 남성적 에너지를 두려워하는 많은 사람들은 사내아이들에게 어떤 것에도 화를 내지 말라고 가르친다. 하지만 사내아이들에게 이것은 불가능한 일이다.

소년기 때 경쟁의 가치를 이해하는 실제적인 방법은 아이가 운동과 게임, 학업 등 여러 경쟁 구조를 통해 자신감을 얻고 있는지 관찰하는 것이다. 혹시 당신이 아는 남자아이가 어떤 활동에서 두각을 나타냄으로써 자신감을 얻고 있는가? 만일 그렇다면 그 아이는 제대로 가고 있는 것이다. 그렇지 않다면 성인의 도움이 필요하다. 상황과 구조, 좋은 친구를 찾을 수 있도록 적극적으로 도와라. 경쟁할 수 있는 상황을 만들어줄 게임과 재능, 장비를 찾도록 도움을 아끼지 마라. 물론 사회적 경쟁 말고도 자신의 가치를 발견할 다른 방법들이 있음을 깨닫도록 돕는 것도 중요하다.

우수함

결론적으로, 자신의 우수성을 확인하려는 것은 남자아이와 그들의 문화에 내재한 고유의 특성이다. 남자아이들은 경쟁하고 싸우며 대인 관계에서 풍부한 경험을 쌓아야 한다. 그들이 이러한 필요성을 외면하지 않고 조종해나가도록 이끌어주는 것이 바로 우리가 할 일이다.

마치 전쟁을 상기시킨다는 점 때문에 이러한 주장에 두려움을 느낄 수도 있다. 전쟁은 우리가 자녀를 잃고 살아갈 터전을 잃는 것을 의미한다. 병사라는 단어가 가지고 있는 제한적인 의미를 뚫고 나와 좀 더 넓게 생각해보자. 병사란 전쟁에 대비하여 훈련될 수도 있지만 수많은 재능, 경쟁, 실행을 위해 훈련될 수도 있다. 만일 우리가 남자아이들을 경쟁적 경험을 통해 자아상을 확립하도록 훈련시키지 않으면 그들은 그 에너지를 엉뚱한 곳에 써버리고 말 것이다.

피해 의식의 수정

　　남자아이들의 또래 집단과 그들의 경쟁적 성향을 이해하려면 우리가 생각하는 희생 관계 원리에 수정을 가해야 한다. "나는 피해자이므로 다른 사람들이 나를 괴롭히지 못하게 하겠다."라는 것이 바로 희생 원리다. 때때로 이 원리는 "여성은 남성 중심 문화의 피해자이고, 따라서 남성 우월주의를 타파해야 한다."라는 주장에도 나타난다. 자신이 피해자라는 이러한 사고방식은 아들을 키우는 부모들을 더욱 힘들게 만든다. 또한 남성이든 여성이든, 모두에게 자신을 지키고 보살피는 법을 배울 책임이 있다는 사실을 놓치게 만든다.

　　만일 '피해 기준'이 남자아이들에 대한 연구를 지배한다면 경쟁과 다툼을 부정적인 것으로 볼 수밖에 없다. 결국 우리는 아이들을 비난하고 그들도 우리를 더 괴롭히게 될 것이다. "경쟁과 다툼은 누군가를 다치게 하기 때문에 나쁜 거야. 난 내 아들이 다치는 건 원하지 않아. 우리는 항상 남성으로부터 여성을 보호해야 해. 따라서 남자아이들에게 경쟁도, 싸움도 하지 말라고 가르치겠어."라고 말하는 것은 아이들로 하여금 "저에겐 사랑이 때로는 힘든 것이라는 사실을 이해 못하시는군요. 훈련과 경쟁, 도전, 좌절과 재기, 신체적·정신적 상처도 제겐 모두 의미 있는 것들이에요. 함께 경쟁하는 사람들이 있기에 제가 자라는 거라고요. 이러한 제 욕구를 이해하지 못하시면 전 부모님 뜻을 어길 수밖에 없어요."라고 반박하게 만드는 것이다.

프로그램과 프로젝트

청소년 스포츠협회, 교내 체육대회, 각종 격투기 종목 등 아들을 적당한 운동 프로그램에 가입시킴으로써 아이의 생활과 태도를 체계화시킬 수 있다. 물론 아이가 최고의 역량을 발휘하려면 부모의 시간과 노력이 필요하다. 그러나 심한 부담감을 주는 경쟁 프로그램은 아이의 자아상에 악영향을 미칠 수 있으므로 자제해야 한다.

경쟁을 즐기기 위해 부모의 개인적인 대인 관계 스타일을 적용시키는 것도 아이에게 도움이 될 수 있다. 성인이 어린 소년을 무시하거나 힘으로 제압하는 것은 위험하지만, 즐겁게 아들에게 장난을 치고 "이런 사고뭉치 같으니라고." 하는 식으로 농담을 건넴으로써 아이가 더 잘 행동하도록 유도하는 의사소통 기술은 아이를 존중하는 방식이다.

우표 수집, 모형 쌓기, 악기 연주, 야구 등 다양한 재능을 훈련시키는 프로젝트를 통해 접근하는 것은 직접 대화를 시도하는 것보다 문제아를 다루는 더 좋은 방법이 될 수 있다. 남성의 생태와 문화는 인간 상호작용의 공동 플레이 형식, 이른바 '어깨 나란히' 교제를 강조한다. 남성들은 게임을 할 때나 함께 공동 과제를 할 때 가장 편안하게 말하는 경향이 있는데, 감정적 갈등을 느끼는 경우에 특히 그러하다.

얼마 전 한 여성이 내게 자신의 아들 노아에 대한 이야기를 털어놓았다. 이제 11세 된 노아는 엄마와 사사건건 충돌했다. 그녀는 아들이 항상 뾰로통한 표정을 하고 한곳에만 정신이 팔려 있는 점이 특히 못마땅했지만 아들의 속내를 들어볼 재주가 없었다. 상담을 받자마자 그녀는 아침마다 아들과 함께 조깅을 하기로 결정했다. 한동안 거부하던 노아가 어느 날 못 이기는 척 엄마를 따라나섰고 하루 이틀 함께 달리면서 그녀는 아들이 이전보다 훨씬 수다스러워진 것을 깨달았다. 달리기에 도전하여 아들과 어깨를 나란히 하는 데 성공한 그녀는 "우리 모자에게 새로운 문이 열리는 것 같았어요."라고 말했다.

제2원칙: 임무별 감정 이입법

남자아이들이 감정을 이입하는 방식은 여자아이들과 전혀 다르다. 어떤 상황이 정말 심각하지 않다면, 남자아이들은 그 상황에 부딪혔을 때 해야 할 일을 먼저 생각한다. 남자아이들의 길거리 하키 경기를 생각해보자. 시합에서 한 소년의 하키 스틱이 다른 아이의 스틱을 강타하면 맞은 아이가 비명을 지른다. 때린 아이는 상대방에게 다가가 얼마나 다쳤는지 확인하고 경기를 중단할 만큼 다치지 않았다고 판단되면 다시 경기에 집중한다. 그것이 그의 우선적인 임무다. 이처럼 거리와 가정, 학교 등에서 일어나는 여러 위기 상황에 직면했을 때 남자아이들은 수행 임무를 먼저 생각한다.

반면 감정 이입이 문제 해결에 도움이 된다고 생각하면 남자아이들은 먼저 감정 이입을 한다. 감정 이입을 하지 않을 경우 경기에 지장이 있다면, 혹은 아이 스스로 중요시하는 대의가 있어서 잠시 경기를 멈추고 누군가를 돌봐야겠다고 생각한다면, 아이는 우선적으로 다친 사람을 살필 것이다.

남자아이들은 감정 이입을 악의 없이 교묘하게 활용하기도 한다. 그들은 자신이 원하는 것을 갖고 있는 사람에게 감정 이입을 하면 그 사람이 그것을 포기할 가능성이 높다는 것을 알고 있다. 하지만 감정 이입이 자신에게 아무런 도움이 되지 않는다면 남자아이들은 아마도 다른 사람의 상처에 도전적으로 반응할 것이다.

"어서 일어나. 다친 곳도 없으면서 웬 엄살이야?"

물론 모든 아이들이 그런 것은 아니고 예외도 있지만, 남자아이들이 여동생을 감시하는 임무, 부모를 감시하는 임무, 동물들에 대해 연민을 느낄 수 있는 사냥의 임무 등 여러 임무에 어떤 식으로 감정 이입을 하는지 관찰하는 것은 남자아이들과 그들의 문화를 이해하는 좋은 방법이다. 남성 문화가 오랜 옛날부터 보호자로서의 임무를 수행해온 주요 원인은 '보호'라는 직무를 통해 남성이 자신의 감정을 체계적이고 통제된 목표 지향적 방식으로 조정할 수 있기 때문이다.

남자아이들이 감정을 이입하는 방식은 여자아이들과 놀 때 더욱 복잡해진다. 다음 두 문장은 같은 아이가 한 말이다.

"빨리 일어나란 말이야. 다친 데도 없으면서 엄살은……"

"괜찮아? 도와줄게."

첫 번째 문장은 남자아이들끼리 있을 때, 두 번째는 상대방이 여자아이일 때 한 말일 가능성이 높다. 스탠포드 대학의 엘리노어 매코비 교수는 한 연구를 통해 남자아이들이 혼성으로 있을 때 더 동정적이라는 사실을 관찰했다. 그녀는 이러한 성향이 성별에 근거를 두고 있다고 설명했다. 즉, 남자아이들은 동성보다 이성에게 더 동정심을 느낀다는 것이다.

물론 흥미로운 예외도 있다. 어느 특정한 남성을 보호해야 한다는 사실을 주입시키면 여성만큼이나 그 남성에게도 동정적인 태도를 보인다. 다시 말해, 남자아이들의 동정심, 혹 감정이입은 그것이 상사를 따르거나 조직 체계에서 맡은 일에 충실하는 것 등 자신의 일에 꼭 필요하다고 생각될 때 일어난다.

감정 이입 훈련과 민감성 훈련을 이해하려면 남자아이들의 특성, 즉 임무에 필요할 때만 동정적 태도를 보인다는 사실을 깨달아야 한다. 남성의 생태와 문화는 남성이 동정심을 갖는다는 사실에 그리 호의적이지 못하다.

다른 사람이 다친 것을 보았을 때 어떻게 하라고 아들에게 가르쳐야 할까? 다른 사람의 입장을 충분히 배려해야 한다고 가르칠 수는 있지만 그들은 또한 다른 방법으로 동정심을 표현할 수도 있다. 특히 남자아이들은 그 자리에서 즉시 동정심을 표현하지 않는다. 즉, 경기나 일이 끝난 후에 반응을 나타내거나("아까 많이 다쳤지? 괜찮아?") 전혀 상황에 맞지 않는 듯한 제안을 하곤 한다("어이, 드라이브나 할까?").

이것은 남자아이의 생태와 문화가 경쟁적 임무 및 그것을 위한 시스템을 필요로 하기 때문이다. 우리가 남자아이들에게 여자아이처럼 동정심을 가지라고 가르치는 것은 남자아이로 하여금 몇몇 소수의 고통에 관심을 쏟기 위해 남성 조직 전체의 기능을 바꾸라고 명령하는 것과 다를 바 없다. 이렇게 가르칠 경우, 그들은 분명 저항하고 우리에게 맞설 것이다. 따라서 남자아이에게 감정 이입의 의미와 보류된 감정 이입, 임무 지향적인 감정 이입 등 다양한 형태를 가르치는 것이 보다 나은 전략이다.

우리는 남자아이에게 "어떤 아이가 다쳤는데 경기가 끝나고 나서도 괜찮은지 묻지 않는다면 좋은 친구가 될 기회를 잃는 거야."라는 식으로 말하는 건 아닌지 모르겠다. 하지만 "친구가 다치면 그날 안에 어떻게든 도움을 줘야 해."라는 가르침은 할 일을 조절할 시간을 아이에게 제공해 준다. 아이에게 무관심하다고 화를 내는 것보다는 이것이 차라리 효과적이다.

남자아이들이 자신의 첫 반응을 스스로 바꾸도록 만들기보다는 감정 이입에 대해 '완수하기 위해 시간과 노력이 필요한 하나의 신성한 임무'로 받아들이도록 도와주는 자세가 필요하다. 이러한 사실을 말하지 않는 것은 상처받은 누군가를 도와야 할 책임을 외면하는 것이다.

모든 남자아이들은 기본적인 감정 이입법을 배워야 하지만, 사실 가르쳐주는 누군가가 없다 하더라도 그들은 이미 사람이 다쳤을 때 어떻게 해야 하는지, 어떤 문제 해결책을 제시해야 하는지를 기본적으로 알고 있다. 따라서 우리는 아이들의 이러한 타고난 본성을 키워주고 더 복잡한 남자아이들 특유의 감정 이입 반응을 세심하게 가르칠 필요가 있다.

제3원칙: 대그룹에 대한 선호

대그룹에 속하고 싶어 하는 남자아이들의 욕구는 여자아이들보다 훨씬 강한 반면, 여자아이들은 두세 명씩 소규모로 모이는 것을 더 좋아한다. 이 생물학적 바탕은 원시시대의 경향을 보더라도 분명히 확인할 수 있다. 데보라 태넌 등의 언어학자와 빅터 터너와 같은 인류학자들은 그 사회학적 결과를 관찰해왔다.

잠비아의 응뎀부(Ndembu) 부족을 통해 터너는 수많은 다른 부족의 생활 모습에서 발견했던 요인, 즉 남성과 여성의 문화가 그룹을 만드는 방식의 차이를 다시 한 번 확인했다. 여자아이들이 다른 개인을 통해 그룹에 참여하는 데 반해, 남자아이들은 대그룹 내에서 시간의 경과에 따라 자연스럽게 그룹을 만든다. 터너는 이러한 차이를 남성 문화의 군집 성향과 여성 문화의 개별 성향 간의 차이라고 설명했다.

남자아이들의 문화적 경험의 군집 성향은 생물학적 구조와 일치한다. 대그룹은 더 넓은 에너지와 영향력의 범위를 만들어내고 남자아이들은 이를 통해 더 넓은 공간과 더 많은 신체 활동에 대한 욕구를 충족시킨다. 감정적 데이터를 빨리 처리하지 못하는 뇌를 가진 남성들에게 대그룹은 그야말로 적격이라고 할 수 있다. 한두 명과 같이 있을 때는 감정적인 기능을 계속 돌아가게 해야 하지만, 대그룹에 속해 있을 때는 그러한 두뇌의 스위치를 잠시 껐다가 필요할 때만 켜도 무방하기 때문이다. 더욱이 대그룹은 남자아이들이 다양한 경쟁·수용 경험을 가질 수 있는 장소를 제공한다. 사람들이 주목할수록 아이는 자신이 더욱 능력 있다고 느낀다. 더불어 자신을 발견하고 힘을 실어줄 영향력 있는 사람 하나를 찾는데 만족하지 못하고 커다란 문화를 선호하게 된다.

남자아이들은 자연스럽게 대그룹에 끌리고 그것을 중심으로 문화를 형성한다. 또래 집단이 없는 남자아이들은 깊은 상실감에 빠진다. 남자아이들이 갱단에 들어가는 이유 중 하나는 마음을 안정시켜주고 임무를 부여하며 조직의 일부로서 자신에게 힘이 있음을 느끼게 해줄 집단을 찾고 있기 때문이다.

내가 남자아이들에 대한 이러한 연구 결과를 설명하면 사람들은 종종 이렇게 반응한다. "그 아이들을 너무 과소평가하는 것 아닌가요? 남자아이들은 그 이상이라고요." 맞는 말이다. 나는 지난 몇 십 년 동안 남자아이들의 경험을 개별적으로 살펴보고자 노력해왔다. 16세 된 어느 남자아이가 말했듯이 말이다. "나는 그저 친구들하고 있고 싶어요. 엄마는 늘 나와 누나의 일부를 소유하려고 하죠. 언제나 나를 앉혀놓은 다음 말하려고 해요. 어떻게든 벗어나고 싶어요."

제3장에서 우리는 남성의 문화가 그룹을 형성하는 방식을 존중하는 것이 얼마나 중요한 일인지 자세히 살펴볼 것이다. 특히 우리는 성인으로서 자신의 아들이 또래 친구들과 어울리는 모습을 감독, 관리함으로써 남성 문화의 이러한 측면을 형성하도록 도울 수 있다.

남성 문화의 군집 성향을 이해하는 데 도움을 주는 심리학적 서비스 가운데 랩어라운드 케어(WrapAround Care)라는 것이 있다. 아이들이 학교에서 말썽을 피울 때, 지나치게 공격적이거나 침울한 모습을 보일 때, 랩어라운드 케어에서 훈련받은 상담가는 단지 부모와 아이에게 일주일에 한 시간 전화를 거는 식의 판에 박힌 방식을 취하지 않는다. 상담가의 더 큰 임무는 부모들이 이웃, 친구와의 공동체적 유대감을 형성하도록 도와주는 것이다. 상담가는 부모들이 친구와 가족을 통해 집단적인 분위기를 조성하도록 돕고 이들을 연결시키며 심지어 서로 도울 방법을 가르치라고 조언을 아끼지 않는다.

이러한 프로그램은 공동체가 가족 단위의 삶에 개입해야 할 필요성을 인정하고 있다. 특히 남자아이들이 지니고 있는 생태와 문화에서의 집단적 정서를 존중해준다.

제4원칙: 독립 추구

한 아이의 아버지가 이렇게 고백해왔다.

"전 아버지와 다르게 살기 위해서 무던히 노력해왔습니다. 아버지는 절 따뜻하게 안아준 적이 거의 없었죠. 지금까지 꼭 두 번 안아주셨던 걸로 기억해요. 어머니는 항상 이렇게 말씀하세요.

'네 아버지는 네가 독립심을 가지고 자라서 세상을 네 힘으로 정복할 수 있을 거라고 생각하셨지.'

전 지금 돌아가신 아버지를 흉보는 게 아닙니다. 다만 제 아들에게만큼은 따뜻한 아버지이고 싶다는 것이지요. 그런데 최근 들어 몇 가지 변화를 발견했습니다. 아들은 여덟 살인데 이제 자꾸만 저를 밀쳐냅니다. 때로는 저 자신을 아이에게 강요하는 것이 아닌가 하는 생각이 들기도

해요. 주위 친구들은 이렇게 말합니다.

 '자네 아버지처럼 되지 않으려고 노력하는 건 좋은데 너무 지나친 것 아닌가? 정작 자네 아들은 혼자 있고 싶어 할지도 모르는데 말일세.'"

 아들을 키우는 사람이라면 누구든지 아이가 몇 년 사이에 꼭 안아주고 싶은 사랑스러운 곰 인형에서 뻣뻣한 나무처럼 변하는 과정을 지켜보게 된다. 남자아이들이 자라면서 무뚝뚝해지는 데는 여러 이유가 있다. 몇 살 무렵부터 그렇게 변할지는 모르지만 언젠가는 분명히 변한다. 이는 생물학적·문화적 명령에 의한 것이고 따라서 부모가 아무리 노력해도 손쓸 수 없는 부분이다.

 소위 '독립에 대한 남성들의 욕구'란 남성의 사회화가 강화시킨 생물학적인 욕구다. 여성과 달리 남성의 문화는 소년과 성인 남성에게 '원하지 않는 누군가를 밀쳐낼 수 있는' 권리를 부여한다. 결혼·가족 문제 상담가인 지니 코르킬은 나에게 이런 말을 했다. "어떻게 하면 상대 남성이 자신의 욕구를 존중하게 만들 수 있는지 모르는 싱글 여성들을 상담할 때, 저는 그들의 아들이 주위에 담을 쌓아가는 모습을 관찰하라고 충고합니다. 사내아이들은 경계를 짓고 처음부터 독립을 추구하고 있어요."

 이 말에는 큰 의미가 담겨 있다. 남자아이들은 무언가를 거부하고 반항할 때 어떤 방식을 취할까? 덩치 큰 아이가 시비를 걸어와도 누군가에게 도움을 청하기는커녕 혼자 처리하려고 하는 아이, 어떤 그룹에 참여하다가도 어느 순간 "에잇, 이것도 못해먹겠어. 나갈 거야."라고 말하는 아이를 생각해보자. 코르킬은 여자아이들이 매우 독립적인 데 반해 남자아이들은 그렇지 못하다고 일반화하였다. 하지만 그룹의 일원이라고 해서, 혹은 두 사람 사이의 관계에서 자신의 독립을 포기해야 하는 것은 아니라는 사실을 남자아이들은 보다 빨리 깨닫는다.

독립적 기질은 항상 비난받기 일쑤다. 남자아이를 키우면서 독립이 무책임함을 의미한다고 가르칠 수는 있지만 이런 식의 사회화는 아이와 공동체를 위험에 빠뜨릴 수 있다. 이를 매우 자세히 관찰하며 중요하게 여기는 사회들도 있다. 예를 들어 터키 동부에서는 성인식을 치르는 소년들에게 자유와 책임의 균형을 강조하고, 코란에서도 책임에 대해 설명하고 있다. 성인 남성은 자유롭지만 그 자유를 얻기 위한 책임 의식도 가져야 함을 가르치는 것이다.

인간 사회에서 소년기의 생태는 지금도 남성들이 여성보다 더 많은 독립의 기회를 얻고 독립을 위한 모험에 나서도록 격려받는 문화를 만들어낸다. 그러나 이러한 문화도 남성들에게 독립에 앞서 그들의 역할을 가르치는 신성한 전통을 무시할 수는 없다. 적절하고 친밀한 역할 모델이 없다면 소년들은 주위 사람들과 친밀해질 수 있는 방법을 모른 채 무책임한 상태로 독립하게 될 것이다.

지금까지 약 20년 동안 우리는 남성 문화에서 이러한 문제를 관찰하고 여성 문화에서 해답을 찾으려는 시도를 계속해왔다. 즉, 남성이 독립과 의존, 상호 의존에 대해서 무엇을 배우고, 이것과 관련하여 어떻게 행동해야 하는지를 여성 문화에서 발견하려 한 것이다. 이 방법은 나름 매우 유용했지만 그 바탕에는 분명 '여성은 피해자고 남성은 악인'이라는 관점이 깔려 있었다. 결국 이것은 남성을 발전하도록 돕는 것이 아니라 오히려 비난하고 질책하는 셈이 되어버렸다. 따라서 '남성의 가장 중요한 임무는 약한 여성을 자신으로부터 지키는 것'이라고 남자아이들을 가르친다면 아이는 이러한 임무 지시가 본질적으로 자신이 태어날 때부터 결함이 있음을 전제로 하고 있음을 깨닫게 된다.

지난 몇 년에 걸쳐 남성 문화가 사회적 이슈로 떠올랐다. 여성이 남성의 도움을 다시 요청한 것이 그 한 가지 이유다. 여성은 그들의 아들이 성장하면서 더 많은 남성의 문화를 필요로 하는 모습을 지켜보았다. 싱글맘을 포함한 많은 어머니들이 아들을 키우는 고충을 털어놓는다. 이들은 자신의 힘으로 아들을 남자로 만들 수 없음을 깨닫는다. 한 어머니의 표현을 빌리자면, 그들은 아들의 남성적인 부분에 대해 언급하거나 영향을 줄 수 없다. 가까이 다가가면 항상 멀리 내빼기 때문이다.

성구(聖句) 등을 통해 그들의 삶과 남성의 책임을 명시하지 않은 문화권에서는 남자아이가 자유와 책임을 조종하도록 돕는 작업이 매우 어렵다. 인류 역사상 남성들은 성경 등의 책에 따라 살아가는 법을 배워 왔다. 이러한 성구는 남성 문화에 전통과 신성한 임무, 의무를 판단하는 법, 규칙, 목적, 확신을 제공해준다. 오늘날 대부분의 소년들은 성경이나 코란처럼 어떤 지침이 되는 철학적 바탕의 부재 속에서 자라고 있다. 따라서 독립에 대한 아이들의 욕구를 조정해야 하는 우리의 임무는 그 어느 때보다 중요하다.

그 같은 맥락에서 더욱 필요한 것은 오늘날 남성성을 두려워하지 않고 남성 문화에 적응할 수 있는 아버지와 어머니, 남성·여성 멘토들이다. 용기 있는 부모와 교육자들은 양육, 교육뿐 아니라 한때 성경이 남성 문화에 주었던 힘과 규칙, 목적, 확신을 제공해준다. 또한 독립적 행동에 대한 사회화된 경향, 단체 내에서 개인의 자유를 가르치고 수용과 훈련, 역할 지시에 따라 양육하지 않는다면, 그 아이들에게 독립은 감정적인 고립이 되며 자유는 무책임함, 그리고 남성의 침묵은 영혼이 충만한 고독이 아니라 단순한 비극적 고독이 될 뿐이라는 사실을 잘 알고 있다. 이 책의 제2부에서 남자아이들에게 어떻게 이러한 균형을 가르칠 수 있는지를 상세하게, 실제적으로 다루고 있다.

제5원칙: 단체 내에서의 개인적 희생

알버트 파이크는 "자신을 위해 한 일은 우리가 죽을 때 함께 사라지지만, 타인을 위해 한 일은 영원히 남는다."라고 말했다. 개인적 희생의 원칙은 누구에게나 적용되지만 이것은 또한 남성 문화의 기본 원칙이기도 하다. 남성은 희생의 임무에 대한 상호 책임을 통해 다른 사람과 유대 관계를 형성한다. 그들은 희생의 임무를 수행하면서 용감한 행위에 앞장섬으로써 독립적인 찬사를 받으며 동시에 서로 친구 관계를 맺고 삶의 과정에서 자신이 중요한 존재라고 확신한다.

미국의 제28대 대통령 우드로 윌슨은 1901년에 『남자가 다시 깨어날 때(When a Man Comes to Himself)』라는 저서를 집필했다. 남성이 자신의 아들에게 거는 기대를 담은 이 책의 통찰은 오늘날의 우리에게도 시사하는 바가 크다. 그는 아들을 "자신이 동료들의 일부이고 (중략) 남자는 힘과 위대함을 사랑하며 (중략) 그러나 오직 자신의 목적을 위해 힘을 사용하고 그 안에 이타심이 전혀 없다면, 그리고 그 목적이 단지 개인적 영달이라면 비참하고 불안한 존재가 된다는 사실을 깨달을 수 있는 남성"으로 키우라고 충고한다.

윌슨은 사내아이들에게 독립의 모험이 희생의 임무와 연결되어야 한다고 가르쳤던 남성 문화의 오랜 전통을 강조하였다. 힘을 얻고자 하는 남자아이들의 노력은 다른 소년들도 그 힘과 에너지를 필요로 한다는 판단과 결합되어야 한다.

남자아이들과 함께 어떤 일을 할 때 우리는 모험과 임무를 그들에게 똑같이 펼쳐놓음으로써 그들과 우리 자신에게 많은 도움을 준다. 그들의 개인사는 스스로 경험을 통해 진정한 자아를 발견하고 자신이 가진 힘을 깨닫는 모험이 되어야 한다. 동시에 그들은 또래 집단과 충만한 유대 관계를 맺고, 진정한 자아를 완전히 발견하며, 나라와 민족, 문화를 끌어안으며 자신을 세상 모든 것과 결합된 영적 존재로 재발견하게 해줄 임무를 찾아내야 한다.

우리가 그것을 깨닫든 못 깨닫든, 남자아이들은 언제나 자신들이 믿는 진리를 위해 스스로를 희생할 준비가 되어 있다. 그들은 심지어 갱단에 들어갈 때도 우리에겐 아무 소용없는 것처럼 보이지만 그들에겐 중요한 원칙들, 세력권 관리나 가입 신고식 등을 위해 목숨을 던진다. 부모, 멘토, 교사, 정책 입안자로서 우리는 어떻게 각 소년이 지닌 희생의 힘을 제대로 활용할 수 있을 것인가?

우리는 주위 남자아이들의 삶을 관찰하고 모험에 대한 그들의 욕망을 의무감과 연결시킬 방법을 알아내야 한다. 임무가 어떻게 모험이 될 수 있는지 설명할 때 우리는 아이로 하여금 자신의 능력을 활용하게 할 수 있기 때문이다. 즉, 아이의 머릿속에 임무를 주입시킴으로써 협동의 필요성을 느끼게 할 수 있다. 학교가 끝난 후 놀지 않고 아르바이트를 구해야겠다고 느끼는 것도 하나의 희생이 될 수 있다. 여기서 임무는 바로 '가족의 생계'가 된다. 모든 것을 부족함 없이 받기만 한 아이들은 모험도, 임무도 배우지 못한다.

남자아이들에게 있어 전쟁과 병역은 모험과 임무, 개인의 노력과 집단의 이익을 연결시킬 수 있는 좋은 예임과 동시에, 아이들에게 "희생이 있어야만 네 삶이 의미 있는 거야."라고 말할 수 있는 방법이었다. 그러나 오늘날 대부분의 남자아이들은 이런 방식을 배우지 않는다. 불과 몇 십 년 동안에 문화적 요소가 변해버린 것이다. 하지만 남자아이들은 변하지 않는 무언가에 대한 욕망을 가지고 있다. 이것이 바로 수많은 비디오, 게임, 스포츠가 지금도 전투 지향적인 이유 가운데 하나다.

스포츠 외에도 전쟁이나 정복처럼 모험과 임무를 연결시킬 수 있는 사회적 요소들이 존재한다. 우리는 집의 고장 난 곳을 고치는 일부터 이웃을 돌아보는 일까지, 가족과 공동체 내에서 크고 작은 임무를 찾아내 소년들에게 나눠주며 모험과 임무로 이해할 수 있도록 도와야 한다. "네가 어떤 일을 할 때는 이러한 방법으로 힘과 에너지를 얻고 있는 거야. 그것도 매우 깊이 있고 영적인 방법으로 말이야. 네가 속한 공동체에 기여함으로써 너에게도 충분한 보상을 해줄 일을 찾고 있는 거지. 이러한 정신적 가치관과 원리가 어떤 역할을 하는지, 이제 네가 충분히 이해할 수 있을 거라고 생각해."라고 가르칠 필요가 있다.

남자아이들은 희생이 상실이 아니라 또 다른 획득이라는 것을 확인할 때 이 모든 사실을 이해하게 된다. "엄마가 말하는 일이니까 무조건 해. 안 하면 죄책감을 느끼게 만들 거야." 혹은 "아빠가 옳다고 하는 일이니까 해야 돼."라는 방식은 통하지 않는다. 남자아이들은 스스로의 희생이 궁극적으로 자신을 찾는 데 어떤 식으로 도움을 주는지 이해할 필요가 있다.

제6원칙: 남성 역할 모델

남성의 역할 모델은 소년들뿐 아니라 전 인류 문화를 위해 반드시 필요하다. 역사상 인간 문화가 저지른 가장 큰 실수는 아버지와 남성 역할 모델의 중요성을 간과해온 것이다. 이것이 없으면 인간의 존엄성이 와해될 수도 있는데 말이다. 역할 모델의 보살핌과 조언이 없는 소년기 문화는 문화라기보다 치기 어린 장난질일 뿐이다.

성인 남성은 소년들의 문화에 세대를 초월한 마법과 가르침, 방향을 제시해주어야 한다. 여성을 존중하는 법도 가르친다. "어떤 녀석이 여자를 때려?"라며 소년을 다그칠 때 아이는 자신의 주먹질이 여자아이에게 어떤 영향을 주었는지를 감정 이입을 통해 배운다. 그러나 이런 훈계가 없다면 때리는 것은 힘이 아니라는 사실을 깨닫지 못할 것이다.

윗사람은 남자아이들에게 여성이 원하는 것에 동의하고 여성에게 화를 내지 않도록, 여성과 공존하는 건전한 방식을 가르친다. "남자는 다른 사람의 말에 귀를 기울일 줄 알아야 한다. 듣고 말하며, 여성을 억누르지 않고, 스스로 일어서고, 통제가 아닌 타협을 추구해야 한다."라고 일깨워주는 것이다.

또한 신체와 정신의 변화를 이해하고 수용하도록 가르친다. 임무를 찾아내도록, 모험을 위해 기술을 쌓도록 돕는다. 자기 파괴가 아니라 희생을 통해 세상에 기여하는 방법을 알게 하는 것이다.

우리가 남자아이들을 정당하게 평가하려면, 여성 문화가 먼저 남성들에게 화해의 손을 내밀며 남성 문화와의 불화에 종지부를 찍어야 한다. 지금까지 여성들은 성인으로서 자신의 임무를 게을리하는 남성들을 그 임무로부터 밀어내왔다. 이혼한 여성들이 전남편과 아이들의 관계 회복을 위해 노력할 때, 이혼한 아버지가 양육권을 얻기 위해 싸울 때, 아들이 성인 남성들과 유대 관계를 형성하도록 어머니가 나서서 도울 때, 남성들이 이러한 유대 관계를 맺기 위해 발 벗고 나설 때, 여성과 남성이 각각 피해 의식과 악한 이미지를 탈피할 때, 우리의 아이들은 많은 값진 것을 얻을 수 있다. 남성들은 더 건전하고 더 생기 넘치는 기분을 만끽하게 될 것이며, 남자아이들을 남성으로 만드는, 어렵지만 마술과도 같은 그 일 덕분에 다시금 희열을 맛보게 될 것이기 때문이다.

남자아이들은 종종 '역할 모델 신호'를 보내지만 우리가 그것을 알아차리지 못하는 경우가 많다. 아이가 학교에서 돌아와 "우리 생물 선생님은 아주 멋진 분이에요."라고 말한다면 이 말을 통해 아이는 '생물 선생님이 내 역할 모델이 되어주셨으면 좋겠어요. 나는 내성적이고 예민하니까 선생님과 친해질 수 있도록 엄마가 도와줘요.'라는 생각을 전달하고 싶은 것이다. 우리가 그 속뜻을 알아차리고 바로 선생님과 만나 멘토링과 각자의 가치관에 대해 이야기를 나누고, 가능하다면 그가 아이의 삶에 좀 더 영향을 미칠 수 있도록 도와주는 것이 필요하다.

몇 년 전만 해도 가족과 이웃, 지역공동체가 매우 끈끈하게 연결되어 있었기 때문에 남자아이들은 부모의 노력 없이도 가까운 곳에서 쉽게 역할 모델을 찾을 수 있었다. 친구의 아버지나 자신의 대부, 삼촌, 할아버지, 아니면 마을 사람과 특별한 유대 관계를 맺곤 했다. 하지만 지금은 역할 모델을 찾을 수 있는 방법이 훨씬 줄었기 때문에 예전보다 더 노력해야 한다.

염두에 두어야 할 점은 오히려 악영향을 줄 수 있는 역할 모델도 많다는 사실이다. 그러나 남성 문화의 건전한 측면을 다시 세우기 위해서 우리 주위에 바람직한 모델이 훨씬 더 많다는 사실을 깨닫고 우리의 아들들이 좋은 역할 모델을 찾도록 적극적으로 돕는다면 그들이 불건전한 것들에 끌리는 일은 결코 없을 것이다.

제7원칙: 인생을 스포츠로, 스포츠를 인생으로 만들기

남자아이들은 "팀에 충실해라, 너도 우리 팀원이야."라는 말을 들을 때 편안함을 느낀다. 모든 남자아이가 스포츠를 좋아하거나 뛰어난 운동 감각이 있는 것은 아니지만 대부분의 사내아이들은 교내 체육과 교외 체육 등 무엇이든 한 가지에는 참여하고 있다.

남자아이들은 일상생활을 곧잘 스포츠로 만들고 스포츠에 온갖 열정을 쏟는다. 주위 사람들은 그들이 스포츠에 완벽하게 집중하는 방식을 보고 경이로움을 표한다. 두 아들을 둔 치료 전문가 테리 트루먼이 내게 해준 말을 나는 지금도 잊지 못한다.

"소년기에는 신체가 정신으로 자라고 반대로 정신이 신체로 자라는 시기가 있어요. 주로 스포츠라는 방식을 통해 일어나죠."

트루먼에게 스포츠란 신체적, 정신적, 영적인 총체적 경험인 셈이다.

물론 남자아이들은 선천적으로 어떤 공간 내에서 사물을 마음껏 움직일 수 있는 구조를 찾는다. 부모와 코치, 역할 모델들은 남성의 이러한 성향을 감안하여 적절한 공간과 기술을 제공해줄 필요가 있다. 어른들과의 접촉이 거의 없는 사내아이들은 자신의 활동적 욕구를 충족시킬 공간을 찾기 위해서 거리 스포츠에 참여하게 된다.

그동안 남성 문화는 그들의 스포츠를 현대인의 여가 생활을 특징짓는 활동에 포함시키기 위해 신체기능 향상, 정신적 도전, 감정적 보상 등 스포츠가 지닌 매력을 부각시켜왔다. 이것의 부정적인 면은 남성들이 위험스러울 정도로 많은 시간을 스포츠를 보고 즐기는 데 쏟아붓고 있다는 점이다. 스포츠를 즐기면서 많은 남성이 더욱 공격적으로 변해간다.

또한 많은 부모와 멘토, 교사들은 남자아이들의 체육 점수에 집착한다. 스포츠 심리학자 토머스 텃코는 이렇게 말했다.

"훌륭한 운동선수는 부상에 의해 상처 입거나 15세가 되면 심리적으로 기력이 소진된다. 부모와 코치, 팬들의 넘치는 기대에 부응하지 못하고 강박관념에 시달리기 때문이다."

스포츠 시스템은 경쟁을 기본으로 하기 때문에 매우 주의 깊게 관리되어야 하지만 많은 부모와 코치들이 이 점에는 신경 쓰지 않는다. 감정적·심리적 훈련의 결여, 성인으로서 당장 그들 앞에 주어진 임무, 혹은 아이들이 무엇을 원하는지 깨닫지 못하기 때문이다. 수많은 소년들이 스포츠에서 패배 의식을 느끼고 있다. 자기 존중감은 이전보다 훨씬 아래로 떨어지고 결국 신체 활동에 등을 돌리려 한다. 잘하는 사람을 경멸하고 적대적인 태도를 취하게 되는 것이다.

이런 스포츠 활동에 내재된 부정적인 가능성에도 불구하고 스포츠는 여전히 소년기의 가장 유용한 사회화 동력 가운데 하나다. 14세와 16세의 두 아들을 키우는 어머니 낸시 러펠 목사의 말을 들어보자.

"사내아이들에겐 경쟁을 통해 무언가를 찾아내는 경험이 필요해요. 그게 바로 수영대회의 목적이죠. 올림픽 금메달을 따고자 함이 아니라 아이들에게 자기 자신을 찾을 수 있는 장소를 제공하려는 거예요. 교회들도 이를 위해서 많은 일을 하고 있습니다. 다른 곳은 모르겠지만 제 아이들이 참여하는 스포츠 프로그램은 정말 잘 운영되고 있죠."

나는 남자아이들이 스포츠를 즐기면서 좋아하는 모습을 수도 없이 보았다. 자신의 신체 능력이 인정을 받고 경쟁 능력이 도전을 받으며 자아가 자라고 대그룹의 일원임을 느끼고 유기적인 조직 내에서 역할을 분담한다. 또한 목표를 인식하고 자신을 희생하며 새로운 기술을 성공시켰을 때는 찬사를 받는다. 만일 코치가 있다면 그는 아이들에게 역할 모델이자 멘토가 될 수도 있다.

스포츠 활동은 남자아이들에게 두 번째 가족을 제공할 수 있다. 15세의 에릭은 외아들이다. 그는 "축구를 하면 형제들이 생긴 것 같아요. 어느 때는 그들이 좋지만 미울 때도 있죠. 진짜 형제가 있다면 이런 기분일 것 같아요."라고 말했다. 또한 축구팀에서 뛰고 있는 13세 소년 팀은 "가족과 있을 때보다 축구를 할 때 더 기분이 좋은 경우도 있어요."라고 말할 정도다. 가족과 스포츠 팀은 남자아이들에게 성장하고 발전할 수 있는 든든한 기반을 제공한다.

스포츠 활동은 감정 발달을 위한 장소, 모든 사람이 원하는 '베스트 프렌드'를 찾을 수 있는 장소, 같이 이야기 나눌 사람들을 찾을 장소를 제공한다. 또한 소년을 남성으로 만드는 데 부분적인 책임을 진다. 스포츠 활동은 남자아이들이 성인 남성으로 자랄 수 있는 일종의 틀을 제공한다. 만일 유능한 멘토들이 그들을 이끌어준다면 스포츠 활동은 소년들에게 성장이란 즐기는 것과 책임을 동시에 의미한다는 사실을 깨닫게 해줄 것이다.

지금까지 남성 문화의 일곱 가지 원칙을 살펴보았다. 그러나 미처 설명하지 못한 원칙들이 많이 남아 있음을 말하고 싶다. 지금까지의 과정은 남성 문화의 다른 원칙들을 당신 스스로 발견할 수 있도록, 또한 당신이 속한 성인 공동체에서 그 원칙들을 확인할 수 있도록 영감을 제공할 것이다. 이러한 여러 가지 원칙들을 살펴봄으로써 당신이 발전시킨 정보와 지혜를 많은 소년들에게 전하고 그들이 속한 문화에 대해 허심탄회하게 이야기할 수 있을 것이다.

확실한 것은 당신이 적어도 소년기 문화의 양면성을 더 잘 이해하여 좋은 점은 개발하고 나쁜 점은 수정할 수 있으리라는 점이다. 나는 당신이 이들의 문화를 연구하면서 설사 부끄럽고 없애버리고 싶은 부분이 있더라도 그러한 충동을 이겨내기를 바란다. 아이들의 반항심만 일으킬 뿐이다.

내가 지금까지 잊지 못하는 가족이 있다. 그 집의 아들은 고등학교에 들어가면서 풋볼을 하고 싶어 했다. 그는 운동신경이 남달랐고 아버지는 아들의 선택에 크게 신경 쓰지 않았지만 어머니는 아들이 풋볼을 하는 것을 결사적으로 반대했다. 부상 걱정 때문만은 아니었다. 좀 더 아들에게 맞는 운동을 찾아주고 싶어서였다.

"농구나 축구를 할 수도 있잖아. 그것도 네가 좋아하는 운동이잖니. 풋볼을 한다고 뭔가 특별한 것을 얻을 수 있는 건 아니야."

그러나 어머니의 설득에도 불구하고 아들은 풋볼을 해야 학교에서 관심을 받는다고 우겼다. 그 가족은 거의 6개월 동안 이 문제를 가지고 입씨름을 했다. 어머니는 자기주장을 한 후에 언제나 아들의 말에 귀를 기울여주었다. 입단 테스트 날짜가 다가오면서 아버지는 아내의 주장에 수긍하게 되었고 아들도 점차 마음이 흔들렸다. 그리고 시간이 흐르면서 급한 마음도 사라졌다. 풋볼 팀 입단이 실패로 돌아가자 아들은 이내 농구에 빠져들었다. 결국 그는 농구와 축구 선수로 뛰었고 축구 특기자로 대학에 입학하였다.

이러한 결정을 내리기 위해서 부모는 아들과 관련된 중대한 인생의 선택 사항들과 협상을 벌이며, 아들에게 부모가 그의 신체와 생각을 존중하지만 그가 올바른 길을 찾도록 도와주고 싶었다는 사실을 전해야 한다. 이런 식으로 다루어진다면, 스포츠 활동은 아이의 축복받은 미래의 일부가 될 수 있다.

남자아이들의 성장 단계

소년기의 생태와 문화에 대해 이야기하면서 나는 '소년', '남자아이'라는 단어를 사용하고 있다. 이 때문에 마치 나이와 상관없이 남자아이들은 다 똑같다는 인상을 준 듯하다. 여기서 잠시 멈추고 이들의 단계별 발달을 관찰하는 일이 얼마나 중요한지를, 특히 소년기 문화가 인생이라는 강물을 따라 어떻게 각 단계를 밟아가는지 생각해보자.

소년기의 단계별로 생태가 바뀌는 것은 아니다. 남자아이는 테스토스테론이 이끄는 세계, 남성의 뇌로 가득한 두개골, 염색체상으로 남성의 세계와 만나게 되고, 특정 시기의 문화가 이러한 선천적인 특성을 수용하고 거부하는 방식은 그의 성장에 깊은 영향을 준다. 좀 더 구체적으로 말해서, 다양한 인생 단계에 있는 남자아이들에게 무엇을 기대하고 무엇을 기대해선 안 되는지 이해한다면 부모와 멘토, 교사들이 죄책감이나 혼란을 느끼지 않을 것이다.

아이가 삶의 각 단계를 밟아가는 것을 살피면서 부모, 멘토, 교사들은 아이가 자신들과 감정적으로 연결되고 분리되는 방식을 주의 깊게 관찰해야 한다. 부모는 아이가 완전히 부모와 분리된 듯이 보일 때도 어떻게든 연결되어 있음을 확인하고 싶겠지만, 아이가 독립을 추구하며 심리적 분리 과정을 잘 거칠 수 있도록 도와주어야 한다.

유아기

유아기 때부터 남자아이들은 여자아이보다 부모를 덜 쳐다보고 쉽게 산만해지기 때문에 부모를 별로 찾지 않거나 좋아하지 않는 것처럼 보인다. 부모들도 딸들을 더 많이 안아주는 편이다. 그러나 남아들도 여아들과 다름없이 부모를 사랑하며 그들의 사랑을 받고 싶어 한다.

아이와의 스킨십을 자주 시도하여 아이가 안정감을 느끼도록 해줄 필요가 있다. 남자아이들도 지금보다 더 많이 안고 뽀뽀하고 쓰다듬어주어야 하는 것이다. 많은 사람들이 남자아이는 덜 안아줘도 된다고 생각하지만 그것은 잘못된 것이다.

뇌의 전두엽은 사회적·인지적 기능을 담당한다. 남성의 전두엽은 여성보다 천천히 발달한다. 이것이 바로 당신이 남자아이를 혼자 내버려두는 것에 대해 가지고 있을지 모르는 문화적 프로그램을 전면 거부하는 이유다. 일부 학자들은 남자아이들의 유아기 두뇌가 그들을 여자 형제보다 감정적으로 훨씬 더 연약하게 만들어 더 많은 보살핌을 필요로 한다고 주장한다.

아기들은 18개월 정도는 되어야 훈련의 엄격성을 이해하기 시작한다. 일부러 애정을 억누르거나 이 시기보다 더 일찍 엄격한 훈련에 들어가는 것은 아이의 두뇌 성장에 혼돈과 손상을 일으킬 수 있다.

대략 2세 정도 되면 남자아이는 개별화 과정에 돌입하기 시작한다. 이는 주요 양육자와 처음으로 분리되어 독립을 추구하는 것이다. 양육자는 아이를 위한 감정적·신체적 공간을 열어두고, 엄마나 아빠에게 화난 듯이 보이는 아이의 행동을 개인적으로 해석하지 않는 것이 중요하다. 아이는 독립을 실험하고 있는 것이기 때문이다. 이러한 아이의 실험을 짓밟고 아이로 하여금 죄책감을 느끼게 하며 아이를 믿지 못하는 부모, 혹은 나쁜 부모가 되면 어쩌나 하는 스스로의 두려움을 바탕으로 행동하는 부모는 아이의 자아 발전을 침해할 위험이 있기 때문이다. 자기 본질은 사람의 성격, 기질, 그리고 타고난 성향이다. 그중 일부는 2~5세에 더 분명하게 나타난다. 부모, 양육자가 그 본질을 억누를 때 아이는 인격 장애를 일으키고 결국 삶은 망가져버린다. 여기서 억누른다는 것은 훈련과 다르다. 아이의 독립 추구를 방해하고 그가 타고난 성격을 인위적으로 바꾸려고 하는 것, 또한 양육자 이외의 사람은 멀리하게 만들고 아이의 재능을 발견했을 때 그것을 밟아 없애는 것 등을 말한다.

남자아이가 유치원에 들어갈 무렵이 되면 분리, 개별화, 독립의 기미를 또 한 차례 보인다. 아이를 내버려두면서도 그들이 항상 함께 있다는 사실을 표현하는 부모의 능력은 아이의 일생에 큰 도움을 줄 것이다. 몇몇 연구에 따르면 10세가 되기 전에 부모가 이혼했거나 정신적 충격, 갑작스러운 양육 방식의 변화를 경험한 아이는 부모의 가치에 저항하고 청소년기에 반사회적인 성향을 갖게 될 가능성이 매우 크다고 한다.

사춘기와 청소년기

사춘기와 청소년기가 시작되면서 남자아이들의 삶에는 또 하나의 큰 변화가 일어난다. 많은 양육자에게 있어서 사춘기는 특히 어려운 시기다. 무슨 불만이라도 있는 듯이 말도 잘 안 하고 다소 위험스러워 보이는 또래 집단과 어울려 그들만의 문화를 즐기기 때문이다. 이것은 지극히 정상적인 현상이므로 조심스럽게 북돋워줄 필요가 있다. 이 책의 2부에서는 남자아이들을 성인 남성으로 이끄는 데 있어서 아버지와 남성 문화가 맡아야 할 역할, 책임 등을 좀 더 상세하게 살펴볼 것이다.

어머니가 아들을 '놓아준다'는 것은 서로를 덜 사랑한다는 것이 아니라 두 사람이 심리적으로 상대방에 대한 의존에서 벗어나도록 해준다는 의미다. 감정적으로 건강한 남성이 곁에 없거나 전남편에 대해 비합리적인 감정적·사회적 기대를 품고 있는 싱글 여성들은 아들이 남성 문화에 속하도록 놓아주는 데 큰 어려움을 느낀다.

올가 실버스타인은 아들을 둔 홀어머니들의 어려운 상황을 분석하였다. 그녀는 일부 홀어머니들에게는 아들을 놓아줄 실제적인 방법이 없기 때문에 아들을 곁에 붙잡아두려 하는데, 남편의 도움 없이 아들이 청소년기를 잘 헤쳐 나가도록 도와야 한다고 주장하였다. 어머니가 아들을 놓아주지 못할 경우, 아들은 성인이 된 후 어머니를 증오하거나 여성과 사회를 혐오하게 될 위험이 있다.

그러나 우리가 사춘기라고 부르는 남자아이들의 인생 단계가 꼭 절망적인 저항의 시기일 필요는 없다. 그들은 우리가 '쟤는 사춘기 소년이야. 반항하고 나를 미워하겠지. 원래 그런 거지, 뭐.'라고 생각하는 유일한 문화적 존재이기도 하다.

사춘기 소년들의 반항이 생물학적으로 정해져 있는 것은 아니다. 오히려 그들의 반항을 삶의 여정에서 기본적인 요소로 받아들이는 문화가 이들을 사춘기 과정에 내동댕이치고 어떻게든 이끌어보려는 노력 없이 방치하는 것이다.

인생의 어느 단계에 있든지, 남자아이는 남자아이일 뿐이다. 그들이 어떤 성인으로 자라느냐의 문제는 많은 사람들이 겁부터 내는 사내아이들의 사춘기 단계를 위해 우리가 어떤 방식으로 공동체와의 관계를 모색하고 봉사 프로젝트를 형성하는가에 달려 있다.

남자아이들은 남자이자 페미니스트가 될 수 있을까?

내가 라디오 토크쇼를 진행하던 때였다. 한 여성이 전화를 걸어왔다.

"당신의 말을 들어보면 페미니즘과 남녀평등을 지지하는 것 같았어요. 그런데 다른 한편으로는 남성의 생태와 왜 남자가 남자일 수밖에 없는지에 대해 말씀하시더군요. 어떻게 양쪽의 입장에서 말씀하시는지 이해가 안 돼요. 남자아이들이 남자일 수밖에 없다면 그들은 힘을 원할 것이고 상대방을 제압하려 하겠죠. 그게 싫어서 몇 년 동안 제 가정에서만큼은 그러한 남성 문화를 없애보려고 노력해왔어요. 그런데 오늘은 또 남자아이들이 경쟁적이고 난폭한 성향을 가진 전형적인 남자이면서 동시에 페미니스트도 될 수 있다고 말씀하시는군요. 말도 안 돼요."

앞서도 이야기했듯이, 공격성과 신체적 무모함은 남자아이들이 어느 정도 타고나는 것이다. 그러나 그들에게 폭력을 가르치는 것은 바로 문화다.

경쟁심 역시 그들의 선천적인 특성이다. 문화는 남자아이들이 비경쟁적인 세계와 관계를 찾는 데서 얻는 영적 균형을 무너뜨린다. 그들은 민첩한 문제 해결 능력도 타고난다.

남자아이들은 특정 상황에서 여자아이보다 더 대립적으로 의사소통을 하고 그때그때의 단체 기능이 유지되는지에 대해 별로 신경 쓰지 않는다. 단체 기능이 조정을 필요로 할 때 그들이 대립을 조정할 수 있도록 돕는 것은 바로 문화다.

일부 페미니스트들이 남성 혐오주의자인 경우는 있지만 페미니즘은 근본적으로 남성 혐오와는 다르다. 또한 남성 문화의 적도, 남자아이들을 망치려는 폭군도 아니다. 페미니즘이 반남성주의가 아니라면, 또한 남자아이가 자신이 남자로서 타고난 것들을 바꾸려 하지 않고 인정하고 사랑하려 한다는 사실을 받아들인다면, 남자아이는 남자이면서 또한 페미니스트일 수 있다. 많은 페미니스트들이 나와 함께 일하며 지나친 경쟁, 냉담함, 성폭력, 감정적 고립처럼 균형을 잃은 남성 문화의 일부를 바꾸는 일에 동참하고 있다. 그들은 또한 피해 의식에 사로잡힌 사고방식, 모든 남성을 범죄자 취급하는 태도, 정치적 근시안, 감정적 폭력 등 잘못된 여성 문화도 변화시키기 위해 노력하고 있다.

내가 소년기의 문화를 관찰하면서 깨달은 가장 중요한 사실은, 모든 문화의 미래는 상당 부분 남자아이들을 그들에게 적합한 방식으로 양육하는가의 여부에 달려 있다는 것이다.

대부분의 범죄가 젊은 남성들에 의해 저질러지는 것이 현실이다. 폭력 범죄의 경우 91퍼센트가 범인이 남자였다. 이러한 위기 상황에서 우리 문화는 젊은 남성들을 가둬놓으려고만 하고 있다. 또한 이러한 대응 방식의 장점이 종종 피해 대책으로 논의되기도 한다.

그러나 무조건 가둬놓으면 그들이 범죄를 통해 우리에게 전하는 중요한 메시지를 놓치게 된다. 그들은 자신에게 충분한 역할 모델과 기회, 지혜를 주지 않은 사회와 부모에 맞서고 있는 것이다.

"우리는 부모에게 더 많은 것을 받을 가치가 있어요. 우리의 멘토와 우리가 속한 집단, 사회로부터 조금 더 받을 수 있다면 좋겠어요. 받지 못한다면 우리 힘으로 빼앗을 거예요. 우린 처음부터 공격적인 성향을 타고났어요. 공격적으로 변하는 건 문제도 아니라고요."

나는 소년기 문화에 대한 연구를 통해, 잘못된 것은 그들의 문화가 아니라 우리가 그것을 다루는 방식임을 깨달았다. 제2부에서는 그들을 보다 긍정적으로 다루는 방식에 대해 알아보겠다.

| 제2부 |

남자아이들이 필요로 하는 것

The wonder of boys

제3장

남자아이들에게는 대가족이 필요하다

마땅히 행할 길을 아이에게 가르치라,
그리하면 늙어도 그것을 떠나지 아니하리라.
- 잠언 22:6

    나는 1950년대 하와이의 호놀룰루에서 태어났다. 부모님은 모두 뉴욕 출신으로 어머니는 인류학자, 아버지는 사회학자 겸 작가로 활동하셨다. 하와이에서의 삶은 코카시안, 하와이안, 사모아, 일본, 중국, 필리핀, 아프리카, 동남아시아 등 15개의 다양한 가족 체계 속에서 살아가는 것과 같다. 부모님은 어린 나를 데리고 인도, 위스콘신, 와이오밍, 콜로라도를 비롯하여 여러 곳으로 이주하였고 나는 사내아이로 살아가고 길러지는 다양한 방식을 경험하였다.

    1960년대 초 인도에서는 부모님 외에 아이야, 마흐무드와 여러 이모, 삼촌 등 '대가족'이 나를 함께 키웠다. 그들은 나를 친자식처럼 돌봐주었다. 인도에서는 핵가족이라는 개념에 대해 반감이 심하다. 이러한 공동 육아를 경험했기 때문에 형과 나의 소년기는 끝없이 바뀌었다. 인도에서 부모님은 여동생을 입양하셨고 그 사건 역시 우리의 생활에 큰 변화를 일으켰다.

'하이데라바드' 라는 인도의 도시에서 몇 년을 보낸 후 우리 가족은 귀국하여 위스콘신 주의 작은 도시 라크로스에 이르렀다. 그곳에서 우리는 다시 호놀룰루로 갔다가 다음엔 와이오밍 주의 래러미에 도착하였다. 이 기간을 거치면서 나는 작은 마을과 대도시의 특성을 모두 익히게 되었으며 이 두 개의 관점에서 소년기를 헤쳐 나갔다. 그 후 우리 가족은 콜로라도 주의 두랑고로 이사했고 아버지는 뉴멕시코 북부의 서던 우트 족(Southern Ute, 미국 유타, 콜로라도 주 등지에 사는 아메리칸 인디언-옮긴이) 보호구역에 대해 연구하였다. 래러미에서 지낸 후 나는 인디언 보호구역을 경험하게 되었다. 내가 상호작용을 했던 그곳의 가족 체계는 매우 고립된 섬나라 같은 핵가족 형태였다. 인도와 마찬가지로 보호구역의 가족 체계는 공동체로 확대되어 부모 이외의 사람이 공동으로 아이를 양육하며 영향을 미쳤다. 많은 원주민 가족 체계가 아이들이 자라 사춘기에 접어들면서 남자, 여자로서 각기 다른 욕구를 갖게 되는 모습에 특별한 관심을 기울였다.

아버지가 인디언 보호구역을 연구할 때까지 나의 소년기는 두 가지 형태를 띠었다. 그러나 내가 그것을 이해한 것은 몇 십 년이 지난 후였다. 하나는 대도시와 소규모 공동체 사이에서의 이동이었고 다른 하나는 확대가족 전통을 강조하는 문화에서 핵가족 전통을 강조하는 문화로, 또 그 반대로의 반복적 이동이었다.

  성인이 된 후, 내가 소년기 연구에 매달리기 시작하면서 비로소 나의 소년기 경험에 나타나는 일종의 패턴을 발견하게 되었다. 그 후 몇 년 동안 나는 이스라엘의 키부츠(kibbutz, 이스라엘의 집단 농장-옮긴이) 생활을 경험하고 터키 시골 마을의 삶을 돌아보는 등 전 세계 부족들의 살아가는 방식을 연구해왔다. 그 모든 경험과 연구 활동을 결합하여 나는 남자아이들을 키우려면 세 가지 형태의 가족이 필요하다는 결론을 내리게 되었다. 한 가정에서만 그들을 키우는 것은 충분하지 않기 때문이다.

세 가지 가족 형태

남자아이를 사랑으로 키우는 법에 대해 생각하다 보면, 언제나 세 가지 가족 형태가 남자아이를 건전한 성인 남성으로 자라게 한다는 결론에 이르게 된다.

- 제1유형 : 조부모를 포함하여 친·양부모가 아이를 키움. 핵가족 형태
- 제2유형 : 확대가족. 혈연관계의 친척들이나 친구, 어린이집 교사, 동료, 멘토들
- 제3유형 : 문화 집단과 공동체. 교회 모임, 정부, 대중매체, 여러 기관과 유력 인사

이 세 가지 유형이 합쳐져 남자아이의 대가족이 된다. 세 가지 형태의 가족들이 함께 노력하고 공동의 가치를 세우며 아이 양육을 문화의 주요 목적으로 여기지 않는다면, 아이들은 불안감을 느끼고 폭력 조직이나 갱단과 같은 반사회적인 하위 집단 속으로 숨어들게 될 것이다. 그러나 어떤 하위 집단도 그 구성원들과 장기적인 관계를 이어갈 수 없으며 아이들을 건전한 성인으로 이끌어줄 능력은 더더욱 없다. 따라서 삶의 결정적인 요소나 자신의 목표에 대한 확신 없이 살아가도록 만들 수 있다.

일반적으로 핵가족은 남자아이가 사회적·개인적으로 책임 있는 성인으로 성장하여 사회에 대한 기여, 주위 사람들에 대한 약속, 자녀에 대한 책임, 정신적 성장이라는 네 가지 기본 목표를 이루도록 하는 데 어려움을 겪게 만든다.

이 책의 제2부는 바로 이 문제를 바탕으로 하며 남자아이를 훈련시키는 법, 정신적 삶의 중요성을 가르치는 법, 사랑과 성에 대해 가르치는 법을 논의하면서 부모의 역할에 초점을 맞추려 한다. 세 가지 가족 형태의 요소가 어떻게 책임 있게 아이를 키울 수 있는지 살펴보고 그들이 책임을 완수하도록 실제적인 도구를 제공할 것이다. 이 세 가지 가족 유형의 장점과 실효성을 심도 있게 다루려면 이 책만으론 모자라겠지만, 당신이 책을 덮을 쯤에는 특히 사춘기 소년들을 위해 이 세 가지 단위의 역할을 분담하는 데 있어서 놀라운 지혜를 깨닫게 될 것이라고 믿는다.

세 가지 가족 체계의 소멸

인간의 조상 대부분은 그 지역과 상관없이 세 가지 유형의 가족 문화와 비슷한 집단 형태에서 양육되었다. 미국의 조상들은 조부모를 비롯한 여러 친척들과 가까이 살면서 소규모 집단생활을 하였다. 다른 지역으로 이주하는 경우, 보통 가족 구성원 중 한 사람의 이웃에 정착하여 한 가족으로서의 유대감을 공유하였고 아이들은 부모 외에 여러 성인들의 보살핌을 받을 수 있었다.

물론 이러한 모습은 급격하게 변해갔다. 1950년대부터 개인 지향적이고 지리적으로 거대한 문화 속에서 핵가족 체제가 발전했다. 더 좋은 직장이 있다면 주저 없이 자신이 살던 곳의 익숙한 자연환경과 여러 공동체, 친척, 친구들을 떠나 새로운 곳에 정착했다. 또한 자신만의 공동체를 찾아 맨손으로 떠나 혼자 힘으로 일어섰다. 그리고 많은 사람들이 이러한 움직임을 바람직하다고 여겼다. 가족 간의 유대를 버리는 것은 성인이 되기 위한 통과의례가 되었고 사람들은 세 가지 가족 유형을 하나씩 쪼개놓았다. 확대가족의 범주에서 핵가족이라는 개념을 빼낸 것이다. 할아버지, 할머니가 손자를 만나는 일이 힘들어졌고 이웃들도 서로 얼굴 보기가 어려워졌다.

사람들은 약간의 정부 지원만 좀 있다면 아이를 키우는 것은 남편과 아내 두 사람만으로 충분하다고 결론을 내렸다. 어린 자녀를 둔 부부는 막중한 책임을 떠안게 되고 우리는 제2, 제3가족 유형의 책임을 학교, 복지 프로그램과 같은 기관에 떠넘겨 버렸다.

핵가족 모델의 이상은 1960년대까지 지속되다가 다시 분열되었다. 핵가족이 편부모 가정이라는 더 작은 단위로 쪼개지기 시작한 것이다. 한편 제3가족 유형, 즉 문화와 공동체는 완전히 분열되어 독자적인 문화를 형성하였다. 우리는 이제 핵가족이나 편부모로서 자신의 바람과 다르게 움직이는 매체의 고정관념에 대해 부모로서 불만을 토로한다. TV, 라디오, 서적, 비디오 게임, 영화 등 우리의 대중문화가 만들어낸 수많은 가면은 우리를 혼란과 공포에 빠뜨리고 있다. 부모와 양육자가 아이들에게 나쁜 영향을 준다는 것을 알면서도 자신들의 책임을 대중매체에 떠넘긴다는 것이 얼마나 큰 모순인가.

문제 가정에서 자랐거나 알코올·약물 중독자였거나 억압적인 부모 밑에서 자란 기억이 있는 사람이라면, 누구나 핵가족 제도의 맹점을 분명히 알고 있을 것이다. 여느 부모들과 마찬가지로 남편과 아내는 최선을 다하지만 그것도 부족할 때가 있다.

핵가족화와 함께 이혼율이 증가하였고 따라서 편부모 가정도 생겼다. 자녀가 있음에도 불구하고 점점 더 많은 부부가 이혼하였다. 1990년대 미국 남자아이의 3분의 1이 편모슬하에서 자라고 있다는 조사 결과도 나온 바 있다.

물론 서로 충분히 의견을 나눈 상태에서 결정한 이혼은 적어도 아이들에게 악영향을 미치지는 않는다. 그러나 극소수의 상황을 제외하고 이혼은 아이들에게 치명적이다. 지난 몇 년간 여러 연구가 부모의 이혼과 미혼모의 자녀 양육이 남성의 범죄와 직·간접적으로 연관되어 있다는 사실을 보여주었다. "이젠 프로필을 읽지 않아도 알아요. 90퍼센트는 편부모 가정에서 자란 비행 청소년이더군요."라고 한 소년원 직원이 내게 말했을 정도다. 최소한 폭력 범죄의 3분의 2가 이혼 부부의 자녀에 의해 저질러지고 있다. 대부분 편모슬하에서 자라는 경우다.

이혼했거나 혼자 아이를 키우고 있는 사람들을 비난하기 위해 이러한 통계를 제시하는 것은 아니다. 불행한 결혼 생활에 종지부를 찍은 사람들은 오히려 그 굴레에서 벗어나지 못한 사람들보다 용기 있다고 볼 수 있다. 하지만 내가 곳곳에서 만나게 되는 혼자 아들을 키우고 있는 여성들은 "이렇게 되지 않았더라면 더 좋았겠죠. 아이가 커가면서 더 많은 것을 필요로 한다는 걸 알게 되었어요."라고 어려움을 토로한다.

핵가족 관점에서 편모는 불리한 입장에 서 있다. 통계상 그들의 아이들이 반사회적 성향을 가질 가능성이 매우 크기 때문이다. 그들이 아들에게 세 가지 유형의 가족을 경험할 수 있도록 노력해야 하는 이유는 그래서 더욱 자명해진다.

대가족 구성원으로서의 소년

아주 오래전부터 남자아이들은 집단적 존재였다. 집단 역학에 의하면 그들은 강력한 조직을 찾아 그 안에서 자신을 점차 개별화시키고 어떻게 그 일부가 될 수 있는지, 무엇을 중요시해야 하는지 배워 나간다.

1만 년 전까지만 해도 사내아이들은 사냥꾼으로 길러졌다. 또한 오래전 농업의 역사가 시작되면서, 남성은 먹을 것을 구하기 위해 멀리 돌아다니지 않고 집단 내에서 농사를 지으며 가족과 부족(오늘날에는 무리, 친족 등으로 불리는)을 보호하였다. 남성의 뇌에는 이 모든 역사적 경험이 암호로 저장되어 있다.

약 200년 전 산업사회가 도래함에 따라 개개인의 천재들이 큰 존경을 받게 되었다. 하지만 사회라는 매커니즘을 형성한 것은 개인이 아니라 한 무리의 남성들이었다. 새천년에 들어선 지금이지만 남자아이들이 품고 있는 집단에 대한 기본적 욕구에는 변함이 없다. 남자아이들은 여전히 자신이 속하여 성장할 집단을 갈망하고 성인들도 무리 지어 함께 일한다.

사라진 것이 있다면 바로 집단이 가지고 있는 풍부한 부족적 특성이다. 남자아이들을 길러내고 또 성인의 활동 무대가 되어온 집단은 최근까지 복세대적인 성격을 유지하였고 영적·감정적으로 풍부한 남성의 발달을 위해 효율적인 구조를 도입하였다. 과거 몇백 년에 걸쳐, 이 부족 집단의 기능에 두 가지 분명한 변화가 일어났다. 지도자는 점점 자기중심적인 성향을 갖게 되었고 구성원도 개인적이고 비협조적으로 변해갔으며 이는 집단의 붕괴를 촉진시킨 원인이 되었다.

사회 사상가 로버트 그린리프 위티어는 '섬기는 지도자' 와 '군림하는 지도자' 를 구분하였다. '섬기는 지도자' 란 자신을 집단의 종으로 생각하여 구성원을 도우려 하는 지도자로서 구성원으로부터 존경을 받는 동시에 구성원을 존경할 방법을 찾는다. 말하자면 구성원들에게 일종의 정신적 거울과 같은 역할을 하는 것이다. 신앙심이 깊은 왕이나 신과 같은 권위를 가졌던 왕 등이 바로 그 예인데, 남자아이들은 이러한 역할 모델들을 따르고 그들의 지도력을 갖추도록 훈련되었다.

반면 '군림하는 지도자' , 즉 '자기중심적인 지도자' 는 집단을 조종하여 자신과 가족의 개인적 이익을 취하려 하고, 부정직한 방법과 협박을 통해 자신에게 저항하는 사람들도 무릎을 꿇게 만든다. 오늘날 많은 남자아이들이 점점 이러한 유형의 지도자를 만나고, 또 그런 지도자가 되어가고 있다. 만일 그들이 지도자를 싫어한다면 기존의 집단을 떠나 새로운 그룹을 찾는다. 이 경우 마음에 드는 지도자를 직접 찾을 자유는 있지만, 정신적으로 큰 영향력을 미치는 지도자와 끈끈하게 연결되어 있다거나 오랜 시간 자신의 모든 열정을 담았던 집단에 소속되어 있다는 느낌은 가질 수 없다. 결국 혼자인 셈이다.

따라서 지난 몇 백 년 동안 지도자, 피지도자로서 우리의 능력은 전통적 가치 기준이 무너져감에 따라 큰 변화를 겪어왔다. 민주화와 더불어 공리주의, 평등주의는 우리에게 수많은 개인적 자유를 부여하였지만 진정한 가치를 갈망하는 것은 지금도 여전하다. 이러한 대규모 문화적 관점은 이미 우리의 가정 속으로 뚫고 들어왔다. 각 가정의 남성과 아들은 여전히 대그룹에 더 이끌리지만 그 안에서 자신이 할 일, 즉 가정과 사회와 문화에서 자신의 역할과 언제 이끌어나가고 언제 따라야 하며 누구를 믿고 어떻게 섬겨야 하는지에 대해 어려움을 느낀다.

예전에는 남자아이의 성격이 부족을 통해 형성되었지만 오늘날에는 종종 또래 집단 내에서 형성된다. 자라는 아이에게 장기적이며 일관성 있게 집단에 기여하고 독립적 자아를 찾도록 방법을 제시해주는 역할 모델은 거의 없다. 부모는 아이에게 거의 신경을 쓰지 않는다. 10대 남자아이들의 아버지와 성인 남성들은 아이에게 정신적 삶에 대해 가르치지 않는다. 결국 아이는 또래 집단이나 성인의 올바른 지도가 없는 집단에 이끌리게 된다.

남자아이들이 정신적으로 성숙하지 못한 남성으로 성장하는 것은 여성과의 관계에 있어서도 커다란 문제가 된다. 그들은 불평하면서도 여성이 원하는 모습대로 되려고 노력하고, 자신에게 가까워지려는 여성의 노력을 외면하며 일부러 거리를 두곤 한다. 이러한 문제를 해결하기 위해 지금까지 수많은 자기계발 서적들이 나왔지만, 대부분은 남성이 상대방과 친해지는 스타일에 문제가 있으며 부모의 영향이 크다는 말로 끝날 뿐이다. 하지만 우리가 남자아이들의 생태와 문화를 제대로 들여다본다면 이들이 대가족으로부터 세대 간의 관계 구조를 배우지 못한 채 자라났다는 것을 알게 된다. 오늘날 남자아이들은 대가족의 관심을 거의 받지 못함에 따라 바람직한 친교 능력을 키우지 못하고 있다.

어떻게 살아야 하는지, 어떻게 사랑해야 하는지를 알게 하기 위해 아이들에게는 대가족이 필요하다. 우리가 그 필요를 채워주지 않는다면 그들은 스스로 그것을 만들어낼 것이다. 단, 매우 위험한 성격의 형태가 될 것임은 감수해야 한다.

남자아이와 패거리들

남자아이들은 자신들이 성인 사회에 속해 있다고 생각하지 않기 때문에 그들만의 공동체를 형성한다. 이러한 공동체를 조직하는 것은 남자아이에게 있어 과도기적 단계로서 일단 사춘기가 끝나면 성인이 되어 직장과 가족을 갖고, 세대 간의 교류를 계속 이어가지 못한 것을 후

회하지만 동시에 자신의 정체성에 대한 혼란스러움을 감추는 법을 터득한다.

이들이 조직하는 패거리는 적어도 그들의 관점에서 보았을 때 상당히 가족적이다. 그들은 주저 없이 "대가족은 크립스(Crips, 미국 최대의 갱단-옮긴이)보다 훨씬 복잡하잖아요. 연장자, 통제, 친밀함과 모두 관련되어 있으니까요."라고 말한다. 이들의 말도 물론 맞다. 그러나 그들의 집단 역시 가족, 부족, 심지어 목숨까지 함께해야 하는 집단이 되어가고 있다.

내가 쓰는 신문 칼럼의 독자들이 자주 묻는 질문이 있다. "남자아이들은 왜 패거리를 만들까요?" 하지만 나는 "왜 우리는 남자아이들을 위해 갱단을 만들었는가?"가 보다 정확한 질문이라고 생각한다. 우리의 수많은 아들을 끌어들이면서 우리를 위협하는 패거리들은 우리의 무시와 인종적 편견, 호전적 성향, 가족에 대한 무관심과 그들에게 바람직한 대가족을 제공해주지 못한 무능함에 반발하여 감춰진 불안감과 좌절을 표현한다. 바로 우리 자신의 어둡고 암울한 단면을 그대로 보여주고 있는 것이다.

돈을 충분히 벌지 못하고 사회적으로 인정받지 못하는 남자아이들은 패거리를 조직하여 반사회적인 활동을 통해 그들만의 에너지와 가치를 추구한다. 만일 이 사회라는 대가족이 그들의 공격성을 직업, 봉사, 건전한 취미 활동으로 돌려놓지 못한다면 그들은 공격성을 발산할 또 다른 출구를 찾을 것이다. 미국 흑인 소년들 절반가량이 한 번 이상은 감옥에 가고, 그중 대부분은 편모슬하에서 자랐다. 백인과 범행 내용이 똑같아도 그들의 형량이 더 무겁다. 그들도 알고 있는 사실이다. 과거 이태리 출신 미국 이민자들이 마피아를 조직했듯이, 흑인 소년들은 자신을 지키려면 갱단에 들어가야 한다고 생각한다.

지금까지 내가 만나본 갱단 멤버들은 거의 대부분 아버지나 그 밖의 성인으로부터 적절한 지도나 상담을 받아본 경험이 전무했다. 대가족이 사내아이에게 역할 모델을 제공하지 않으면 아이는 직접 역할 모델을 찾아 나서게 된다. 특히 사춘기 남자아이들은 성인 남성들에게 자신도 남자임을 증명하려는 경향이 있다. 어릴 때 사랑을 충분히 받지 못하면 남자로 인정받고자 더 절박하게 매달린다. 그들은 성인 남성의 세계를 통해 "너의 재능과 비전, 장점, 약점이 모두 가치 있고 중요한 것이다."라고 말하며 자신을 존중하고 사랑해줄 대상을 찾고, 때로는 자신이 남성임을 증명하기 위해 파괴적 행위도 서슴지 않는다.

여자아이들이 삶의 목적과 타고난 권리에 대해 천성적으로 확신을 갖는 것에 비해 남자아이들은 그렇지 못하다. 사회는 남자아이들에게 그들이 직접 아이를 낳지 않더라도 그들의 역할이 중요하다는 것을 가르침으로써 이러한 공백을 채워왔다. 그러나 자신의 타고난 권리와 역할이 무엇인지 배우지 못한 아이들은 갱단을 조직하게 되는 것이다.

타고난 권리, 즉 생득권이란 여러 가지 기억과 전설, 가족사, 유전 인자, 사회적 신분을 담는 심리·정신적 그릇이다. 성인 사회에서 어떤 생득권을 지녀야 하는지 고민하지 않는 아이는 빈약한 자아상과 열등감을 갖게 된다. 남자아이들이 갱단에 의미를 부여하는 이유는 그것이 그들에게 임무와 권리, 목표 의식을 갖게 하기 때문이다. 비록 방향은 잘못되었지만 아이들은 그 새로운 생득권을 목숨처럼 지키려 한다.

갱단의 문제점을 해결할 답안은 없을까? 어떻게 보면 고용 창출과 폭넓은 기회, 교육 여건 개선, 인종차별 폐지, 성차별 폐지 등 사회·경제학적 방법에서 해답을 찾아볼 수 있다. 그러나 정답은 역시 '가족'이다.

제1가족

1990년대 이후, 가족을 재정의하면서 우리가 부딪친 문제는 세 가지 가족 유형을 다시 수용하고 제1유형을 강화하는 것이었다. 즉, 제1가족은 주요 양육자와 역할 모델을 기본 요소로 하고, 전통적으로 '부모와 자녀'의 형태로 구성되었다. 그러나 지금은 편부, 편모, 조부모와 게이, 동성 커플도 아이를 키운다. 이것이 모두 제1가족에 속한다. 그런데 이들이 자녀 양육자로서 종종 간과하는 것은 제2, 제3유형의 가족을 아이들에게 더 많이 경험시키는 것의 중요성이다.

우리는 과거의 문화가 제1가족의 대안 형태를 인정해온 방식을 통해 그것을 대안으로 수용한다. 배우자의 사망 등으로 제1가족의 구성이 와해되었을 때에는 확대가족과 사회 공동체가 남은 가족을 지원해왔다.

성경의 구약 시대에는 남자가 자녀 없이 죽으면 그의 형제가 죽은 남자의 아내를 취하도록 되어 있었다. 이처럼 제1가족의 대안 형태는 오래전부터 존재해왔다.

현재 우리 문화에는 게이의 권리를 박탈하고 미혼모를 수치스러워하고 전통적인 가족 형태를 부활시키려는 움직임이 존재하고 있다. 그러나 과연 그것이 실효성이 있을지 의심스럽다. 새천년을 위한 효율적 가족 체계를 세우기 위해서는 선대까지 거슬러 올라갔다가 다시 미래로 나아가야 한다. 혈연관계와 결혼 서약만이 더 이상 가족의 요건이 아니라는 불가피한 사실을 인정하는 미래 말이다.

제2가족

사회 사상가이자 작가인 커트 보네거트는 이렇게 말했다.

"최근까지 인간은 영구적인 친족 공동체에 속해 있었습니다. 들어가 편히 쉴 수 있는 곳만도 수십 곳이었고 신혼부부가 서로 다투었을 때 한 사람이 상대방의 기분이 풀릴 때까지 친척 집에 머무는 경우도 흔히 볼 수 있었죠. 아이들은 부모의 잔소리가 듣기 싫을 때 잠시 삼촌 집으로 향할 수 있었고요.

하지만 이제는 거의 불가능한 일입니다. 각 가정이 하나의 상자처럼 꼭꼭 잠겨 있어요. 이웃들도 친척은 아니고요. 거리낌 없이 찾아가고 보살핌을 받을 수 있는 곳이 없어지고 우리 모두가 외로워졌어요. 진정한 공동체 안에서 나누었던 친구나 친척들과의 관계도 이제 거의 누리지 못하고 있지요."

약 50년 전부터, 우리는 가족이라는 개념을 다시 정의하기 시작하였다. 그리고 21세기에 들어선 지금, 또 한 번 그 의미를 수정하고자 한다. 남자아이들은 우리가 그들을 그냥 외롭게 내버려둔다면 비참한 결과를 얻게 될 것임을 경고한다. 물론 다시 많은 친척들에 둘러싸여 살아가기에 우리는 이미 너무 멀리 와 있다. 하지만 그렇다고 해서 확대가족과 공동체, 부족을 전혀 경험할 수 없는 것은 아니다.

다른 사람이 내 아이를 키운다?

2남 1녀를 둔 46세의 아버지 댄은 나에게 아이들과 좀 더 많은 시간을 보낼 수 있도록 반나절만 근무하는 일자리를 찾고 있다고 말했다. 그는 몇 년 동안 죄책감 속에 살아왔다. 비영리 단체의 상담사로 경제적인 여유가 없어 아내도 함께 일해야 했기 때문이다. 간호사인 댄의 아내는 매일 출근했고 아이들은 일주일에 20시간 정도 어린이집이나 친척에게 맡겨졌다. 독실한 가톨릭 신자였던 그는 아이들을 남에게 맡긴 것 때문에 자신이 부모로서 무능하다고 생각하였다. 그가 했던 말 가운데 잊을 수 없는 것이 있다. "하나님은 다른 사람 손에 키우라고 우리에게 아이들을 주신 것이 아니에요."라는 말이다.

댄의 신념은 너무도 확고하여 이견을 내기도 어려웠다. 많은 사람들이 종교적으로, 전통적으로 확신하고 있는 이러한 견해는 미국에서의 자녀 양육을 더욱 어렵게 만들며 부모들에게 죄책감을 안겨주고 있다. 어떻게 그런 견해를 갖게 되었는지 본인도 잘 모르면서 말이다.

다른 문화권에서는 댄과 다른 사고방식이 더 지배적이다. 언젠가 이스라엘의 키부츠 생활을 관찰할 기회가 있었다. 각 키부츠는 모두 다른 형태를 띠고 있지만 자녀 양육에 관한 일반적인 가치관은 이렇다. 부부가 아이를 낳은 후 아내가 몇 달 동안 일을 쉬면서 아이를 가장 가까이서 보살핀다. 다시 일해야 될 때가 되면 그 시간에는 탁아소를 운영하는 키부츠의 탁아모에게 아이를 맡겼다가 수유 시간마다 찾아온다. 엄마와 있든지 탁아모와 있든지, 아이는 충분한 보살핌을 받는다. 갓난아이가 태어나면 처음 몇 달 동안은 한두 명이 지속적으로 돌볼 필요가 있다.

아이는 처음부터 부모뿐 아니라 탁아모나 다른 아이의 부모 손에서 자란다. 키부츠 문화는 초기 자녀 양육 단계에서 필수적인 요소가 한두 명의 주요 양육자와의 지속적이고 친근한 관계라는 사실을 알고 있었던 것이다. 아이가 반드시 하루 종일 부모와 함께 있어야 하는 것은 아니다. 물론 엄마는 가능한 한 아이와 많이 있고 싶겠지만 설령 많은 시간을 함께하지 못하더라도 미국인 부모들보다는 죄책감을 느끼지 않을 것이다. 그러나 만일 백일 정도 된 아이의 탁아모가 계속 바뀌면서 충분한 애정과 보살핌을 받게 하지 못한다면 아이에게 죄책감을 느끼게 된다.

이스라엘 키부츠 부모들이 미국의 부모들보다 죄책감을 덜 느끼는 문화적·사회적 이유가 있다. 가장 주요한 이유는 가족에 대한 서로 다른 관점이다. 키부츠의 부모들은 탁아모와 아이의 관계를 매우 신성하고 중요하게 생각한다. 그들의 긴밀하고 상호 의존적인 사회와 아이를 키우는 데 기본이 되는 공동 양육, 확대가족 구조의 오랜 역사가 이러한 시각을 키부츠 시스템 내에 깊숙이 심어놓았다.

키부츠 시스템에서 부모와 아이는 집중적으로 일대일의 시간을 가질 수 있다. 반면 미국 가정에서는 종종 일 때문에 가족과의 시간이 방해를 받는다. 키부츠의 생활은 부모가 일하는 동안 아이들은 탁아소나 학교에 있도록, 오후 서너 시경 부모가 일을 마칠 때쯤에는 아이들이 돌아와 부모와 함께 마음껏 시간을 보내도록 조정된다. 그러고 나서 아이들의 연령에 따라 다시 탁아소로 갈 수도 있고 친구 집에 갈 수도 있다.

이러한 시스템이 모든 사람에게 해당되는 것은 아니며, 항상 이상적인 것만도 아니지만 우리에게 매우 유용한 부분이 몇 가지 있다. 여러 사람이 같이 아이들을 돌보기 때문에 아이들은 중요한 가치와 지혜를 반복적으로 경험하게 된다. 또한 화가 나거나 실망할 때 부모 외에도 의지하고 조언을 구할 수 있는 성인이 존재한다. 사회 공동체도 아이들을 함께 키우는 데 일조한다. 그렇기에 아이가 부모나 다른 양육자로부터 독립하려고 할 때 그들이 결합하여 조언을 구하고 의지할 수 있는 공동체 구성원이 있기 마련이다.

키부츠 시스템이 미국에도 적용될 수 있을까? 지형과 문화적 경험, 가족의 인과 관계가 매우 다르기 때문에 대규모로는 어려울 것이다. 그렇다면 키부츠 시스템의 부족적 특성이 미국인의 삶에 전달될 수 있을까? 물론이다. 수십 년 동안 미국의 공동 생활체들은 키부츠 시스템을 시도

하여 소기의 성과를 얻어왔다. 이러한 성공의 기초가 되는 것은 바로 미국의 주류 사회와 구분되는 공동 생활체 그룹이었다. 우리가 미처 깨닫지 못하는 사이에 키부츠 시스템의 장점들, 즉 과거 부족 생활의 장점들을 모방하는 적절한 방식을 취하고 있는 것이다. 어린이집 역시 그중 하나다.

어린이집

아내와 나는 첫아이 가브리엘의 어린이집을 알아보면서 자료들을 읽어보고 사람들에게 조언을 구한 끝에 몇몇 친구가 추천한 '그램스 해피 페이스 투(Gram's Happy Face Too)'에 보내기로 결정하였다. 아내 게일이 출산휴가를 마치고 직장에 복귀한 후 시간제로 아이를 맡기게 된 것이다. 다행히 게일과 나 모두 치료 전문가이기 때문에 가능한 한 아이와 많은 시간을 보내도록 일정을 조정할 수 있었지만, 하루 최소 5시간은 아이를 돌봐줄 곳이 필요했다.

어린이집을 알아보는 동안 걱정이 떠나지 않았다. "아이를 제대로 돌보지 않으면 어쩌지?", "무슨 일이라도 생기면 어쩌지?", "나중에 아이가 우리를 원망하는 건 아닐까?"

가브리엘이 어린이집에 가는 첫날도 마찬가지였다. 아이는 엄마가 자신을 그곳에 데려다주고 떠나려 하면 매번 울었고 게일 역시 출근한 뒤 나에게 전화를 걸어 울먹였다. 가브리엘을 어린이집에 보내지 않을 방법이라도 있다면 당장 시도해보고 싶었다.

그러나 몇 달이 지나자 가브리엘은 그곳에서의 생활을 즐기게 되었다. 탁아모 캐시는 항상 따뜻하게 가브리엘을 맞아주었고 충분한 관심을 보여주었다. 그램스에서의 생활이 1년 정도 되었을 무렵, 모든 직원들이 바뀌기 시작했다. 가브리엘이 좋아하던 선생님들이 여러 가지 이유로 모두 일을 그만두었고 가브리엘도 이전처럼 관심을 받지 못했다. 그때 우리 부부는 둘째 아이를 가질 예정이었다. 다른 어린이집을 알아본 끝에 '폴리시 플레이하우스(Paulish Playhouse)'에 아이를 맡기기로 했다. 그곳의 선생님 마리안과 켈리는 아이들을 다루는 데 특별한 재능을 가진 분들이었다. 그들은 아이들에게 집과 같은 편안한 분위기를 만들어주면서도 새로운 세상과 새로운 지평을 제공해주었다. 우리 부부는 마리안, 켈리와 가깝게 지냈고 아이들은 우리가 선생님과 상호작용하는 모습을 보면서 자신을 돌보는 어른들 사이에 가족과 같은 유대감이 형성되는 것을 느꼈다. 이는 아이가 심리적 안정감을 느끼는 데 크게 기여한다.

어린이집에 얽힌 각 가정의 이야기는 모두 다를 것이다. 어떤 이는 어린이집을 맹신하고 어떤 이는 비판하기도 한다. 내 이야기는 전적으로 경험에 바탕을 둔 것으로 종종 부정적인 경우도 있지만 기본적으로는 긍정적 관점을 취하고 있다. 부모와 어린이집 교사가 활발한 상호작용을 할 때 그들은 공동체 정신을 만들게 되고, 그 공동체 안에서 아이들은 자유로이 제1, 제2가족 형태를 오가는 느낌을 받게 된다. 유아기 아이들뿐 아니라 미취학 연령의 아이들에게도 이것은 매우 중요한 부분이다.

몇 년 전 혈연관계의 친족들이 아이들을 돌봐주던 시기만 해도 부모가 느끼는 두려움은 보육 시설에 아이를 맡기는 지금보다 훨씬 덜했다. 따라서 부모들은 어린이집을 고려할 때 자신들이 관심을 갖고 참여하며, 자유롭게 관찰할 수 있고, 원한다면 언제든 방문하여 커리큘럼에 대해 듣고, 아이들의 생활에 대해 궁금한 사항을 묻고 답변을 들을 수 있는 곳을 선택하는 것이 중요하다. 이러한 곳이 바로 아이에게 제2가족이 되어줄 수 있기 때문이다.

한층 수준 높은 보육 시설을 만들려면 교사들의 전반적 수준을 향상시키는 것이 가장 중요하다. 많은 사람들, 특히 정치가들은 가정이 아닌 곳에서 아이를 키우는 것을 필요악으로 생각하는데, 이러한 태도부터 바뀌어야 한다. 보육 시설을 제2가족의 형태로 인식함으로서 교사들을 우대하고, 그들과 긴밀한 관계를 형성해야 하는 것이다. 교사들 역시 우리의 요구사항을 흔쾌히 받아들여야 함은 물론이다.

기업들도 관여해야 할 것이다. 이것은 가족과 아이들을 돕는 일이면서 동시에 기업의 생산성을 높이는 일이기 때문이다. 직원들을 돌볼 때 기업의 경쟁력과 생산성은 눈에 띄게 증가한다. 기업들도 문화의 변화를 따라잡기 위해 스스로 변화의 대열에 참여해야 한다. 탁아, 보육의 문제는 모든 기업이 관심을 가져야 할 분야다.

미국의 경우, 오늘날 500만 명 이상의 아이들이 놀이방 혹은 유치원에 간다. 5세 이하의 자녀를 둔 일하는 여성 가운데 33퍼센트가 가정 놀이방을, 28퍼센트가 어린이집을 이용하고 있으며, 28퍼센트는 어린이집에 아이를 맡기지 않으려고 스케줄을 조정하고, 10퍼센트는 유모나 친척에게 아이를 맡긴다. 일하는 부모들 중 보육 시설을 전혀 이용하지 않는 사람은 거의 없다. 그렇다면 부모가 일하는 공간과 보육 시설 공간을 결합시키는 것이 더 효과적이지 않을까?

콜로라도 덴버 대학교와 UCLA, 노스 캐롤라이나 대학교, 예일 대학교 연구원들은 2년 반에 걸쳐 완성한 '어린이 보육 시설의 비용과 질 그리고 교육 성과'라는 제목의 연구 논문을 통해 대다수의 보육원이 여러 면에서 기준에 못 미친다고 밝혔다. 이 연구는 뉴욕에 본부를 둔 '가정과 노동 연구소(Families and Work Institute)'가 앞서 진행한 연구를 이어받은 것이다. 이 두 연구는 많은 부모들이 "보육원에서 우리 아이를 얼마나 잘 돌봐주는지 몰라요."라고 말하며 보육원을 과대평가하는 경향이 있음을 보여주었다.

조금만 더 노력한다면 아이들에게 키부츠와 같은 환경을 만들어줄 수 있다. 소규모의 어린이집을 이용하면 친근함과 편안함을 더 많이 기대할 수 있다. 아이를 보낼 어린이집을 찾고 있다면 교사 대 아이의 비율이 높은지, 교사 임금이 최고 수준인지, 강도 높은 직원 교육을 실시하는지, 이직률이 낮은지 등을 잘 살펴보아야 한다. 전미 유아교육연합회(NAEYC)는 유아 서너 명, 두 살 아이 네다섯 명, 네 살 배기 8~10명당 각각 교사 한 명을 이상적인 교사 대 아이의 비율로 제시하였다.

다음은 남자아이들에게 특히 필요한 것들이다.

- 블럭, 장난감 트럭 등 다양한 작동 완구
- 넓은 공간
- TV 시청 감독
- 남자아이들에게 공격적이라고 무조건 나무라지 않고 건전한 도전, 모험을 시도하도록 격려하는 분위기
- 남자아이를 돌보는 데 익숙한 양육자들

자녀 양육에 관한 많은 저서를 남긴 소아과 의사 베리 브래즐턴은 유치원에 대해 "유치원 프로그램을 경험한 아이들이 새로운 것을 학습하는 속도가 빠르고 또래들과의 관계도 더 좋다."라고 말했다. 부모는 결국 가정의 필요를 바탕으로 최종적인 결정을 내린다.

결론적으로 부모는 "내 아이를 보낼 곳이 제2가족인가, 아니면 아이들 집합소인가?" 라는 질문을 기준으로 삼아야 한다. 유치원에서도 아이는 충분한 사랑을 받아야 하기 때문이다.

직접 대가족을 만들어라

아이를 위해 확대가족이나 부족을 만드는 가장 확실한 방법은 당신이 아이를 키우도록 도와줄 친척들의 힘을 빌리는 것이다. 주위에 친척들이 많다면 부족이 처음부터 갖춰져 있는 셈이다. 남자아이들은 이러한 친척들의 따뜻한 사랑을 받고 자랄 때 반사회적 성향이 나타날 가능성

이 낮아진다는 연구 결과도 있듯이, 여러 세대의 가족들 사이에서 성장기를 보낸 아이들은 감정적·심리적으로 더 많은 욕구를 충족시켜 건강하게 자랄 수 있다.

그러나 요즘 시대 이렇게 자라는 사람은 불행히도 거의 없다. 대부분의 친척들이 뿔뿔이 흩어져 있다. 그래서 많은 사람들이 이로 인해 어떤 불이익을 당하고 있기도 하지만, 모든 사람들이 반드시 그런 것은 아니다.

인간은 비혈연 가족끼리 상호 의존하는 방식으로 오랜 세월 자녀를 키워왔다. 예를 들어 하와이의 가족 체계 중에 '호 오카마(ho-okama)'라는 것이 있다. 이는 일종의 양부모로서, 자녀를 둔 가정이 선택한 비혈연관계의 양육자를 뜻한다. 멕시코 아메리칸들은 아이가 어릴 때 부모들이 파드리노와 마드리노, 즉 대부모(代父母)를 정한다. 일부 멕시코 아메리칸들은 아이들이 대부모의 성격을 물려받는다고 생각한다. "우리 아이는 나를 쏙 빼닮았으면서 성격은 파드리노와 똑같다니까요."라는 말을 심심찮게 들을 수 있다. 나바호족에게는 다른 사람을 '형제', '자매'로 부르는 전통이 있었다. 상대방을 혈연지간으로 대함으로써 아이를 돌보는 책임을 함께 나누자는 의미다.

대부분의 문화권에서는 부족 생활에 일종의 비혈연 친족 체계가 형성되어 있다. 비혈연관계의 친족들은 남자아이들에게 제2가족의 형태를 제공하여 아이가 제1가족과 갈등을 겪을 때 가족의 빈자리를 메워주며 대안적 견해를 제시한다.

이러한 유형의 확대가족이라면 어떤 가족 체계에도 충분히 적용될 수 있다. 무엇보다 중요한 것은 비혈연관계에 있는 사람들에 대한 열린 마음이다. 미국인들은 모든 일을 개인적으로 하는 데 익숙하지만, 아이가 있을 경우 개인주의는 비실용적이고 자멸적인 장치에 지나지 않는다. "내 아들에게는 나만 있으면 돼."라는 착각은 말 그대로 착각에 지나지 않는다. 아이가 생기기 전부터 친구들에게 자신이 아이를 낳으면 많이 도와달라고 부탁할 필요가 있으며, 임신 중에는 아기와 관련된 일들에 관심을 가져줄 것을 당부해야 한다. 이 친구들을 출산에 참여시키거나 최소한 대기실에서 기다리도록 한다. 그리고 한두 명에게는 대부 혹은 대모가 되어달라고 부탁할 필요가 있다. 무엇보다 아이가 자라는 동안 이들에게 의지하고 도움을 받는 일에 편안함을 느껴야 한다. 그들이 우리에게 도움을 주는 것만큼 우리도 많은 선물을 주고 있다. 바로 아이에 대한 아름답고 거룩한 책임 말이다.

내가 어릴 적에 나의 부모님도 이와 같이 하셨다. 당신들의 가까운 친구들을 '이모', '삼촌'으로 부르게 하셨는데 이는 인도에서 나를 돌봐주던 사람들에게 사용하던 호칭이었다. 때때로 나는 잘 알지도 못하는 사람을 그렇게 부르는 것이 못마땅했지만 부모님은 호칭 사용에 매우 엄격하셨다. 결과적으로 나는 많은 이모와 삼촌을 갖게 되었고, 그들에게 가족의 호칭을 사용하면서 점점 실제 가족 같은 느낌을 받게 되었다.

다른 사람을 가족 체계 안으로 끌어들이는 대부분의 경우, 손주와 멀리 떨어져 살고 있는 많은 노년층들은 이웃의 아이들에게 할아버지, 할머니가 되고 싶어 하며, 직접 아이를 낳을 생각이 없는 많은 미혼 남녀들이 다른 사람의 아이를 돌봐주고 싶어 한다. 또한 이혼하여 자신의 아이들을 스스로 키우지 못하는 사람들도 다른 아이들과 함께 있는 것을 좋아한다.

하지만 제2가족의 형태를 아이에게 강요해선 안 된다. 아이가 천천히 익숙해지도록 시간을 주어야 한다. 열 살배기에게 누군가를 떠안기는 것은 쉬운 일이 아니다. 그 나이 또래의 남자아이는 보통 스스로 멘토를 찾고 싶어 한다. 마드리노, 호 오카마와 같은 시스템을 세우는 시기는 빠를수록 좋다.

때때로 우리는 자녀를 위해 가깝게 지낼 사람을 정하지만 자녀들이 직접 선택하는 경우도 있다. 비혈연관계의 제2가족 구성원은 주로 친구관계를 통해 등장한다. 자녀가 친구를 선택하여 그 친구의 부모와도 가까워지면 그 부모들과 아이들에 대해 이야기를 나누는 것이 중요하다. 서로의 가치관과 양육 방식에 대해 이야기하면서 새로운 것들을 배울 수 있기 때문이다. 자녀에게는 종종 친구의 부모님의 장점을 물어보고 그러한 부분을 본받을 수 있도록 도와주어야 한다. "그래, 맞아. 그 일은 나보다 네 친구의 아빠가 더 잘하시더구나. 네가 그분을 알게 되어 참 다행이야."라는 말이 필요할 수도 있다.

비혈연관계에 있는 사람들의 가치와 도덕, 양육 스타일을 배워가면서 완벽주의자가 되려고 애쓸 필요는 없다. 비디오 게임에 빠져 있는 아버지를 둔 아이와 내 아이가 친하게 지내고 있다고 가정해보자. 우리는 완벽주의적 입장에서 내 아이와 그 친구와의 관계를 끊고 싶어 할지 모른다. 그러나 우리의 기준을 바꾸어, 먼저 아이가 얻고 배우고 있는 것들을 자세히 관찰할 필요가 있다. 우리의 기준도 바꾸어야 한다.

비혈연 친척 체계는 우리가 다른 사람을 믿고 그들과 함께 '가족'을 이룰 때 얻을 수 있다. 열 명, 스무 명이 필요한 것이 아니다. 몇 명만 있으면 충분하다. 또한 내 자녀가 이들과의 긴밀한 관계 속에서 자라도록 배려해줄 수 있으면 된다.

제3가족

남자아이들은 학교와 대중매체, 거리에서 제3의 가족을 만난다. 제3가족 유형은 우리가 다루기 가장 힘든 대상이다. 제3가족의 가치가 제1가족, 즉 우리의 가치와 충돌하는 경우도 있을 수 있다. 사회단체의 중심인물들은 남자아이들에게 부모에게 저항하고 자신의 의사를 밝히라고 말하며, 대중매체의 스타들은 우리가 자녀에게 가르쳐온 비폭력주의를 거스르는 행동 방식을 가르친다. 학교와 그 밖의 여러 곳에서 만나는 수많은 또래 그룹은 남자아이들을 위험천만한 활동으로 이끈다.

나는 제3가족의 특성을 다루는 데 많은 부분을 할애할 것이다. 대중매체 투입량을 제한하고 가치와 도덕을 이전과 다른 방식으로 가르쳐서 남자아이들이 제3가족을 통해서도 건전한 제1, 2가족에서 얻었던 에너지와 같이 긍정적 힘을 얻도록, 정신적 성장에 대한 욕구와 성취 동기를 부여하자는 의견을 제시할 것이다. 이제 제3가족의 두 가지 중요한 요소, 교육 체계와 공동체 프로그램에 대해 살펴보자.

방향을 잃은 남성 교육

나는 한때 대부분의 미국 중소 도시를 관장하는 학군을 책임지고 있었다. 우리는 그 학군의 '인간 성장과 발달' 프로그램에 대해 논의하였다. 이 프로그램은 건강, 가족 교육, 성교육과 관련된 커리큘럼을 제공한다. 우리는 젊은 남성들에게 개인의 책임, 목표 설정, 의사 결정, 정신적 성장을 가르치는 몇몇 커리큘럼의 실행 가능성을 평가했는데 모두가 긍정적인 답변을 내놓았다. 그들은 지금까지 이 프로그램이 이뤄낸 성과와 이 프로그램에 포함시킬 수 있는 수많은 다른 항목들을 지적하였다.

"어떤 사람들이 '인간 성장과 발달' 프로그램에 참가하나요?"라는 나의 질문에 "주로 여학생들입니다."라는 답변이 돌아왔다. 지난 2년 동안 이 프로그램에 참가한 남학생은 단 한 명이었고 여학생만 수백만 명에 달했다. 나는 즉시 "남성은 아무도 찾지 않는 이 프로그램이 과연 '성공적'일까요?"라고 반문했다.

이런 논의는 학교 체계에서 종종 일어나고 있다. 남자아이들과 젊은 남성은 책임감을 가르치는 선택 수업은 듣지 않는다. 여성 문화에서 파생되는 문제점을 가르치는 대상은 주로 여성이기 때문이다. 물론 많은 문제가 남성 문화에도 중요한 것들이지만 남자아이들은 그런 식으로 이해하지 않는다. 학교도 이러한 사정을 알고 있지만 아이들이 어디서든 '인간 성장과 발달'에 대해 각자 배울 거라고 생각하면서 포기해버린다.

남성 교육에 대한 이러한 의견 차이를 많은 사람들이 인식하지 못하고 그냥 지나친다. 언젠가 10대 문제를 다루는 TV 공청회에 패널로 출연한 적이 있다. 진행자와 방청객 대부분이 여성이었던지라 남성 패널들도 대부분 여성 문제에 초점을 맞추었고, 12명의 전문가 가운데 나만 전적으로 남자아이들 문제에 초점을 맞추어달라는 요청을 사전에 받았다. 그날 내가 받은 첫 질문은 "많은 싱글 여성들에게 어떤 말을 해주고 싶나요?"였다.

그 프로그램이 안 좋았다는 이야기를 하고자 함이 아니다. 많은 도움이 되었고 패널로 출연한 것도 영광이었다. 그러나 방송이 끝나고 두 아들을 키우고 있다는 한 남성이 다가와 "정작 중요한 문제는 하나도 안 다룬 것 같군요. 누구를 겨냥한 방송이었나요? 적어도 제 아이들하고는 상관없는 이야기였어요."라고 말했을 때 당연하다는 생각이 들었다. 마흔 정도 되어 보이는 이 흑인 남성은 두 아들이 그들만의 언어로 솔직하게 터놓고 이루어지는 교육을 필요로 한다는 것을 알고 있었던 것이다. 그날 저녁과 같은 공청회는 남성들의 관심을 얻기에 역부족이다.

오늘날 많은 개인·공공 단체, 대중매체 교육 프로그램이 활발하게 이루어지고 있지만 여전히 많은 지원을 필요로 한다. 이 모두가 제3가족의 일부다. 우리는 모두 남성 교육이 우선순위에서 밀리지 않도록 학교와 각종 공공 프로그램을 면밀히 살펴보아야 한다.

남자아이들을 위한 교육

교육 체계 속에서 여자아이들이 남자아이보다 더 힘들어한다는 말을 종종 듣는다. 마이라 새들러와 데이빗 새들러가 쓴 『공정함의 실패 (Failing at Fairness)』에는 교사들이 남학생의 이름을 더 많이 부른다는 내용이 나온다. 여자아이들은 자꾸 뒤로 숨어들고 결과적으로 남자아이들이 자신의 용감함을 뽐낼 기회가 더 많아지는 것이다. 이러한 분위기를 부추기는 교사들의 어처구니없는 행동은 여학생들의 자아상에 흠집을 내게 된다.

여성이 남성보다 전반적으로 떨어진다는 사실을 보이기 위해 이 연구 결과를 사용해왔다는 결론은 매우 위험스러운 발상으로서 전혀 사실이 아니다. 남성과 여성 모두 각각 문제점을 안고 있다. 여성을 피해자로, 남성을 승리자로 묘사하려는 노력은 사회 발전을 역행시키고 결과적으로 아이들에게 상처를 입힌다.

미국 교육부는 남성과 여성을 조사하고 여러 기관에서도 자체 조사를 실시하도록 요청하였다. 그 결과 모든 조사 기관에서 여학생이 아니라 남학생의 학구열이 더 낮다는 결과가 나왔다. 예를 들어 8학년 여학생들의 전문직에 대한 열망은 같은 학년 남학생보다 2배나 높았다. 여학생이 일반적으로 자아 존중감이 낮다는 통념은 전혀 확인되지 않았다. 아니, 오히려 반대였다. 조사자들은 참고 망설이면서 남학생에게 대신 말하게 하는 여학생들이, 주목받기 좋아하는 남학생들보다 오히려 자아 존중감이 높다는 사실을 발견하였다.

남자아이들은 고등학교에서 낙제할 가능성이 더 높다. 고등학교 남학생들이 자살하는 비율은 여학생보다 4배나 높다. 초등학생의 경우도 남자아이들은 읽고 쓰기 등 언어능력에서 여자아이들보다 떨어지는 편이다. 교사가 가르치는 방식과 남성의 두뇌가 따라잡는 방식이 맞지 않기 때문에 남자아이들은 뒤처지기 일쑤다. 뉴욕대의 연구원인 다이앤 라비치는 "8학년 남학생의 50퍼센트가 여학생보다 한 학년 뒤처질 가능성이 있으며 고등학교의 경우, 특수 교육반의 3분의 2가 남학생입니다."라고 밝혔다. 고등학교에서는 남학생이 오히려 신체 폭력의 피해자인 경우가 많다. 학교 근처에서 일어나는 살인 사건의 피해자는 대부분 남학생이다.

여성이 남성보다 불리하다고 주장하는 많은 사상가들은 1970년대 미국 교육에서 남초 현상이 일어났던 시기 등 과거에는 정치적으로 고립되어 있었다. 그러나 라비치가 말했듯이 이제 학교에서 성차별을 부르짖는 사람들은 지난 세대에 걸쳐 일어난 현저한 변화에 대해 의도적으로 눈을 감고 있다. 각 대학과 대학원의 여학생 수는 남학생 수를 훌쩍 뛰어넘는다. 여성이 전체 대학생의 55퍼센트, 석사 과정 지원자의 59퍼센트, 또한 미국의 의대, 법대 재학생의 절반가량을 차지한다. 미국 고등

교육에서 여성은 모든 대학원, 전문직 학생의 절대 다수를 구성한다.

그동안 여러 번 학교 시스템에 대한 자문에 응하면서 나는 교육 체계에 남성 우월주의가 깔려 있음을 발견해왔다. 우리는 이제 이러한 잘못된 인식을 뿌리 뽑고 상식적인 교육 문화로 돌아가는 데 힘을 모아야 한다. 어떤 성별도 우월하지 않다. 남성과 여성 모두 주위의 도움을 필요로 할 뿐이다.

남학생들의 요구에 부응하는 방향으로 교육 시스템이 발전함에 따라, 학생들의 각기 다른 두뇌 체계에 맞춰 교육 스타일을 조정할 줄 아는 교사들을 기대해본다. 특히 어린 학생들의 경우 이는 매우 중요한 문제다. 예를 들어 남학생들이 읽는 법을 배우는 데 어려움을 겪는다면 교사는 남학생에게 읽기를 가르치기 위해 다양한 전략을 사용하고 있는 데이드 카운티(Dade County) 학군의 예를 참고할 필요가 있다. '인간 성장과 발달' 역시 체육 프로그램처럼 필수과목으로 가르쳐야 할 필요가 있으며, 부모와 교사, 상담가들이 성교육 등 민감한 사안에 대해 조언을 해주는 멘토링 프로그램도 최소한 중학교에서 1년, 고등학교에서 1년 동안 의무적으로 참여하도록 이끌어야 한다. 또한 여학생들의 자아 존중감을 연구하는 데 들어가는 노력과 비용만큼 남학생들의 부진한 성적과 낙제율을 조사하고 해결책을 찾는 데도 힘을 기울여야 한다. 모든 교사들이 이러한 남학생들을 더 효과적으로 지도할 수 있도록 남녀의 두뇌와 생화학적 차이에 대한 교육을 받아야 한다.

학교와 다양한 지역공동체가 연계하여 협동 프로그램을 진행하는 것도 학생들에게 큰 도움이 된다. 교회, 인근 활동 위원회 등과 함께 남학생을 위한 프로그램을 제공하면 아이들은 제3가족이라는 개념을 스스로 터득하게 될 것이다.

부모와 확대가족 구성원도 학교 수업에 참여할 수 있다. 워싱턴 주의 '애플(Apple)'이라는 프로그램처럼, 일부 프로그램에서는 부모가 자녀의 학교에서 1년에 90시간 동안 봉사 활동을 한다. 부모 참여의 훌륭한 표본이라고 할 수 있다. 학부모의 참여가 제대로 효과를 나타내려면 조금 더 시간을 할애해야 한다. 그런 점에서 확대가족은 부모와 학교 모두에게 도움을 줄 수 있다. 만일 90시간의 봉사를 약속했다면 다른 가족 구성원이 조금씩 분담하여 봉사 활동을 할 수 있는 것이다.

일부 소수의 학부모들은 "선생님도 믿을까 말까인데 다른 사람을 끌어들이다니요? 전 교실에 선생님과 아이들 말고 다른 사람이 있는 게 싫어요."라고 말할지도 모르겠다. 비유하자면, 합당한 이유 없이 서적 검열을 요구하는 사람들이 꼭 이런 부류다. 대다수의 부모들은 이러한 그룹에 맞서 더욱 단결하여 입법자와 교사들에게 더 많은 학부모, 지역 단체를 교육의 현장에 참여시킬 수 있는 권한을 부여해야 한다.

교내에서 자발적 종교 활동도 허용되어야 한다. 자발적인 기도 모임은 아무에게도 피해를 주지 않으며 오히려 다른 학생들이 영적인 차분함을 느낄 수 있도록 돕는다. 학교는 여러 종교 관계자를 초청하여 영적 주제에 대한 강연회를 개최함으로써 학생들에게 정신적으로 성장하도록 도울 수 있다.

학교에서 종교 교육을 실행하기 위해서는 먼저 종교 교육의 가치를 입법자, 행정가들에게 알리기 위해 학부모들이 하나의 단체로 뭉치고 자녀들이 다양한 종교적 가르침을 받아들일 수 있도록 지도해야 한다. 학교 관계자들은 지역 단체의 목회자들이 기꺼이 자문 위원회를 구성하여 학교가 개인의 종교적 자유를 박탈하지 않으면서 모든 종교를 포용하는 프로그램을 발전시킬 수 있도록 도우려 한다는 사실을 알아야 한다. 이를 위해 우리는 남성이 어떻게 영적인 교육의 기회를 빼앗겼는지, 그것이 얼마나 위험한 일인지, 공교육과 영적 교육을 완전히 분리시키는 것이 얼마나 인위적인 일인지, 또한 양방이 서로 존중하는 결합이 얼마나 유익한 것인지 이해해야 한다. 이 부분에 대해서는 제8장과 제10장에서 더 심도 있게 다룰 것이다.

마지막으로 학교와 직장이 연계되어 '아들에게 아빠의 직장 보여주기' 등의 프로그램을 통해 남자아이들에게 일하는 법을 배우는 즐거움을 느끼게 할 수 있다.

많은 남학생들이 학교에서 낙제한다. 미래의 직장에 대해 품고 있는 그들의 젊은 비전에 걸맞지 않은 구닥다리 지식만 가르치는 학교가 지루하다고 느끼기 때문이다. 직장과 학교가 더 잘 연계된다면 학생과 교사들도 어떤 정보를 배우고 가르쳐야 할지 더욱 분명히 알게 될 것이다. 1년에 딱 하루 직장을 경험해보는 것으로는 충분하지 않다. 체육관 등 남자아이들로 북적대는 장소에 전문가를 초청하여 학업과 일에 대한 고견을 듣는 것은 남자아이들에게 커다란 영감과 자극을 줄 수 있다.

공동체 프로그램 지원하기

예전에 한 학교에서 강의를 할 때 캐시라는 여성이 던진 질문이다.

"미국은 개인의 자유를 이상으로 세워진 나라입니다. 아이를 키우기 위해 공동체를 이루어야 하며 남자아이들에게 대가족이 필요하다는 주장에는 공감이 가지만 그것이 과연 가능할까요? 미국인 전체의 삶과 제 생활에도 엄청난 대변화가 일어나야 할 텐데 말이에요. 저는 현재 남편과 사별하고 세 아들을 키우고 있어요. 주위에 친척도 하나 없고요. 다행히 정부의 지원을 받지 않아도 될 만큼 경제적으로는 여유가 있습니다. 교회에도 아이들을 위한 프로그램이 거의 없고 스포츠 활동도 별 도움이 되지 않아요. 결국 저 혼자예요. 세 아들을 위해 '대가족'이란 걸 찾으려면 어떻게 해야 하나요?"

나는 워크숍을 위해 도시에 갈 때마다 지역 평의회를 연다. 그리고 워크숍 참가자들이 교회, 학교, 지역공동체, 마을에서 제3가족을 이루도록 돕는 데 한두 시간을 할애한다. 이러한 조직들은 이미 관련 프로그램들을 가지고 있기 때문에 지역 평의회는 어떤 프로그램들이 있는지 홍보하는 자리가 되곤 한다. 자녀에게 대가족을 만들어줄 방법에 대해 이야기하기 위해 많은 사람들이 찾아온다.

'남자아이들에게 대가족이 필요하다'는 이론을 실생활에 적용하는 것은 캐시의 표현대로 대변혁을 요구하는 것처럼 보인다. 그러나 두려워할 필요 없다. 그러한 변화는 이미 일어나고 있으니까.

아이다호 주 켈로그의 엘크 크리크 학교 교사(校舍)의 한 방은 임시 권투 연습장으로 사용되고 있다. 남자아이들은 일주일 중 사흘 밤을 학교에 모여 연습한다. 샌드백을 두드리고, 체조를 하고, 정원 호스로 레일을 만든 링 위에서 연습 시합을 벌인다. 42세의 존 힐이 아이들에게 이렇게 말한다. "너희들이 아이들을 지도하고 기부금을 모으고 양아버지 역할도 해야 한다. 그 아이들은 대부분 결손 가정 출신이야."

미국의 빅 브라더스 빅 시스터스(Big Brothers and Sisters of America, 미국에서 가장 역사가 오래되고 규모가 큰 청소년 지도 기관. 전문적인 일대일 지도 방식을 통해 아이들로부터 긍정적인 효과를 이끌어내고 아이들이 잠재 능력을 깨우치도록 도와준다. 미국 전역 50개 주에 5,000여 개의 지부가 세워져 있다-옮긴이), 즉 BBSA는 매년 12만 5,000명에 이르는 아동과 그 가족을 지원하고 있다. 지원자 수는 하루가 다르게 늘고 있으며 어느 지역에서든지 BBSA 사무실을 쉽게 찾을 수 있다. 이들은 주로 편부모 가정의 아이들을 지원한다.

몇 년 동안 BBSA의 자문 위원으로 활동하면서 나는 "자원봉사자는 더 이상 필요 없어요."라고 말하는 지부를 본 적이 없다. BBSA는 항상 더욱더 많은 사람을 공동체로 끌어들일 방법을 찾는다. 일주일에 네 시간을 어린아이들과 보내면서 빅 브라더스는 아이들의 제3의 가족이 되어가고, 몇 년 동안 관계가 지속되면서 제2가족의 일원이 되기도 한다. BBSA는 10대 청소년들도 어린아이들의 빅 브라더, 빅 시스터로 활동할 수 있도록 하는 10대 프로그램을 최근 시작하였다.

보통 빅 브라더스의 대기자 명단이 빅 시스터스보다 더 긴 반면, 자원봉사자는 여성이 더 많다. 여러 가지 이유가 있겠지만 가장 주된 이유는 남성보다 여성이 시간적 여유가 좀 더 많기 때문이다. 남자아이들, 특히 편모 밑에서 자라는 아이들은 다루기가 더 힘들어 보인다. 많은 남성들이 이들과 감정적으로 친밀한 멘토링 관계를 갖는 데 어려움을 느낀다. 그러나 이유가 무엇이든 남자아이들은 지금 정말 가까이 지낼 사람을 찾고 있다. BBSA는 아마 그들에게 최상의 선택이 될 수 있을 것이다.

일부 주들은 청소년 범죄를 해결하는 데 지역 공동체를 동원하고 있다. 사법 시스템은 경미한 범법 행위를 저지른 소년들에게 '디버티드 제이디[Diverted JD(Juvenile Delinquency)]'라는 지위를 부여한다. 이것은 '구형', '투옥'이 아니라 아이에게 더 큰 공동체에 속하는 법을 가르쳐주는 세 가지 대안적 요소, 즉 지역 사회의 봉사, 교육, 회복에 초점을 두고 있다. 이 '디버티드 제이디'를 받은 아이들은 개인의 목표 설정, 거절하는 능력, 약물 남용, 분노 조절법 등을 배우고 자원봉사 활동을 통해 이른바 죗값을 치른다. 이들의 재범 비율은 교도소를 거친 아이들과 비교했을 때 현격히 낮다.

전국적으로는 주민공동책임위원회(Neighborhood Accountability Boards)가 세워져 공동체 구성원의 힘을 모아 범법 청소년들을 돕고 있다. 이 위원회의 구성원은 모두 자원봉사자로서 단체로 활동하거나 청소년 초범자들의 부모나 범법 청소년 본인을 만나서 그들에게 공동체 봉사의 기회를 제공할 방법을 모색하고 있다. 이러한 제3가족의 도움으로 청소년 초범자들은 자신과 공동체 관계에서 많은 것을 배우게 된다.

부시 대통령과 클린턴의 대통령 임기 동안, 청소년 지원 문제는 국가적 최우선 과제로 떠올랐다. 데이비드 소여 등의 상담가들은 전국을 돌며 학교, 대학, 기업, 각 기관에 청소년 지원 프로그램을 만들도록 도왔다. 특히 데이빗 소여의 지역 봉사 프로그램인 베레아 대학의 애팔래치아 학생회는 1992년 포인츠 오브 라이트 대통령상(Presidential Points of Light, 미국 전역의 자원봉사센터를 네트워킹하여 훈련, 개발 서비스를 제공하고 청소년 자원봉사 지도자 및 프로그램을 육성하는 자원봉사 단체 '포인츠 오브 라이트'에서 수여하는 상-옮긴이)을 수상하였다. 이것은 지역사회 프로그램의 극히 일부일 뿐이다. '함께 노력해야 한다'는 생각이 드디어 뿌리를 내리기 시작하였고, 긍정적인 결과들이 곳곳에 나타나고 있으며, 입법자들은 남자아이들을 위한 부족 형성, 발달에 도움이 될 정책들을 서서히 쏟아내고 있다. 입법자들이 공동체 정신을 세우는 프로그램의 기금을 삭감할수록 사람들은 정부의 도움 없이 개인이 모든 일을 할 수 있고, 부족주의가 위험한 사회주의일 수 있다는 허상에 빠지게 될 것이다.

다음은 우리가 남자아이들에게 세 가지 가족 유형을 제공할 때 가능한 일들이다.

- 부모로서 자신의 아들이 무엇을 필요로 하는지 알아야 한다는 생각에 죄책감을 느끼기보다는 아이가 직접 자신의 요구를 표현하도록 돕는다.
- 원하는 것을 얻기 위해 아이가 열심히 노력하도록 돕는다.

- 실패를 통해 자신을 성찰하고 그것을 더 발전할 수 있는 기회로 삼도록 가르친다.
- 자신이 어떤 존재인지 스스로 이해하고 존중할 수 있도록 가르친다.
- 어떻게 살아가고 어떻게 사랑해야 하는지 깨닫는 데 필요한 훈련의 기회를 제공한다.
- 믿고 의지하고 배우고 본이 될 수 있는 사람들과의 만남을 제공하며 존중과 성실함에 대해 가르친다.
- 삶을 무덤덤하게 만드는 요인을 최대한 많이 제거한다. 예를 들어 TV 앞에서 보내는 하루 7시간 정도의 시간을 부족 구성원과 어울리는 데 사용할 수 있다.
- 재능을 발전시킬 기회를 가능한 한 많이 제공한다.
- 독립적 개체로 존중해주고 융통성 있고 일관된 권한을 부여한다.
- 적절한 보상을 해줌으로써 자신에 대해 만족하도록 한다.

아이들에게 대가족을 만들어주고 싶다면 그 일에 최우선순위를 두어야 할 것이다. 아이의 삶에 중요하지 않은 일에 시간과 노력을 낭비해선 안 된다. 기대 수입을 낮춰야 할지도 모르고 아이에게 많은 것을 사주지 못할 수도 있다. 그러나 아이 곁에 있는 시간만이라도 집중하여 함께 시간을 보낸다면 후에 죄책감을 느끼지 않을 것이다. 무엇보다 가족 체계를 세워야 한다. 꼭 멀리 있는 친척이 함께할 필요는 없다.

과연 우리가 할 수 있을까? 물론이다. 이미 주위의 많은 사람들이 시작하지 않았는가? 우리도 얼마든지 그중 하나가 될 수 있다. 자녀의 가족의 일원이 되어줄 사람을 찾고 있다면, 가족과 공동체의 최전선을 향해 나아가고 있다면, 이미 남자아이의 생태와 문화가 요구하는 부족을 형성하기 위해 최선을 다하고 있는 것이다.

물론 남자아이를 위해 만드는 대가족 체계에 제1가족 형태에 존재하는 탄탄한 기초가 없다는 것은 인정한다. 제1가족의 가장 흔한 형태 가운데 하나인 모자, 부자 관계를 살펴보자. 아버지, 어머니라는 호칭을 사용할 때 입양의 경우 등 특수한 상황에서는 친부모 이외의 사람이 그 역할을 대신할 수 있음을 분명히 해야 한다. 그러나 어떤 가족 구성 형태이든지 모자, 부자 관계에는 특별한 감정과 신성함이 존재한다.

제 4 장

남자아이들이 엄마에게 원하는 것

모자 관계는 놓아주고 붙잡는 것 사이의 미묘한 상호작용이며,
이 상호작용을 통해 모자 관계 형성의 과정과 이해는 끊임없이 복잡해진다.
— 폴 올슨

이태리 속담에 "내 어머니만 성녀고 다른 여자는 모두 창녀"라는 말이 있다. 20대 초, 이태리 출신 이민자 1세대인 할아버지께 이 속담을 처음 들었는데, 당시 나는 마음속에 한창 어머니에 대한 분노를 쌓아가던 시기였다. 소년기를 지내면서 어머니와 많이 싸웠고, 나는 가출했다 돌아오기를 반복했다. 성인이 되어 집을 완전히 떠나게 되었을 때 약속이나 한 듯 둘 다 "속 시원하군!"이라고 외칠 정도였다. 내가 할아버지와 이야기 나눌 때까지도 어머니에 대한 분노가 그대로 남아 있었다.

할아버지의 이야기들은 고리타분하기 짝이 없었다. "어머니를 존경해라. 너를 낳아준 사람이야. '내 어머니만 성녀고 다른 여자는 모두 창녀'라는 속담도 있잖니. 그 따위 사소한 감정은 잊어버리라고." 할 말을

참는 성격이 아닌지라 나는 할아버지께, "그럼 어머니 빼고 나머지 여자들은 다 내던져버려야 되겠네요."라고 대답했다. 태어나자마자 부모가 이혼했던 나의 어머니는 스물한 살 때 아버지를 만났다. 그들의 관계처럼, 나도 할아버지와 서먹서먹한 사이였다. 모자간의 관계에 대한 대화도 거기서 멈춰버렸다.

그렇게 몇 년이 지났지만 그 속담은 아직도 잊히지 않는다. 어머니와 나는 화해했지만 도저히 어머니를 성녀로 볼 수 없었다. 청중에게 모자 관계에 대해 말해달라고 요청할 때마다 느끼는 것이지만, 그 속담도 세상 어머니들에 대한 일종의 과잉보호라고 생각한다. 대부분의 경우 남자아이들이 먼저 어머니에게 애착을 갖고 어머니가 남자아이를 최우선으로 키우기 때문에 그들의 관계는 남자아이들이 경험하는 가장 미묘하고 복잡한 관계가 될 수 있다.

『어머니, 아들 그리고 연인(Mothers, Sons and Lovers)』을 출간한 이후, 나는 어머니, 아들, 아버지와 그 밖의 사람들에게서 모자 관계의 전체적이고 때로는 고통스러운 분석에 대한 방위 반응을 발견하였다. 이 반응 때문에 중요한 사실이 가려지고 있다. 어머니들은 하지도 않은 일 때문에 존경받고 신격화되기까지 하면서 직접 이루어낸 일들에 대해서는 인정받지 못한다.

남자아이들의 인생을 더욱 풍요롭게 만들기 위해 우리는 좀 더 솔직해져야 한다. 내 강연을 들었던 한 어머니는 이렇게 말하기도 했다.

"엄마들 앞이라고 너무 조심스러워하지 마세요. 필요하다면 마음껏 비판해도 좋아요. 우린 생각보다 씩씩하답니다."

그녀 말이 맞다. 이제 "어머니란 아들의 인생에서 가장 영향력 있는 사람이에요. 아들이 그 영향력 아래에서 올바르게 자랄 수 있도록 도와야 합니다."라고 말할 수 있을 만큼 모자 관계에 대해 더 깊숙이 파고들어야 한다. 이 장에서는 특히 유년기, 사춘기, 청소년기 등 어머니들이 가장 궁금해하는 모자 관계의 핵심적 단계를 집중적으로 살펴보겠다.

바람직한 모자 관계를 위한 조건

여성들이 자녀를 키울 때 주위의 도움에 의지하는 비율은 점차 줄어들고 있다. 확대가족이 없는 경우도 있고 남편은 거의 직장에 묶여 있거나 점점 더 많은 여성이 생활 전선에 뛰어든다. 미국 아동의 30퍼센트가 미혼모 여성에게서 태어나고 있다. 절반 이상의 미국 아동은 유년기의 한때를 편모슬하에서 보낸다.

혼자 아이를 키워야 하는 여성은 생계를 유지하고 양육비를 벌기 위해 닥치는 대로 일한다. 주변으로부터 거의 도움을 받지 않는다는 점을 감안할 때 그들의 수고와 희생은 찬사받아 마땅하다. 그럼에도 불구하고 대부분의 소년 범법자들이 편모 가정 출신이라는 통계는 어머니와 마찬가지로 남자아이들도 대가족을 필요로 한다는 사실을 의미한다.

즉, 바람직한 모자 관계가 유지되기 위해서는 아이와 어머니 모두 친밀한 파트너, 가까운 친구, 가족으로 구성된 선택 그룹, 어머니들의 가치와 목표를 지원하는 공동체, 그리고 출산휴가가 보장된 직장 등 상호 의존적 대상으로부터 신체적·물질적·사회적·감정적 지원을 받을 수 있어야 하는 것이다.

어머니는 아들이 자라는 동안 지속적으로 이러한 지원을 받아야 한다. 모자 관계를 자세히 살펴보면 그러한 지원이 긍정적 관계의 열쇠가 됨을 알 수 있다. 충분한 지원을 받을 때 어머니들은 정신적 여유를 가지고 아들과 좋은 관계를 맺고, 아이는 자신이 사랑받고 있음을 느끼면서 자라게 된다. 그렇게 되면 어머니는 아들이 자신으로부터 독립하여 스스로 정체성을 발전시켜 나가도록 도울 수 있고, 가족이나 공동체 구성원의 도움으로 개인적인 문제들을 해결할 수 있어 아들을 정신적인 짐으로 여기지 않게 된다.

뿐만 아니라 남자아이의 생태와 문화에 대해 다양한 교육을 받아 아들을 키우는 최선의 방법을 찾고, 다른 사람들과 협동 관계를 형성함으로써 아들에게 공동체에 기여하는 법을 가르칠 수 있다. 어머니 스스로 자아 존중감을 지니게 되면서 아이 또한 그 모습을 닮아간다.

이 밖에도 충분한 지원하에서 어머니는 아들에게 여성적인 모범을 보여줌으로써 여성에 대한 존경심을 갖게 하고, 훈련과 규율을 정하여 아이가 할 수 있는 것과 해선 안 되는 것을 구분하게 하며, 스포츠든 교내 활동이든 아이가 원한다면 적극 참여할 준비를 갖출 수 있다. 아들이 적절한 동기 부여 방법과 TV, 비디오 게임 등 중독성 있는 자극으로부터 자신을 지키는 방법을 찾는 데도 도움을 줄 수 있다.

　어머니는 아들이 필요로 할 때 곁에 있어주고 성에 관한 질문이나 공격 지향적 질문을 받아도 당황하지 않고 관심 있게 들어주어야 한다. 또한 필요하다면 자신의 양육 방법을 바꿀 줄 알아야 하고 아이를 조건 없이 사랑할 수 있어야 한다.

10세 미만의 남자아이들이 엄마에게 원하는 것

소아과 의사이자 육아 전문가인 베리 브래즐턴은 아이가 태어난 후 최소한 처음 1년 동안은 엄마와 함께 있어야 한다고 오랫동안 주장해왔다.

물론 그의 주장은 매우 상식적이다. 어떤 동물이든지 처음 태어나면 신체적으로 성장하기 위해 주요 양육자와의 긴밀한 유대 관계가 필요하다. 만일 어미가 죽어서 젖을 먹일 수 없다거나 위험한 자연환경으로부터 보호를 받을 수 없다면 새끼는 새로운 보호자를 필요로 한다. 곰, 오리, 벌 등 어떤 생물체를 보아도 모두 마찬가지다. 새끼들은 유대, 결속뿐 아니라 애착 관계를 필요로 한다. 인간도 예외일 수 없다. 대부분의 부모들에게 있어서 태어날 아기와의 애착 관계는 임신의 순간부터 시작되어 출산 때까지 계속되며, 정도와 깊이는 변하지만 평생 지속된다.

인간은 두뇌 때문에 다른 어떤 동물들보다 더 친밀한 애착 관계를 필요로 한다. 인간의 두뇌는 우리가 아는 가장 복잡하고 정교한 조직이다. 만일 이 작은 두뇌가 주요 양육자에게 애착을 느끼지 못하면 자라면서 비틀리고 혼란스러워져서 스스로뿐만 아니라 다른 사람을 위험하게 만들 수도 있다.

아기에게 엄마는 최고의 주요 양육자이다. 임신했을 때 10배나 더 많아지는 프로게스테론 호르몬, 유선(乳腺) 발달, 수백만 년에 걸쳐서 새끼 보호를 주요 기능으로 발전시킨 두뇌 구조, 그리고 사회화 과정은 엄마가 갓난아이와 주요 애착 관계를 형성하는 데 큰 역할을 해왔다. 물론 이것이 남성은 자녀를 키울 수 없다거나 모든 여성에게 이러한 본능이 있다는 뜻은 아니다. 나는 그저 지금까지 우리가 알고 있었던 사실을 말하는 것뿐이다. 대부분의 엄마들은 갓난아이와 가장 직접적으로, 가장 깊은 관계를 맺는다. 여성의 이러한 특별한 경험에 대해 인정하는 많은 아빠들은 "나는 아직 아내처럼 완전한 경험을 해본 적이 없어요. 아마 아이가 좀 더 커야 아빠라는 게 실감이 날 것 같아요."라고 말한다.

엄마와 깊은 애착 관계를 유지하면서 성장하는 아이는 안정감을 느낀다. 비정상적인 유전적 요인이나 충격적인 사건이 없는 한, 신체적·정신적으로 충족되고 두뇌도 정상적으로 발달한다. 반대로 태어나서 처음 몇 달 동안 안아주고 먹이고 달래고 놀아주는 등의 활동이 부족한 아기는 불안감을 느껴 많은 양의 신경 에너지를 정상적인 감정의 성장이 아니라 안정감의 결여로 혼란스러워하는 데 소비하게 된다. 몇몇 연구 결과에 따르면, 일부 영역에서 남자아이들의 두뇌 발달이 여자아이들보다 늦기 때문에 유아기 때 더 많은 애정과 보살핌이 필요하다고도 한다.

이러한 이유로 브래즐턴을 비롯한 전문가들은 엄마가 최소한 1년은 집에 있을 것을 제안하고 있다. 기간을 연장할 수 있다면 더욱 좋겠다. 형편상 다른 선택을 해야 한다면 자신이 없는 동안 꾸준히 아이와 함께 하며 엄마처럼 안아주고 달래주고 돌볼 사람을 찾아야 한다.

이상이 가장 이상적인 그림이다. 그러나 오늘날 엄마와 아기의 현실은 더욱 복잡하다.

일하는 엄마들

1976년에 하나의 수입원으로 한 가족이 살아갔던 것에 반해, 오늘날에는 평균적으로 한 가족을 부양하는 데 두 가지 수입원이 필요하다. 갓난아기를 둔 많은 엄마들이 생활 전선에 뛰어들고 있다. 앞서 살펴보았듯이 이혼율이 50퍼센트에 육박하는 현실 속에서 미국 소년들의 3분의 1은 직장을 나가거나 혹은 생활 보조금을 받는 편모 밑에서 자라고 있다. 따라서 대다수의 미국 여성들이 일을 하거나 아니면 극빈층 수준의 삶을 유지하고 있다. 두 가지 모두 어느 하나 나은 것 없는 형편이다. 일하는 엄마들에게 1년 동안 직장을 쉰다는 것은 생계와 직접 연결된 부분이다. 빈곤층 여성들에게는 경제적인 안정 속에서 아이에게 전념할 수 있는 여력이 없다. 그러므로 엄마들이 자녀의 유아기 동안만은 완전히 아이에게 집중하게끔 우리 사회는 더욱 힘을 합하여 그러한 가정을 지원하고 아이들에게 초점을 맞추어야 한다.

전문가들은 아이와 엄마의 관계는 아이가 태어나서 처음 몇 달 동안 엄마와 어떤 애착 관계를 형성하느냐에 달려 있다고 말한다.

일하는 엄마들은 아이를 보육 시설에 맡기는 것 때문에 죄책감을 느끼는 경우가 많다. 이런 죄책감은 정작 아이에게 냉정해져야 할 순간에 그들의 판단을 흐리게 한다. 아이가 집으로 돌아오면 지나치게 엄마 노릇을 하며 사달라는 대로 사주고 잘못을 해도 내버려둔다. 그러한 아이들은 행동에 거리낌이 없으며 자라면서 위험한 행동 양식을 갖게 된다. 엄마의 죄책감이 자신이 원하던 것과는 반대의 결과를 초래하는 것이다. 아이는 엄마에게 가장 상처를 줄 수 있는 순간을 잡아 무자비하게 밀어붙인다. 부모가 자녀들에게 자신들을 혼내달라는 신호를 보내면 아이들은 정말 그렇게 한다. 아이가 느끼는 엄마의 잘못이 그녀의 권위에 흠집을 내고 아이와의 유대감을 복잡하게 만들며 스스로의 자아상을 깨뜨리기 때문이다.

모든 일하는 엄마들이 느끼는 죄책감에 대해 단순한 해결책은 없다. 하지만 세 가지 유형의 가족 형태가 함께 작용한다면 큰 효과를 볼 수 있을 것이다. 엄마들은 더 이상 자신의 부재가 아이에게 상처를 주고 있다는 죄책감에 시달려선 안 된다.

이혼한 엄마의 남자친구

이혼 여성, 독신 여성들은 자신의 새 연인과 아들 사이의 보이지 않는 경계심에 대해 고민을 털어놓는다. 한 이혼 여성은 이렇게 말했다.

"내가 우연히 만날 많은 남성이 내 아들에게 상처를 줄 거라는 사실을 알아요. 내가 남자들과 행하는 모든 일이 아들의 여성관이나 여성을 대하는 방식에 영향을 줄 거라는 사실도 알고요. 어쨌든 나에겐 사랑받을 권리가 있어요. 내 아들도 엄마의 운명을 좌우할 수는 없죠. 다시 사랑하는 사람을 만나지 못한다면 난 좌절할 것이고 그러면 아들에게도 피해가 갈 거예요. 하지만 문제는 내가 사랑하는 사람을 찾건 안 찾건, 아이는 상처를 받는다는 거죠."

정말 그럴까?

레인은 9세 된 남자아이다. 그의 어머니는 어렸을 때의 레인을 얌전하고 말 잘 듣는 아이라고 생각했다. 하지만 그건 부모가 이혼하기 전의 모습이었다. 레인은 부모의 이혼으로 분노가 치밀었다. 어머니는 이혼 후 시간이 충분히 흐르자 다시 누군가를 만나고 싶었다. 그리고 머지않아 새로 만난 사람을 집으로 초대했는데 레인은 매우 무례하게 행동했다. 남자는 레인과 친해지려고 무척 노력했지만 소용없었다. 레인은 엄마에게도 똑같은 태도를 보였다.

레인의 행동은 이혼한 부부의 아들이 보이는 매우 전형적인 모습이다. 남자아이들이 엄마의 새 남자친구에게 다가가지 못하거나, 설령 다가가더라도 오랜 시간이 흘러야 가까워지는 이유는 무엇일까?

남자아이들은 질투심이 많고 순진하며 단순하기 때문에 엄마를 사랑하는 남성에게 같은 남자로서 경쟁심을 느낀다. 그러나 엄마를 사랑하는 남성이 아빠라면 이 경쟁심은 잘 해결된다. 삼각관계 속에서도 아버지와 아들 사이의 '서로 사랑하고 돌보려는 본능'이 우선하기 때문이다. 그러나 엄마의 연인이 아빠가 아니라면 엄마에 대한 질투심 어린 사랑을 양보할 심리적 본능은 존재하지 않는다.

엄마가 아무리 아빠를 싫어하고 아빠가 아무리 처신을 잘못한다 해도, 남자아이들이 남성과 형성하는 첫 번째 연합은 아빠와 이루어진다. 아빠가 아들을 돌보려고 노력하지 않는 경우에도 아빠와의 애착 관계를 끊지 못하는 아이들이 있다. 아빠는 아들의 본능적인 남성 애착의 대상이 되는 것이다.

남자아이들은 엄마가 아빠를 밀어낼 때 심한 분노를 느끼고 아빠와 아들은 온갖 방법을 동원하여 엄마를 정죄하려 한다. 엄마는 자신이 아빠를 밀어낸 것이 아니라고 생각하는 상황에서조차도 아이들은 엄마가 잘못했다고 생각한다. 때로는 부모가 이혼에 이르게 되기까지 엄마가 했던 말과 행동을 아이들은 엄마 자신보다 더 분명히 기억한다.

남자아이들은 아버지의 신체적·지리적·정서적 부재에 대해 분노와 고통을 느끼는 것만큼 이혼 후 떨어져 사는 아버지를 이상화하고, 엄마의 새 남자친구는 이상적인 아버지가 될 수 없다고 생각한다. 아버지에 대한 이러한 애착 때문에 아버지가 그들 곁을 떠나게 되면 심한 정신적 충격을 받는다.

엄마의 새 남자친구는 아버지와는 다른 상호작용 스타일을 가지고 있을 테고 아이는 친아버지의 방식에 충성을 맹세하며 그 새로운 스타일에 저항할 수도 있다. 그렇게 몇 년 동안 부모의 화해를 기대하면서 아이는 자신이 나서서 부모를 재결합시키겠다고 결심하며 엄마의 연인을 외면한다. 그리고 아빠가 없는 집에서 자신이 이 집을 책임지는 남자가 되어야겠다고 생각한다. 누구든 자신의 자리를 넘보는 사람을 용납하지 못하는 것이다.

아이는 무슨 수를 써서라도 엄마를 지키려고 하며 새로운 남자와의 관계에 두려움을 느낀다. 그 사람이 엄마에게 상처를 주기 전에 떠나기를 바라면서 반항하고 다투고 무시하고 무례하게 행동한다. 엄마가 자신을 제일 중요하게 생각해주기를 바라는 남자아이들에게 있어 그 본능적 욕구에 방해가 되는 사람은 언제나 경계의 대상이기 때문이다.

많은 편부모 가정이 재혼 등으로 인해 혼합 가족을 이루면서 아이들도 새아버지라는 존재와 유대 관계를 맺고 있다. 이러한 경우 어머니의 입장에서 유념해야 하는 것들은 다음과 같다.

- 아들을 많은 남성의 영향에 노출시키지 않는다. 데이트도 아들이 전 남편과 만나고 있을 때 하고 새 남자친구를 아들에게 소개하는 것도 '정말 이 사람과 다시 시작하고 싶다'는 생각이 들 때만 실행에 옮긴다.
- 새로운 연인과의 관계에서 마음의 안정을 찾았다면 아들의 양육에 적극적으로 전남편을 개입시키자. 설령 두 사람 사이에 다툼이 있더라

도 아들의 행복을 위해 잘 헤쳐 나가야 한다(물론 진짜 위험한 일이 일어나는 상황에서는 예외도 존재한다).

새아버지 또한 아들을 성인으로 잘 키우는 방법에 대해 논의할 수 있는 아들의 친아버지와 자유롭게 의사소통할 수 있는 창구를 만들어야 한다.

- 아들과 전남편을 더 자주 만나게 해주자. 아들이 친아버지와 함께할 시간을 충분히 갖는다면, 엄마의 연인이 한 가족으로 들어오는 일도 순조롭게 진행될 것이다. 물론 친아버지가 위험한 인물이거나 아예 아들을 만나려 하지 않는 경우 등 약간의 예외는 있다.
- 아들이 원한다면 친아버지와 살게 할 수도 있다. 어머니에 대한 미안한 마음 때문에 직접 요구하지 않을 수도 있으므로, 아들이 점점 사춘기에 접어들면 어머니가 이를 먼저 제안하는 것도 괜찮다.

만일 친아버지가 아들과 관계를 지속하는 것을 원하지 않는다면 어머니와 새아버지 그리고 아들 세 사람은 새로운 부자 관계에 깊은 유대를 형성하기 위해 노력해야 한다. 아이가 할아버지, 삼촌, 형 등 다른 윗사람들과 이미 애착 관계를 유지하고 있는 경우엔 새아버지가 그 관계를 방해해선 안 된다.

- 어머니는 물질을 통해서가 아니라 자신과 아들 사이에 존재하는 감정적 채널을 통해 아들이 무엇과도 바꿀 수 없는 존재임을 확인시켜준다.

새아버지는 친아버지를 온전히 대신할 수 없다. 그에게는 다른 역할이 주어지고, 그의 질서 체계와 생활 방식이 아이에게 분명히 전달되면서 아이는 새로운 가족 구성원과의 생활이 이전 생활의 대체가 아님을 깨닫게 될 것이다.

물론 새아버지와 아들 사이에 새로운 유대 관계가 형성될 수는 있지만 그 속도는 매우 느린 편이다. 아들이 새아버지와 빨리 친해지길 기대한 어머니라면 실망이 클 수도 있겠지만, 항상 함께 이야기하고 저녁을 먹으며 책도 읽는 어머니와 아들은 이러한 어려움들을 잘 해결해 나갈 것이다.

엄마가 미혼모이거나, 한 사람과 살고 있는 아이들은 안정성이 부족하다. 엄마가 아들에게 줄 수 있는 최고의 선물은 바로 엄마 자신의 안정감 있는 삶임을 잊지 말아야 한다.

혼자 아들을 키우고 있는 여성들은 자신이 아들에게 유일한 닻임을 기억해야 한다. 아버지도 없고 부족도 없다. 아들이 또래 집단과 윗사람들을 통해 남성 문화를 접하게 되면 닻을 한 단계씩 올리고 아이가 떠나려 할 때 놓아주어야 한다. 그러나 부모의 이혼 후 아이는 처음 몇 달 내지 몇 년 동안은 엄마에 대한 집착과 증오 사이에서 빠져나오지 못할 것이다. 엄마가 빨리 안정을 찾을수록, 아이도 편안하게 생각하는 법을 배워 나갈 것이다.

모자간의 상처

아들은 딸에 비해 부모로부터 신체적 학대를 당하는 일이 더 많으며, 가해자는 주로 엄마다. 정부 통계부터 사설 연구기관의 자료들이 모두 이러한 사실을 증명했다. 사람들은 이러한 것을 외면하는 경향이 있지만 엄연한 사실이다. 엄마는 다른 사람들보다 아이와 보내는 시간이 많기 때문에 아이를 때릴 가능성도 더 높아진다. 주위로부터 거의 도움을 받지 못하고 혼자 아들을 키우는 많은 여성이 단순한 좌절감에서 아이들을 학대하곤 한다.

신체 학대는 '모자간 상처'의 구체적인 사례다. 여기서 상처란 아들의 자아에 대한 극도의 거부를 의미한다. 아이들은 있는 그대로 사랑받을 권리를 가지고 태어난다. 부모가 아들의 자아가 아니라, 아들을 대상으로 자신의 고통을 표출하는 방식에 관심을 가질 때 아들의 자아는 상처를 받는다. *자신은 부모가 괴로움을 표현하는 대상일 뿐, 본질적으로 가치 있거나 독립된 자아가 아니라고 느끼기 때문*이다.

이러한 상처의 경험은 아이의 삶에서 첫 10년 동안, 특히 처음 2~3년 사이에 가장 많이 일어난다. 가장 중요한 발달기에 사랑받고 있다는 느낌을 갖지 못하면 그 자아는 더 학대받고 숨을 곳을 찾으려 하며 아이는 청소년, 성인이 되어서도 더 충동적으로 행동하게 된다.

모자 관계에 대한 무관심은 해소될 기미가 보이지 않는다. 이러한 상황 속에서 보이지 않게 상처받는 과정도 매우 위험하다. 나는 여러 워크숍과 세미나 등에서 이와 같은 생각을 가지고 있는 많은 어머니들을 만났다. 이는 모자 사이의 경계와도 관련이 있다.

'경계적 문제'를 나타내는 임상 용어는 '침범(impingement)'이다. 이러한 침범은 주로 어머니와 아들 사이에서 일어난다. 어머니가 아들의 주요 양육자이기 때문이다. 서로의 영역에 침범함으로써 아들은 자신의 도움이 없으면 엄마의 자아상이 형성될 수 없다고 생각하고, 자신의 자아 발전을 잠시 제쳐두고 감정적 에너지를 모두 엄마에게 쏟아붓는다. 엄마가 자신의 기대에 미치지 못하는 사람과 결혼하면 자신이 엄마의 남자친구 역할을 하려고 하기도 한다. 그러나 이것은 아들의 진정한 자아가 아니다. 태어나서 최소한 성인이 될 때까지 아이는 부모의 보살핌을 받는 것이 상식이지만, 많은 어른들은 자녀들로 하여금 자신의 감정적 요구를 살피도록 강요하며 그들에게 상처를 주고 있다.

이러한 모자 관계 속에서 자란 아들은 훗날 이성 관계에서도 거짓 자아를 앞세우게 된다. 상대 여성은 그가 자신에게 충실하지 않는다며 불평할 것이다. 진정한 자신이 아닌 거짓 자아가 상대방을 사랑하게 되는 것이다. 그는 자신이 누구인지 모르고 자신의 자아를 상대방에게 맞추는 법도 알지 못한다. 딸들도 역시 아버지를 만족시키기 위해 애쓰면서 자신도 모르는 사이에 거짓 자아를 가지고 살아가고 있다. 결국 오늘날 많은 남성과 여성이 각자 거짓 자아를 내세워 만나고 사랑하고 결혼하는 것이다.

자녀 양육에 대한 대부분의 책임을 여성에게 부과하는 가족 체계 속에서 엄마들은 점점 위험에 처하고 있다. 아버지의 부재와 모자간의 깨어진 애정 관계, 여성으로 존중받고 있음을 느끼지 못하는 엄마들이 아들에게 의지하여 자신의 가치를 찾고자 한다는 사실 등으로 인한 정신적 침해의 위험성은 더욱 커지고 있다. 엄마들은 보통 악의 없이, 무의식적으로 그렇게 하지만 이 때문에 아들이 받는 상처는 점점 더 커진다.

모자간의 적절한 애정이 없을 경우, 유아기 때부터 나타나는 학대와 무관심, 감정적 유기 그리고 정신적 침해의 상처는 10세 무렵까지 지속된다. 사춘기 무렵 아이의 독립성이 강해지면 아들에 대한 신체적 학대도 끝나는 편이다. 아들이 더 커지고 강해지고 자유로워지면서 자신을 학대하는 엄마로부터 스스로 벗어나는 것이다. 남자아이들은 자력으로 또래 집단과 부모와 같은 대상을 찾곤 한다. 그들이 자라면서 아버지는 종종 아들을 보호하며, 상처를 입히는 엄마로부터 아들을 풀어준다.

그러나 명백한 학대와 달리 정신적 침해는 10대 청소년이 되면 더욱 미묘하게 아이에게 영향을 준다.

10대 소년들이 엄마에게 원하는 것

사춘기 아이들은 부모에게 구속받고 있다고 느껴, 10대 초반에는 자기 자신을 찾으려면 그 감옥에서 나와야 한다고 생각한다. 남자아이들은 심리적으로 엄마로부터 떨어지려 하는 욕구가 크며 이러한 욕구는 10세 전후에 나타난다. 이것은 동서고금을 막론한 모든 남자아이들의 특성이다. 성인 남성이 되기 위해서는 자립해야 하고 많은 역할 모델을 만들며 자신이 남성의 세계에 속해 있다는 것을 증명해야 한다.

남자아이가 심리적으로 엄마와 분리된다는 것은 유아기 때의 엄마에 대한 의존으로부터 사춘기와 성년기 초반의 감정적 독립 단계로, 그리고 결혼 후에는 배우자와 감정적 상호 의존 단계로 나아가게 됨을 뜻한다. 남자아이가 엄마에게서 분리되지 않으면 자신의 심리적 경계를 발견하는 데 필요한 독립을 얻을 수 없다. 따라서 성인이 된 후 배우자와의 진정한 상호 의존도 기대하기 어려워진다.

어머니와 아들이 서로에 대해 느끼는 사랑은 아들이 커가면서 바뀌어야 하고, 어머니는 아들이 남자의 세계에 뛰어들 수 있도록 놓아주어야 한다. 이는 아들만이 아니라 어머니 자신을 위해서도 꼭 필요하다. 아들을 놓지 않으면 어머니 역시 인생의 다음 단계로 나아갈 수가 없고, 따라서 자신이 아닌 아이를 통해 세상을 살아갈 것이기 때문이다. 그리고 아들의 삶 역시 남성의 도움을 필요로 한다. 만일 남성이 도와주지 않는다면 어머니는 갖가지 방법으로 아들에게 의지하고, 아들은 세상이라는 덫에 걸렸다고 느끼면서 성인의 감정으로 자라게 될지도 모른다.

그림 형제의 동화 「수의(The Shroud)」에서 아들의 죽음은 어머니로부터의 분리-개별화를 상징한다. 줄거리는 다음과 같다.

옛날 어느 마을에 어머니와 아들이 단둘이 살고 있었다. 어머니는 아들을 사랑하다 못해 세상 그 무엇보다 숭배하고 있었다. 어느 날 병에 걸린 아들이 갑작스레 세상을 떠나자 어머니는 슬픔을 이기지 못하고 울고 또 울었다. 어느 누구도 그녀를 위로할 수 없었다. 아들이 땅에 묻힌 뒤, 어느 날 밤부터 어머니와 아들이 함께 놀던 장소에 아들이 나타나기 시작했다. 어머니가 울면 아들도 따라서 울었고 아침이 되면 사라졌다.

한동안 이런 일이 계속되었지만 어머니의 슬픔은 가라앉지 않았다. 어느 날 밤, 잠에서 깬 어머니는 아들이 하얀 수의를 입고 머리에 화관을 쓴 채 침대 발치에 서 있는 것을 보았다.

아들은 "엄마, 이제 제발 그만 우세요. 엄마의 눈물 때문에 제 수의가 마르지 않아 저도 잠을 잘 수가 없답니다."라고 말했다.

아들의 말에 큰 충격을 받은 어머니는 그제야 지금까지 아들과의 만남이 모두 자신의 환상이었음을 깨달았다. 아들이 천국으로 가는 길을 자신이 막고 있었음을 안 후 그녀의 슬픔은 승화되었고 눈물도 멈추었다.

다음 날 밤 아들이 다시 나타났다. "엄마, 이것 좀 보세요. 제 수의가 거의 다 말랐어요. 이제 편히 쉴 수 있을 것 같아요."

어머니는 아들에게 작별 인사를 했고 아들은 곧 자신의 길을 떠났다.

이 이야기에서 성인 남성이 등장하지 않는 것은 매우 인상적이다. 어머니 주위에는 그녀를 도와줄 남성이 없다. 그녀의 삶을 지탱하는 것은 아들 하나뿐이며 그녀가 아들을 놓아주고 슬픔을 이겨내도록 돕는 사람도 전혀 없다. 때문에 아무 도움 없이 아들을 떠나보낸 그녀의 용기는 찬사를 받아 마땅하다. 어머니에게 있어서 아들을 놓아주고 슬픔을 이겨내는 것, 이 모든 것을 온전히 혼자서 감당하는 것은 정말 힘든 일이다. 삶의 목적이었던 유일한 남성을 잃은 것이기 때문이다.

모자간의 분리 과정 돕기

남성 문화는 종종 아들을 엄마로부터 멀리 떼어놓음으로써 엄마와 여성을 존중하는 법을 잊어버리게 만든다. 또한 아들과 분리되지 않으려고 하는 엄마들은 아들의 삶을 일종의 거미줄처럼 만들어가고 있다. 아들은 이 거미줄에 얽힌 상태로 자신을 먹이라고 생각하고, 엄마의 세계에서 벗어나 자신의 세계로 진입할 방법을 찾는 데 어려움을 겪는다. 엄마들을 돕는 남성 문화는 찾아보기 힘들며 아들이 갈 만한 건전한 장소도 많지 않다.

남자아이들은 신체적으로 혹은 말로 공공연히 괴롭힘으로써 엄마와 분리되기도 한다.

나는 이것을 어느 토요일에 가족과 함께 슈퍼마켓에 갔을 때 직접 확인했다. 한 10대 소년이 공공장소에서 적어도 겉으로 보기엔 아무렇지도 않게 엄마에게 소리쳤다. "엄만 마녀야, 쓰레기 같은 마녀라고! 어디가서 죽어버렸으면 좋겠어!" 아이의 엄마가 당장 사과하라고 말하자 아이는 금세 조용해졌다.

사실 이는 흔히 볼 수 있는 광경이다. 라디오 토크쇼에 출연할 때마다 내가 가장 많이 접하는 청취자의 사연은 바로 "제 아들은 항상 저한테 욕을 하고 비난하는데, 도대체 어떻게 해야 할지 모르겠어요."라는 것이다. 엄마로부터 분리되려는 남자아이들의 욕구는 주로 통제 불능의 무례하고 폭력적인 행동으로 표출된다.

많은 엄마들이 자신의 감정, 특히 깊이 숨겨진 감정에 초점을 맞추는 것이 아들과 분리되는 데 도움이 될 거라고 말한다. 이런 감정으로는 죄책감, 두려움 그리고 자포자기가 있다.

1. 죄책감

엄마들은 무의식적으로 아들을 위해 무언가 계속해야 한다고 생각하며, 그렇지 못할 경우 죄책감을 느낀다.

2. 두려움

엄마들은 아들을 이 세상, 특히 남성 문화로부터 보호하려고 한다.

3. 자포자기

엄마와 아들은 부지불식간에 매우 친밀한 관계를 이루어왔다. 많은 엄마들, 특히 남편과 감정적 거리를 느끼는 아내는 아들을 놓아주는 것을 애정 관계의 파괴로 느낀다.

자신의 내부에 숨어 있는 감정에 집중하면서 그것에 대해 다른 이들과 대화를 하는 것이 엄마들에게 도움이 되는 것처럼, 아이들에게도 이런 과정은 필요하다.

1. 죄책감

자신에게 어느 누구보다 중요한 여성인 어머니를 멀리한 것에 대한 죄책감이다. 그러한 행동으로 자신이 어머니에게 상처를 주고 있음을 안다. 아들이 얼마나 큰 상처를 주었는지 알게 하려고 엄마가 일부러 공격적으로 행동한다면 아들은 더 큰 죄책감을 느낄 뿐이다.

2. 분노

엄마에 대한 의존 상태에서 벗어나지 못하는 자신, 자신에게 남자다움을 가르치지 않고 또 쉽게 놓아주지 않는 엄마, 아들이 엄마로부터 분리되어 남성이 되어가는 것에 관심을 보이지 않는 아버지 등에 대한 분노다.

3. 두려움

엄마와 연결된 심리적 탯줄이 잘리는 것에 대한 두려움, 엄마를 믿는 것처럼 다른 사람을 믿을 수 있을까 하는 두려움이다. 안정된 세계를 떠나야 하는 두려움 때문에 엄마의 죽음 이후에도 의존 상태에서 벗어나지 못한다.

아들이 성장하면서 어머니와 심리적으로 분리되는 것은 동서고금을 막론하고 매우 자연스러운 현상이다. 그러나 불행히도 우리 사회는 남자아이들의 사춘기에 전혀 도움을 주지 못하고 있다. 어머니들에게는 아들을 놓아주는 엄마는 나쁜 엄마라고 말하고, 남자아이들에게는 다른 아이들을 때리고 마약을 복용하며 폭력 집단에 들어가거나 대중매체에 중독되고 엄마를 증오함으로써 엄마와 분리되도록 가르친다. 우리는 모든 10대 아이들이 반항을 통해 부모와 분리된다고 생각하기 때문에 마치 그들이 사춘기가 되어 더 이상 우리를 필요로 하지 않는 것처럼, 우리가 먼저 나서서 아이들을 내던져버린다.

어머니가 10대 아들과의 사이에서 어려움을 느끼는 것은 매우 흔한 일이다. 모자간의 감정적 분리 방법에 대한 혼동에서 비롯된 감정적 혼란과 무의식적인 패턴 때문이다. 그러나 상담가들로부터 도움을 얻는 엄마라면 아들이 자기 못지않게 강하고 유능한 성인이 된 것을 느끼는 순간, 자신이 아들을 완전히 놓아주었다는 것을 알게 될 것이다.

모자 관계의 혼란

모자 관계에서는 정신적 침해가 매우 흔히 일어나기 때문에 사춘기에 있는 많은 남자아이들과 어머니들이 모자 관계의 혼란을 겪는다. 그리고 그 여파는 아이들이 성인이 되면 연인이나 아내에게 고스란히 전해진다. 1980년대에 실시된 한 연구 결과를 보면, 많은 미국 남성들이 성장기에 부모와의 관계에 문제가 있었다고 생각하는 것으로 나타났다.

부모들은 배우자에게 실망할 때마다 자녀에게 의지하고 보상받으려고 한다. 통계적으로 볼 때 부자 관계보다는 모자 관계에 문제가 생길 가능성이 더 크다. 아버지는 상대적으로 아들과 같이 있는 시간이 어머니보다 적고 또한 좀 더 독립적이기 때문이다. 아버지는 가장 아끼는 딸이 일종의 동반자 역할을 해주길 바라는 과정에서 주로 그 딸과 충돌을 일으킨다. 정신적으로 건강하지 못한 어머니들은 사춘기의 아들과 연인 관계를 형성한다. 일부 심리학자들은 이를 '감정적 근친상간'이라고 부른다.

성장하는 동안 어머니의 정신적 연인이 되었던 아들이라면, 그의 자아와 어머니의 자아는 마치 두 그루의 나무가 얽혀서 강풍이 불어와도 떨어지지 않듯이 뒤엉켜버린다. 오늘날 많은 사람들이 핵가족 형태를 이루어 살아가고 있다. 아버지와 멀어진 어머니는 아들에게 의지하고 그 관계는 점점 복잡해진다. 심지어 어머니와 아들이 합심하여 아버지와 세상에 대항하는 경우도 있다.

어머니는 아들에게 "우리 두 사람 모두 점점 서로의 도움 없이 신체적·감정적으로 홀로 설 수 있게 될 거야. 물론 그게 당연한 것이고."라는 메시지를 주어야 한다. 하지만 이와 달리 많은 어머니들이 "네가 없으면 안 돼. 가지 마."라는 메시지를 보내고 있다. 어머니들은 사춘기의 혼돈 때문에 아들이 스스로를 진정한 남성으로 인식하는 데 어려움을 느낀다는 사실을 깨닫지 못하고 있다. 나는 연구를 통해 대부분의 미국 남성들이 어머니와의 갈등 때문에 결혼 생활에 어려움을 겪고, 바로 이 점이 높은 이혼율의 주요 원인이 되고 있음을 알게 되었다. 뿐만 아니라 남자아이들에 대한 집중적인 연구를 통해 모자 관계가 점점 복잡해지고 위험해지고 있음을 깨닫는다. 자녀를 키우는 오늘날의 고립되고 혼란스러운 가족 체계를 생각해보았을 때 이는 당연한 결과다. 아마도 세 가지 가족 유형이 형성되기 전까지 모자 관계의 문제점은 사라지지 않을 것이라고 생각한다.

팀의 부모님은 그가 열여덟 살 되던 해 이혼했는데, 팀이 열 살 무렵부터 두 사람 사이에는 불화가 끊이지 않았다. 시간이 흘러 팀 역시 8년간의 결혼 생활을 정리하고 이혼 절차를 밟게 되었다. 그는 이미 상담을 받으며 "지금 당신의 마음속에 자리한 가장 큰 응어리는 바로 여성과 어머니에 대한 분노예요."라는 말을 들은 상태였다.

나는 팀과 이야기하면서 불화 가정의 아들에게서 흔히 발견되는 모습을 관찰할 수 있었다. 팀은 일찍부터 어머니와 깊은 유대 관계를 형성하였고 부모님이 이혼하자 어머니와 더욱 가까워졌다. 어머니는 무의식적으로 이 관계를 조종하며 아들에게 동반자 역할을 기대하였다. 아버지와의 관계가 소원해진 것 때문에 훗날 팀은 어머니에게 분노를 느꼈지만 어머니는 무의식적으로 팀에게 분노를 억누를 것을 요구하였다. 아들의 분노가 두려웠고, 또 아들이 자신에게 화를 내는 것을 원치 않았기 때문이다.

팀은 40대가 되어서야 자신이 여성에게 분노를 느끼고 있었음을, 그리고 그 감정은 자신에게 아버지에 대한 증오심을 심어주고 결국 남성다움에 대해 반감을 갖게 만든 어머니에 대한 분노라는 사실을 깨달았다. 이것이 팀이 이혼을 한 결정적인 요인이었다. 이러한 사실과 분석 결과를 받아들인 팀은 자신의 삶과 여성을 대하는 방식을 변화시켜 나갔다. 아버지와의 관계를 회복하고 어머니에 대한 분노를 풀면서 여성과의 밀고 당기는 관계 없이 스스로 온전해질 수 있음을 깨달았다.

모성애는 사라지는가?

10대 아들을 키우기가 너무 힘들었지만 나름 최선을 다한 어머니가 내 칼럼에 긴 사연의 편지를 보내왔다. 아들을 위해 그녀와 남편, 가족, 상담가들이 기울인 노력을 담은 그 편지는 수많은 어머니들의 입장을 대변하고 있었다.

 "저는 아들에게 무슨 일이든 스스로 선택할 자유를 주었어요. 그리고 아이의 선택에 대해 늘 격려해주었죠. 제 아이는 요리도 하고 세탁하는 법도 알아요. 아이들에게 독립심을 키워주려고 노력했거든요. 전 아이들을 위해 무엇이든 다해주는 그런 엄마는 아니에요. 물론 저 스스로는 그래도 좋은 엄마였다고 생각해요. 제 아들에게도 문제는 있었지만 제가 아는 한도 내에서 최선을 다하려고 노력했으니까요."

워크숍에 참석했던 다른 어머니는 "아이에 대한 책임에서 벗어날 시기를 어떻게 알 수 있죠? 저는 엄마로서 많은 실수를 했어요. 제 아들은 이제 40대에 접어들었지만 아직도 아들의 문제점을 보면 제 자신을 탓하곤 하죠. 아들을 바로잡기 위해 그동안 별짓을 다했어요."라고 토로했다.

어머니들은 존경받아 마땅하다. 모든 어머니들은 일단 아들이 성인이 되면 죄책감 없이 이렇게 말해도 된다는 사실을 알아야 한다.

"난 너를 위해 정말 최선을 다했단다."

"나도 그동안 실수를 많이 했지. 앞으로 살아가면서 이제 네가 그 결과에 맞서야 해."

"이제 그건 네 문제란다. 내가 해결해야 할 일이 아니라고."

"그래도 엄마가 항상 너를 사랑한다는 걸 잊지 마."

"네가 정말 잘되길 기도한다."

제 5 장

아빠에서 아버지로 : 부자 관계

아버지는 영적으로 자유로운 상태에서 추구하고 받아들인 비전에 따라
살아감으로써 아들 또한 그 자유를 찾을 수 있도록 해야 한다.
– 로렌 페더슨

『부성애(Father Love)』의 저자 리처드 루브는 "남성들이 아버지 역할에 대해 서로 어떤 의견을 나누고 또 우리가 자녀에게 어떤 이야기를 들려주느냐에 따라 부성애의 가치가 평가됩니다."라고 말했다. 로버트 펙이 쓴 아버지와 아들에 대한 소설 『돼지가 한 마리도 죽지 않던 날(The Day No Pigs Would Die)』은 이러한 주장을 가장 아름답게 묘사한 작품 가운데 하나다. 이 책에서 로브는 아버지에게 울타리에 대해 묻는다.

"로빈새가 지저귀는 건 자기 나무에 접근하지 말라는 뜻이란다. 새소리가 곧 울타리인 셈이지. 여우를 본 적 있니?"

"그럼요, 많이 봤죠."

"제대로 관찰해봤냐는 얘기야. 여우는 매일 자기 영역을 돌아다니면

서 여기저기 오줌을 눈단다. 그게 바로 여우의 울타리야. 모든 생명체는 자기만의 방식으로 울타리를 만들지. 나무는 뿌리가 곧 울타리고. 옆집 벤저민 프랭클린 태너 씨도 그의 집과 우리 집을 구분할 울타리를 만들려고 한단다. 울타리는 사람들을 떼어놓는 게 아니라 함께 묶어주는 거야."

남자아이들은 흔히 아버지에게 단순한 질문을 던진다. 나는 여러 곳을 다니면서 수많은 성인 남성과 소년들의 얼굴에서 사랑과 지혜를 주고받는 부자 관계에 대한 열망을 읽었다. 때때로 나는 펙의 소설에 나타난 단순성을 친밀한 부자 관계에 대한 일종의 찬미라고 생각한다.

부자 관계는 최근 몇 십 년 사이에 급격히 변화했다. 제5장에서는 부자 관계의 행동적 실효성이 아니라 재정의에 초점을 맞추어보자.

아들을 키우는 데는 다양한 방법이 있다. 어떤 아버지는 아들을 자신의 그늘에서 키운다. 그 안에서 아들은 소년으로서, 성인으로서 어떻게 살아가야 하는지 깨닫게 된다. 아버지가 아들에게 가르치는 것이 인생의 계명, 울타리를 세워야 할 이유, 신성한 임무의 의미 중 어떤 것이든, 아버지는 아들에게 그의 내면과 외면을 진정한 남성으로 만들어줄 힘을 쏟아붓는다.

이미 수천 년 동안 아버지들은 이러한 역할을 해왔다. 오늘날 남성의 역할이 여러 면에서 변화되고 있지만 아들을 남성으로 만드는 아버지의 책임에는 변함이 없다. 하지만 자신의 역할에 대한 혼동, 여성들이 아버지에게 갖는 반감, 아버지로서의 자질 부족 때문에 많은 아버지들이 이러한 책임을 이행하지 못하는 경우도 있다.

인류의 역사를 돌이켜볼 때, 남성에게 자녀의 성장에 열성적으로 관여하도록 훈련하는 것은 사회화를 이끄는 중요한 추진력이 되어왔다. 인류의 조상이 처음으로 직립하는 법을 배운 400만 년 전이든, 아니면 한 남자가 자신의 아이를 버리고 떠난 나흘 전이든, 아버지들은 종종 자녀의 삶에서 모습을 감추곤 했기 때문이다.

최근 10년 동안 남성다움, 그리고 아버지의 역할은 완전히 무시당해 왔다. 나는 가끔 각종 컨퍼런스에서 강연자들이 아버지의 부재를 새로운 현상이라고 비꼬며 신체적·정신적으로 아이와 떨어져 있는 아버지에 대해 비난하는 것을 본다.

아버지를 고립시키는 이런 식의 비난은 사회적 책임을 거부하는 간편한 방법이 되기도 한다. 우리는 자녀에게 관심을 쏟지 않는 아버지를 무능한 아버지라고 부르고, 정부의 지원을 통해 이 문제를 해결하자는 식으로 사회적 책임을 거부하며, 정작 남성들이 자녀에게 관심을 기울이지 않는 이유는 살펴볼 생각도 하지 않는다. 남성은 무책임하기 때문에 자녀에게 신경 쓰지 않는다고 단정을 내리는 것이다. 그러나 법원이나 전처가 공동 양육을 거부하기 때문에 신경 쓰지 못하는 사람도 있다. 오늘날 가족과 관련한 다른 일들과 마찬가지로, 많은 사람들이 부모에 대한 질책에서 비롯된 정책으로는 해결할 수 없는 문제들을 간단히 법적으로 해결하고 있다.

왕자와 왕

『**왕자와 왕**: 부자 관계의 상처 치유하기(The Prince and The King: Healing The Father-Son Wound)』라는 책에서 나는 아들에게 왕인 아버지와 아버지에게 왕자인 아들의 관계를 신화적 역사를 통해 추적해 나갔다.

월트 디즈니의 애니메이션 〈라이언 킹〉에는 이 비유가 훌륭하게 표현되어 있다. 사자들의 우두머리인 무파사는 자신이 다스리는 영역의 정신적·사회적 질서를 책임지고 있다. 왕으로서 그는 자기중심적 지도자가 아니라 백성들을 섬기는 종이자 그들의 정신적 거울로서 사랑과 존경을 받는다. 아들 심바가 태어나자 그는 심바에게 "네 눈에 보이는 모든 것이 삶의 대순환이란다. 언젠가는 네가 다스리고 책임져야 할 것들이야."라고 말하며 신성한 임무를 부여한다. 심바는 자신이 아버지를 죽였다는 모함 등 수많은 역경을 딛고 드디어 왕이 된다.

모든 아들은 아버지로부터 어떤 사명감을 얻고 그 사명을 추구할 허락을 받으려고 한다. 또한 아들은 성인으로서 강한 남성성을 갖게 되기를, 삶의 어느 부분을 자신이 책임져야 하는지 배울 수 있기를, 성인 남성과의 친밀한 관계를 통해 지혜롭고 강한 남성이 되기를 원한다.

과거에는 아버지들이 불가피하게 자리를 비우면 같은 부족 내에 있는 남성, 즉 할아버지, 삼촌, 형, 이웃 어른 등이 그 역할을 대신하였다. 그들은 왕, 또는 마법사, 그리고 왕을 돕는 멘토였다. 〈라이언 킹〉에서는 원숭이 라피키가 이 역할을 하여 무파사가 죽은 후 심바를 사자 왕이라는 운명으로 이끌어준다.

왕자와 왕에 대한 신화는 전 세계 모든 문화권에 있다. 이러한 신화에서 왕은 언제나 왕 자신과 그의 가족, 거룩한 임무, 자녀의 존재를 뒷받침하는 남성 혈연 체제의 일부로 나온다. 이러한 혈연 체제는 전투 문화 속에서 더욱 공고해졌다. 적으로부터 가족과 공동체를 지키고 아들에게 싸우는 법을 가르쳐야 했기 때문이다. 이 전투 문화는 사실 남성 문화의 연장일 뿐이다. 전사와 군인은 처음엔 부족들의 사냥 문화에서 비롯되었다. 인구가 폭발적으로 증가하면서 자원이 고갈되고 결국 남성들이 자신의 자원을 지키기 위해 서로 싸우게 된 것이다.

부자 관계를 진화적 관점에서 볼 때, 우리 시대의 핵심적인 문제는 한때 남성들이 부족 체계를 통해 어린 남자아이들과 긴밀한 관계를 유지했지만 이제 그 시스템이 붕괴되면서 아버지가 아들의 유일한 왕이 되었다는 것이다. 게다가 아버지들은 바깥일에 거의 하루 종일 묶여 있고 그를 도와줄 남성 부족 체계도 없는 것이 현실이다.

많은 가족과 아버지들을 만나보면서 나는 아버지가 어떤 유형의 남성 부족 체계 속에서 훈련받았는지가 매우 중요하다는 것을 깨달았다. 그의 아버지와 친척들, 남성 멘토들이 그에게 무엇을 가르쳤는가? 나는 아버지들이 옛것으로부터 배울 부분을 흡수하여 새로운 남성 부족 시스템을 형성할 수 있도록, 이 시스템이 가진 최고의 장점을 발견하고 단점은 버리도록 돕고자 한다. 이 과정에서 자녀에 대한 책임이 면제되는 것은 아니다. 오히려 그 반대다. 확대가족과 남성 부족 시스템이 붕괴된 상황 속에서 아버지는 자녀 양육을 책임지는 가장 중심적인 남성이 되었기 때문이다.

남성이 자신만의 지원 시스템을 찾는 과정에서 엄마이자 아내가 맡는 역할도 매우 중요하다. 남성이 다른 남성들과 유대 관계를 형성하기 위해 아내와의 시간을 희생시킨다면, 아내의 질투는 결혼 생활을 파괴하고 자녀에게도 악영향을 미칠 수 있다. 반대의 경우도 마찬가지다. 남편과 아내는 모두 자신만의 지원 시스템을 찾고 상대방을 놓아주어야 한다. 갓 결혼한 때는 낭만적인 사랑만으로도 충분히 모든 문제가 해결된다. 그러나 일단 자녀가 생기면 부부는 서로 사랑하면서도 서로와의 거리를 느끼고 동성의 공동체와 더 가까워질 수 있다.

대부분의 남성이 주위의 도움을 필요로 하며 남성에 대한 이러한 지원의 부재가 그들을 더욱 부족한 아버지로 만든다는 사실에 많은 여성들이 놀란다. 여성들에게는 남성 공동체 시스템이 매우 활발하게 운영되는 것처럼 보이기 때문이다. "남자들이야 걱정할 게 있겠어요? 힘든 건 우리 여자들이라고요!"라고 말하는 여성들도 있다.

　이는 일방적이고 너무 강경하며 사실무근의 주장이다. 생활비를 벌고 아내와 아이들을 행복하게 해주고 그들의 꿈을 이루기 위해 하루하루 고군분투하는 대부분의 남성들은 거의 주위의 도움을 받지 못하고 있다. 성인 남성 공동체는 일부 남성에게만 도움을 줄 뿐이다. 자선단체와 정부 기관들은 주로 여성들의 요구에 귀를 기울이므로 여성이 남성보다 더욱 발 빠른 사회적 지원을 받는다. 아버지들이 더 좋은 아버지가 되기를 바란다면, 우리는 그들이 매일매일 직면하고 있는 스트레스와 고통을 이해해야만 한다.

아들에게 필요한 아버지

몇 년 전, 「뉴스위크」지에 '아버지가 없는 세상'이라는 제목과 함께 7세 흑인 소년의 사진이 실렸다. 흑인 남성의 절반 이상이 아버지 없이 자라고 있고 이들 중 상당수가 청소년기에 위험한 길로 빠진다. 백인도 크게 다르지 않다. 아버지 없이 자라면서 무절제한 행동과 무책임함, 반사회적 행동에 빠지는 아이들이 점점 늘고 있으며 이들은 성인이 되어서도 여성과 애착 관계를 형성하지 못하고 이혼을 반복하게 된다.

전미국가정책분석센터(National Center for Policy Analysis) 피트 뒤퐁 정책의장은 몇 해 전, 한 신문 사설에서 이렇게 보고하였다.

"10명 중 4명의 아이들이 오늘 저녁 아버지가 없는 집에 들어갈 것이다. 몇 년 후에는 그 숫자가 10명 중 6명으로 늘어날 것이다. (중략) 강간

범의 60퍼센트, 살인범의 72퍼센트, 장기수의 70퍼센트가 아버지 없이 자란 소년들이다."

이 통계는 아버지가 없으면 아들이 반사회적 성향을 갖게 될 가능성이 커진다는 사실을 다시 한 번 입증해주었다. 아버지는 마치 달리기 주자처럼 사회의 가치를 아들에게 전할 필요가 있다. 어머니 혼자만으로는 충분하지 않다. 그러나 점점 더 많은 아버지가 사람들이 자신에게 거는 무언의 기대에 혼란스러워하고, 여성에게 버림받고, 아버지로서 법적인 자격을 잃었음은 물론 남자로서도 완전히 실패했다고 느끼면서 신체적·정신적·영적으로 아들을 유기하고 있다. 정말 자신이 실패했다고 느낀다면 과거와의 연결 고리를 끊고 다시 시작해야 한다.

아버지가 사라지는 이유

남성이 자신의 아이를 버리는 두 가지 주요 요인은 바로 외도와 이혼이다. 1960년 15퍼센트에 그쳤던 10대 미혼모의 출산 비율은 1991년에는 69퍼센트에 달했다. 어떤 자료에 따르면 전체 출산의 30퍼센트가 혼외 관계에서 비롯된다고 한다. 그리고 파트너의 임신을 원하지 않았던 많은 남성들이 떠나버리는 것이다.

아버지들은 사회가 어머니들의 요구 사항에 더 중점을 둔다고 생각한다. 그들에겐 결혼 등 몇몇 엄숙한 사회적 계약을 제외하고는 일방적으로 정해진 우선순위를 따를 의사가 없다.

이제 18세가 된 한 젊은 아버지는 나에게 이렇게 호소했다.

"전 낙태를 원했지만 여자친구 생각은 달랐죠. 이제 저는 남은 인생 동안 계속 그 대가를 치러야 해요. 세상은 그녀가 원하는 것이 더 중요하다는 식이죠. 왜 제가 그렇게 해야 하죠? 아이를 낳겠다는 그녀에게 책임지라고 하세요."

나는 이 남성과 상담하면서 곧 태어날 아이에게 관심을 갖게 하려고 노력했다. 그러나 그와 논쟁하는 것은 쉽지 않았다. 자녀를 돌보지 않는다고 비난받는 많은 아버지들이 자신을 아버지라고 생각하지 않고 있다.

이혼은 자녀를 돌보지 않는 남성을 증가시키는 두 번째 사회적 현상이다. 주디스 발렌스타인의 연구는 이혼이 자녀에게 미치는 파괴적 영향을 보여준다. 발렌스타인은 "그동안 이혼 가정의 자녀들을 관찰하면서 사회적으로 잘 적응하는 아이들을 한 명도 보지 못했습니다. 이혼의 영향으로부터 자유로울 수 없었던 거죠."라고 말했다. 이러한 연구 결과에도 불구하고 이혼율은 50퍼센트에 이르고 있다. 남성이 감정적으로 아내와 멀어질 경우 자녀를 버릴 가능성은 더욱 커진다. 특히 스스로 혹은 아내가 자신을 단지 돈 벌어오는 기계로 취급하거나 아이에게 애정을 느끼지 못할 때 더욱 그러하다. 남성이 자녀를 떠나면 그의 역할을 대신할 다른 남성이 없다는 점이 현재 우리 사회와 과거의 중요한 차이점이다.

남성의 공동체 체제를 다시 세워야 하듯이, 우리는 인류 역사에서 지난 천 년 동안 모든 문화권에서 이루어져온 일, 즉 아버지의 자녀 양육 전통을 다시 세워 나가야 한다. 또한 딸들을 키우는 방식에도 변화를 주고, 너무 이른 나이에 아이를 낳았을 때 생기는 결과들을 이해시켜야 한다. 이혼 절차를 더욱 까다롭게 만들 필요도 있다.

건전한 아버지상

아버지란 무엇인가? 더 좋은 아버지가 되는 방법이 존재하는가? 어떻게 하면 몸과 마음이 건강한 아버지가 될 수 있을까? 여기 몇 가지 답안을 정리하였다.

- 먼저 아버지는 '아버지'가 되겠다고 의식적으로 결심해야 한다. 미처 준비되기 전에 아이를 가진 남녀는 훗날 아이에게 엄청난 고통을 안겨 줄 수 있다. 아내는 아이를 낳을 준비가 되었는데 남편이 그렇지 않을 경우에는 부부가 반드시 함께 의논해야 한다. 아이를 원하지 않는 남성이 어떻게 건전한 아버지가 될 수 있겠는가?
- 남편은 아내의 임신 기간에 아버지로서의 역할을 시작해야 한다. 이 내용은 다음 부분에서 좀 더 자세히 살펴볼 것이다.
- 아버지는 먼저 자신을 정확히 알아야 한다. 아버지가 폐쇄적이고 변화와 성장에 관심 없는 사람이라면 어떻게 아들을 자신을 이해하기 위해 애쓰는 사람으로 키울 수 있을까?
- 아버지는 자신의 신체와 성(性), 세상과 자연을 자연스럽게 받아들여야 한다. 아들의 성장을 돕기 위해 자신이 먼저 건강한 신체를 유지하

는 법을 터득해야 하며 아들에게 자연과 생리, 성에 대해 가르치고 또 아들의 말에 귀를 기울여야 한다.
- 아버지는 아들과 의사소통하는 법을 배워야 한다. 남자아이들은 여느 아이들과 같으면서도 또 각기 다르다. 아버지는 아들의 성장에 보조를 맞출 수 있는 방법을 찾아내야 한다.
- 아버지는 아들 스스로 멘토를 찾게 하면서도 곁에서 도움을 주어야 한다. 또한 아들을 놓아준 후에도 인생의 모델이 되어야 한다.

이것이 바로 아버지의 핵심적인 역할이다. 아버지로서의 에너지가 위의 내용을 중심으로 움직이지 않으면 아버지와 아들은 정신적·신체적으로 각각 고립될 것이다. 이제 이 원칙들을 좀 더 자세히 살펴보자.

아버지와 갓난아이

자녀 양육과 관련된 남성 공동체가 거의 존재하지 않는 사회 구조 속에서 아버지와 자녀의 관계는 이미 자녀가 태어나는 시점부터 단절되기 시작한다.

몇 해 전 크리스마스 때, 나는 예수님 탄생 이야기에서 항상 빠져 있는 예수의 아버지와 갓난아기의 관계에 대해 듣고 큰 감동을 받았다. 예수의 아버지 요셉의 감정은 솔직히 생각해본 적이 없었다. 마리아가 어떻게 예수와 유대감을 형성했는지는 성경을 통해 익히 알고 있지만 요셉의 경우는 들은 바가 없다. 신학적으로는 신약 성경의 저자들이 예수를 요셉이 아니라 하나님의 아들로 바라보게 하기 위해 요셉을 배경으로만 제시했다고 생각한다.

그러나 나에게는 이 부분이 아버지와 아기 사이에 일어나는 일들을 비유한 것처럼 느껴진다. 아버지라는 존재는 처음부터 뒤로 밀려난 듯한 느낌이다. 아기가 처음 태어났을 때 요셉의 기분은 어떠했을까? 아기가 태어나고 처음 몇 달 동안 그는 남자로서 아버지로서 어떤 경험을 했을까? 또 그 경험을 통해 어떤 지혜를 얻었을까?

한 젊은 아버지가 자신의 갓난 아들을 두고 이렇게 말했다.

"아이가 일단 말을 하게 되면 저도 아이와 더 많은 대화를 나눌 거예요. 그 전까지는 제가 좀 아이에게 무관심해도 아내가 신경 쓰지 않을 거라고 믿어요."

많은 남편과 아내가 자신들이 어떤 결과를 빚어내고 있는지 모르는 채 이렇게 하고 있다. 연구 결과에 의하면 아기는 생후 14일부터 아버지의 목소리를 인식한다고 한다. 자신의 아버지가 누구인지 알고 유대감을 형성할 준비가 되어 있는 것이다. 아이를 돌보는 데 아버지보다 어머니의 손길이 더 필요한 것은 사실이지만 아버지가 방관자에 머무르면 아이와 유대 관계를 형성할 기회를 잃게 된다. 그런 아버지들이 이혼 등에 직면하면 자신의 아이를 쉽게 포기해버리는 것이다.

아버지와 아이 사이의 거리감은 결혼 생활 전체에도 영향을 준다. 자녀와 애착 관계를 형성하지 못한 아버지들은 아내와의 관계에도 문제를 겪는다는 연구 결과가 있다. 이혼은 자녀의 성장에 가장 큰 상처를 주는 요인 중 하나다. 아이를 낳자마자 이혼하는 비율도 크게 늘고 있다.

아버지들은 아내의 임신 기간과 아이의 유아기 동안 아내가 남편에게 신경 쓰지 않는 것에 분노를 느끼면서 또 한편으로는 이를 부끄러워한다. 아내의 행동은 자신의 신체와 생활의 급격한 변화에 적응하기 위한 자연스러운 결과다. 남편은 아내에게 의존하지 않고 이에 대한 느낌을 아내와 교환해야 한다. 아내의 임신 기간에 남편은 스스로 모임을 만들거나 다른 남성 공동체에 참여하여 동병상련을 느끼고 교제를 나눌 수 있다. 이러한 그룹이 바로 제2가족 형태가 될 수도 있는 것이다.

남편이 아내의 임신 기간과 자녀의 유아기 때 보이는 행동을 통해 그의 부모님이 그를 키운 방식을 짐작할 수 있다. 필요하다면 상담을 받는 것도 좋다. 상담가는 제2, 제3가족과 같은 관계가 될 수 있기 때문이다. 아버지가 된 후에도 이러한 기회를 통해 고통스러운 기억에서 벗어나려고 노력하지 않는다면, 어릴 적 자신이 겪었던 파괴적 행동이 자녀에게 되풀이될지 모른다.

처음 아버지가 된 남성은 배고프고 아프고 무서울 때 더욱 엄마를 찾는 아기를 보면서 무언가 빼앗긴 듯한 느낌을 받을 수도 있다. 아이들은 편안함보다는 주로 놀이나 훈련, 질서가 필요한 경우에 아빠를 찾는다. 아버지는 다른 아버지들과 이러한 느낌을 나누면서 이것이 너무도 자연스러운 감정임을 깨닫고 서로에게 조언할 수 있다. 다른 아버지들과 가까워짐으로써 더 좋은 아버지가 될 수 있는 것이다.

초보 아버지들은 자녀의 대인 관계를 위해 가능한 한 많은 자료를 읽어야 한다. 자녀 양육서의 주요 독자는 여성이지만 남성도 이러한 책을 읽을 필요가 있다. 아이에게 좋은 것이 무엇인지 저절로 알게 되리라고 생각하는 것은 큰 착각이다.

신생아에 대한 책을 통해 아버지들은 자녀를 안아주거나 쓰다듬으면서 감정적 교류를 나누는 법을 배운다. 아이가 자라면서 이 재충전의 개념도 조금씩 바뀐다. 피로에 지친 아빠에게 많은 시간을 요구하던 5~10세 정도의 아이들도 아빠와의 관계가 재충전되면 5~10분 정도로 만족한다. 일에 지친 아버지가 아들과 10~20분 정도 함께 시간을 보낸다면 두 사람 모두 재충전되는 기분을 느낄 것이다. 아이의 나이에 상관없이 아버지가 아들과 전혀 시간을 보낼 수 없다면 아이의 분노, 거부의 감정을 달래는 데 더 많은 에너지를 쏟아야 할지도 모른다.

복잡한 아버지 역할을 수행하기 위해 스스로 훈련함으로써 남성은 아이들을 바라보고 아이와 이야기를 나누는 법을 배운다. 아이들에게는 이것이 바로 천국이나 다름없다. 아버지는 아이와 뒹굴면서 놀고 어머니는 아이를 달래고 진정시킨다. 유아들은 두 종류의 관심을 모두 필요로 한다. 아버지와 놀던 아이가 불편함을 느끼면 고개를 젓거나 울어버림으로써 아버지에게 그 사실을 알릴 것이다. 또한 아버지들도 18개월이 되기 전까지는 아이의 두뇌가 엄격한 통제에 의한 부모의 요구를 이해할 수 없다는 것을 깨달을 것이다. 18개월 이전의 아이들은 그저 따뜻하게 안아주고 같이 놀면서 응석을 받아줄 필요가 있다.

어린아이를 둔 아버지들은 종종 더 많이 일하고 돈에 대해 더 많이 걱정한다. 열심히 일해서 돈을 많이 버는 것이 아이를 위하는 길이라고 생각하는 아버지들도 있겠지만 이것은 잘못된 생각이다. 아버지가 아이와 직접적인 신체 접촉을 하지 않으면 아이를 감정적으로 버릴 위험이 있다.

오늘날 아버지들이 아이와 나누는 친밀함을 요셉이 본다면 매우 부러워할 것 같다. 아버지는 이제 가정의 돈 벌어오는 기계, 가족 사진사, 베이비시터가 아니다.

아버지에게 필요한 것

아들에게는 남성으로서 자신감 넘치고 정신적 성장의 본이 되며 아들의 삶에 건전한 영향을 주는 아버지가 필요하다. 어떻게 하면 남성들이 남성들만의 공동체를 찾아 그 안에서 정신적·사회적으로 성장하고 건강한 남성성을 발견하여 아들에게 전할 수 있을까?

많은 남성들이 직장, 교회, 술집, 스포츠 경기, TV, 옛 친구들의 모임 등을 통해 삶을 지탱할 힘을 얻는다. 하지만 자신의 깊은 감정을 여러 사람 앞에서 정말 편안하게 꺼내놓는 사람은 거의 없다. 더욱이 다른 사람과의 깊은 감정적 교류를 통해 자신의 정신적 성장을 추구하고 자녀에게 책임감 있는 성인이 되는 법, 삶의 순환을 이어가는 법을 가르치는 사람도 찾아보기 힘들다. 그럼에도 불구하고 남성에겐 이러한 교제와 지원이 절실히 필요하다.

미국에서는 지난 몇 년 동안 남성들에게 공동체를 만들어주기 위해 많은 그룹이 조직되었다. 몇몇 그룹에 속한 남성들의 말을 들어보자.

"제가 참여하는 그룹은 저에게 안정감을 줍니다. 내게 진정으로 관심을 가져주는 사람들에게 내 감정을 털어놓는 것만큼 좋은 게 또 있을까요? 이제야 내가 정말 누구인지 알 것 같아요." (래리, 36세)

"전 이곳에서 남자가 어떤 존재인지 알게 되었어요. 제 아들도 이곳의 사람들을 형제로 느끼고 진정한 남성이 되는 법을 배우면서 자라고 있죠." (클레이튼, 41세)

"군인이었기 때문에 주위 사람들이 대부분 남자였어요. 게다가 남자 형제만 넷이고요. 하지만 이 그룹을 만나고 나서야 남성으로서 나의 진실한 모습을 찾게 되었습니다." (브래들리, 51세)

남성 공동체에서 안 좋은 경험을 한 사람도 있을 것이다. 하지만 이는 어떤 일에서도 마찬가지다. 진정으로 소속감을 느낄 수 있는 곳을 찾기 위해서는 여러 그룹에 참여해보아야 한다. 가족이 있고, 또 교회에서도 영적으로 형제 같은 사람들을 만나기 때문에 많은 남성들이 따로 공동체에 참여하지 않는다.

그러나 너무도 많은 사람들이 갈 곳을 잃고 영적인 안식처를 찾고 있다. 나는 수년 동안 교회, 교도소, 상담 기관 등에서 많은 남성 공동체를 이끌어왔다. 남성 공동체는 오늘날의 문화가 남성의 힘을 결집시키는 방식이다. 선조들의 문화를 포함하여 모든 문화는 남성들이 영적으로 집중된 남성 공동체를 찾을 수 있도록 노력해왔다. 하지만 그들이 스포츠를 즐기고 낚시를 하면서 가까워진 사람들, 직장이나 각종 모임에서 만난 사람들에게 가정 문제와 나이 들어가는 기분, 사람들을 사귀는 것에 대한 두려움, 아이를 키우는 기쁨, 종교에 대한 회의, 어린 시절의 수치스러운 기억이나 전쟁에서 부상당한 사연 등을 허심탄회하게 털어놓기란 거의 불가능하다.

남성은 여성을 만나 사랑을 나누고 함께 아이를 키운다. 여성과 삶을 함께 나누면서 안정감을 느낀다. 그래도 남성에게는 여성에게 말하지 못하는 부분이 있다. 여성이 이해할 수 없는 측면들이 있는 것이다.

남성들은 종종 대인 관계에 어려움을 느낀다. 상대방에게 자신을 어떻게 표현해야 할지 모르면서 다른 남성들에게 도움을 구하지도 않는다. 이들이 감정적 고립 상태에서 살아갈 때 그들의 아들도 이러한 고독을 느끼게 된다.

그러나 남성의 정서에 두려움을 느낀 최근의 문화들은 남성 공동체를 호전적 배타주의 집단으로 매도하고 있다. 일부 여성 운동가들은 이 공동체들을 '비밀 남성 결사 단체'라고 부르기까지 하고, 자신의 감정이 드러날까 두려워진 남성들은 공동체 안에서 남성들이 함께 나누는 눈물을 조롱하는 것이 현실이다. 그럼에도 불구하고 매일매일 곳곳에서 이러한 남성 공동체가 세워지고 있다.

남성 공동체에서 자란 소년들은 가까이에서 남성들만의 조직을 보고 느낀다. 이를 경험한 한 남성의 이야기를 들어보자.

"아들이 일곱 살 때 저는 그 모임에 나가기 시작했어요. 이제 열 살이 된 아이는 제가 월요일 저녁마다 가는 그곳에서 무엇을 하는지 정말 궁금해했습니다.

한번은 아이를 데리고 가서 제가 포커 게임을 하는 동안 옆에 앉혀두었어요. 아이가 말이 많은 편은 아니지만 그날 본 사람들이 어떠했는지 이야기하는 걸 무척 좋아합니다. 각 사람에 대한 나름대로의 느낌이 있었던 거죠. 이 사람은 이게 좋고 저 사람은 저게 좋다는 식으로요. 아이가 그 모임에 가지 않았더라면 성인 남성들을 친구로 사귈 기회가 없었을 거예요. 전 그렇게 사교적이지 못합니다. 특히 남성들과 잘 못 어울리죠. 제 아버지부터 시작해서 평생 남자들에게 상처를 많이 받았어요. 제 아들 켈리는 제가 전혀 해보지 못한 경험을 하고 있는 셈입니다."

아버지 혼자 자녀 키우기

"너무 힘들어요. 하루에도 몇 번씩 천국과 지옥을 오가죠."

"남자는 못할 거라고들 생각하죠. 하지만 닥치니까 하게 되더군요."

"혼자 아이를 키우지 않았다면 세상을 이해하지 못했을 겁니다. 엄마 없이 아이를 키우는 일만큼 제 인생에서 저를 변화시킨 것은 없어요."

얼마 전에 열렸던 한 컨퍼런스의 주제는 '아버지 혼자 자녀 키우기'였다. 나는 열심히 경청하였다. 토론이 거의 끝나갈 무렵, "혼자 아이를 키우면서 무엇이 가장 큰 도움이 되었나요?"라는 질문이 나오자 한 남자가 입을 열었다.

"가족, 친구 등의 도움이 없었다면 어떻게 했을지 모르겠어요."

편부 가정은 전체 편부모 가정의 15퍼센트를 차지한다. 이 비율은 매달 증가하고 있다. 100만~200만 명 정도의 미국 아동이 편부 손에서 자라고 있다.

혼자 아이를 키우면서, 남성들은 스스로 얼마나 훈련되지 않았는지를 깨닫게 된다. 기저귀 가는 법부터 자장가까지, 모르는 것투성이인 데다가 학부모 모임에 참석하는 것도 어색하기만 하다.

주위 사람들은 아무 생각 없이 이렇게 말한다.

"여자들이 어떻게 사는지 이제 알겠지?"

"네가 혼자 아이를 키운다고? 드디어 인간 됐군."

운이 좋으면 할아버지, 할머니나 이모, 숙모 등이 가까이에서 도울 수 있지만 그렇지 않을 경우 서둘러 주위 사람들에게 도움을 요청해야 한다. 이러한 어려움 탓인지 편모보다는 편부가 더 빨리 재혼한다는 연구 결과도 있다.

토의 주제가 재혼에 이르자 또 다른 남성은 "재혼을 했지만 그녀는 아이들에게 좋은 엄마가 되지 못했어요. 그리고 다시 이혼했죠. 제게 가장 중요한 건 역시 아이들이었고 그녀가 떠난 지금 우린 더 행복하게 지내고 있습니다."라고 말했다. 이 남성은 배우자 없이 지내는 것의 외로움을 털어놓았지만 한편으로는 자신의 에너지를 다른 인간관계에 쏟는 방법을 배웠다고 했다.

여느 부모와 마찬가지로 홀로 아이를 키우는 아버지들도 자녀에게 최상의 것을 주고 싶어 한다. 그들은 수많은 어려움에 부딪히면서 자신을 부모로서 재훈련시키고, 또한 우리 모두의 도움을 바라고 있다. 우리 사회는 그들을 믿고 그들이 훈련받지 못한 부분을 배우도록 이끌어주어야 한다. 편부들은 지금 사회적 변화의 격랑을 헤쳐가고 있다. 남성이 할 수 있는 가장 어렵고도 중요한 일을 하면서 남성의 새로운 역할을 만들어 나가고 있는 것이다.

아들에게 이름을 물려준다는 것

뉴욕을 배경으로 두 유대인 소년이 성장하는 과정을 그린 체임 포톡의 소설 『선택받은 사람들(The Chosen)』에서 레브 손더스는 자신이 어떻게 자랐는지에 대해 이렇게 설명한다.

"돌아가신 아버지는 내가 아주 어릴 때 한밤중에 날 깨우곤 하셨지. 물론 난 큰 소리로 울어댔고 말이야. 어린 나를 앉혀놓고 아버지는 예루살렘의 멸망과 이스라엘 백성들의 고난에 대해 말씀하셨어. 그것이 몇 년 동안 이어졌지만 아버지는 그때를 제외하고는 나에게 전혀 말을 건네지 않으셨어. 내 자신을 들여다보고 스스로의 힘을 찾으라고 가르치셨지. 사람들이 아들과 왜 아무 말도 하지 않느냐고 물으면, 항상 '말은 사악한 것이고 속임수이며 진실을 왜곡시킨다.'라고 말씀하셨어. 그리고 다른 사람의 고통을 이해하려면 자신이 직접 겪어봐야 한다고도 하셨지. 시간이 흐르면서 아주 천천히, 난 아버지의 말뜻을 이해하기 시작했단다."

손더스의 아버지는 그리스 정교회와 하시디즘(Hasidism, 1750년경 폴란드에서 일어난 유대교 신비주의의 한 파-옮긴이) 유대인 공동체의 도움으로 아들에게 랍비라는 자신의 자리를 물려주었다. 그리고 아들의 발전에 책임을 느끼게 되었다. 이러한 책임감은 모든 아버지들이 느끼는 것이지만 자신이 아들의 운명을 결정한 것이 아니라면 아들의 발전에 수수방관할 수도 있다.

우리는 하시디즘의 신도도 아니고 아들의 운명을 결정하지도 않는다. "아들아, 네가 내 일을 이어받아야 한다."가 아니라 "너 스스로 길을 찾아라. 잘되길 기도해주마."라고 말할 수 있어야 한다. 개인주의 문화가 진정으로 추구하는 것도 바로 이러한 부자 관계일 것이다. 하지만 지금까지 우리는 이러한 관계를 추구하다 못해 남용해왔다. 무조건 혼자 알아서 하도록 내버려두고 아들의 운명과 발전에 무심했던 것이다.

세상의 아버지들은 레브 손더스의 아버지가 아들에게 동정심과 지혜, 책임감을 가르쳤던 방식을 배울 필요가 있다. 그 방식을 통해 아버지들이 아들의 감정적 운명을 결정할 수 있기 때문이다. 아들이 5~15세일 때 아들의 감정적 운명을 결정하지 않는 아버지는 아버지로서의 책임을 회피하는 것이다.

'감정적 운명'이란 무엇일까? 어머니보다는 아버지가 아들의 감정 세계를 더 잘 이해할 수 있다는 것이다. 아버지도 아들처럼 남성이기 때문이다. 아버지는 아내의 도움을 받으면서 아들이 부딪치는 감정적 어려움을 잘 관찰해야 한다. 감정적 도전의 소재는 고립감, 동정심의 결여, 공동체에 대한 두려움, 자신이 직접 사람들을 돌봐야 한다는 강박관념 등 아이들마다 다르지만, 대부분의 경우 이러한 요소들이 복합되어 있다. 아버지는 자신의 유년 시절을 떠올리고 아들에게 적용할 부분이 있는지 생각해보아야 한다. 그것을 통해 아들에게 자신의 감정을 다스리는 법을 가르쳐야 한다.

영화 〈가을의 전설〉에서 이사벨은 어린 아기를 보며 이렇게 말한다.

"자랑스러운 이름을 이어받은 아이야. 그 이름에 걸맞게 자랄 거라고 믿어. 너의 아버지의 이름 '루드로우'에는 명예와 책임, 연민, 지혜 등 모든 위대한 가치가 담겨 있지."

직접 표현하지는 않았지만 그녀의 말에는 아이에게 루드로우라는 이름을 물려준 아버지 트리스탄이 아들을 키우면서 그 이름의 가치를 가르칠 것이라는 믿음이 담겨 있다. 바로 이것이 레브 손더스의 아버지가 한 일이고, 또 세상의 아버지들이 해야 할 일이기도 하다.

모든 아들은 아버지의 이름에 부끄럽지 않게 살아가려고 노력한다. 강직하고 용기 있고 따뜻한 마음을 가지고 살아감으로써 아버지에게 "네가 정말 자랑스럽구나."라는 말을 듣고 싶은 것이다. 아들이 최선을 다할 수 있도록 최선을 다해 돕는 것은 모든 아버지의 책임이다. 아버지가 그 책임을 다하지 못할 때 아들은 아버지의 이름을 마음으로 받아들이지 못하고 제3자의 입장에서만 바라보게 된다.

 만약 아버지가 사망했거나 곁에 있지 않을 경우에는 어머니를 포함한 멘토들이 아이로 하여금 그가 물려받은 이름의 가치를 깨닫도록 도와야 한다. 인류 역사에서 결혼이 자녀 출산의 전제 조건이 되어왔던 것은 바로 태어난 아이에게 아버지의 이름을 물려주기 위한 이유 때문이었다. 따라서 결혼을 통해 남성은 자녀의 신체적 욕구와 감정적 건강을 모두 돌보는 부모가 되고, 자녀의 운명에 비전을 심어주고자 도전하게 된다.

아빠에서 아버지로 : 아들 놓아주기

웨인이라는 아버지와 아들 믹이 나를 찾아왔다. 62세의 정년 퇴직자인 웨인은 3년 동안 암 치료를 받아왔고 어느 정도 호전된 상태였다. 믹은 33세이며, 여자친구와 동거 중으로 곧 첫아이를 낳을 예정이었다. 그러나 이들 부자는 서로를 놓아주지 못하고 있었다. 아버지는 지배하려 하고 아들은 반항하는 관계였다.

그들은 이미 오래전부터 서로의 관계에 어려움을 느꼈다. 믹이 어렸을 때 웨인은 집에 없을 때가 더 많았고, 간혹 집에 있을 경우 아들과 무언가를 함께하려 했지만 믹은 믹대로 엄마나 형제자매, 친구들과 해야 할 일, 그리고 자신만의 삶이 있었다. 웨인은 날이 갈수록 믹을 통제하려 했다. 무언가 사주면 믹이 그것을 제대로 가지고 노는지 확인하려 들었고 믹도 화가 나서 일부러 아버지를 애태웠다. 심지어 점점 크면서 아버지가 마약과 돈에 관련된 무책임한 행동을 가장 싫어한다는 것을 알고 대놓고 마약을 복용하여 빚을 지기도 했다. 웨인은 돈 문제에 매우 신중하고 보수적인 사람이었다. 아버지의 그늘에서 벗어나고자 믹은 자신의 10대와 20대를 마음 내키는 대로 보냈고 아버지는 이러한 아들을 비판하고 외면했다.

몇 년이 흘러, 믹도 한 남자아이의 아버지가 되었다. 삶의 위대한 순환은 모든 사람에게 기회를 준다. 이 두 사람도 그러한 기회를 갖게 되었다. 깊은 성찰을 통해 웨인은 자신이 얼마나 통제적이었는지 알게 되고 두 사람은 3개월 동안 서로 말하지 않고 자중하는 시간을 가졌다. 믹은 지금까지 반항만 해왔지, 자신의 비전과 존재 이유를 찾는 데 무관심했음을 깨달았다. 아버지로부터 벗어나서 성숙한 인간이 되기 위한 심리적 여정을 시작해야 했다.

두 사람은 이제 새로운 관계를 이루게 되었다. 믹과 웨인이 서로 도우며 살아가는 모습은 믹의 아들에게 좋은 가르침이 될 것이다.

부자간의 갈등은 평생 지속되기도 한다. 모든 아버지와 아들이 웨인과 믹처럼 할 수 있는 것이 아니기 때문이다. 자존심과 완고함, 그리고 자주 다투는 습관이 부자 관계를 틀어놓곤 한다. 함께 어떤 일을 하고 함께 저녁을 먹고 서로 존중할 때도 있지만 정말 평화로운 관계로는 보이지 않는다.

아이의 사춘기에는 다음과 같은 패턴이 분명히 나타난다. 이제 중년에 들어선 아버지는 아들과 더 가깝게 지내기를 원하며 아들의 삶에 깊이 관여하려 하지만, 아들은 아버지와 뭔가를 함께할 마음이 없다.

1. 제어 시스템

이 관계에서 둘 중 한 사람은 제어 시스템을 가동한다. 상대방이 자신의 뜻대로 움직이지 않을 경우, 마음을 억누르고 돈이나 시간으로 표현을 억제하는 것이다. 보통 아들은 아버지가 용돈이나 자동차를 주지 않을 때 애정 표현을 자제하고 아버지는 아들이 자신의 뜻을 따르지 않을 때 제어 시스템을 가동한다.

이 제어 시스템과 제7장에 나오는 훈련 시스템을 혼동해서는 안 된다. 훈련 시스템은 부모와 자녀 모두가 그 필요성을 인정하고 상호 협의하에 계약하는 것이다. 반면 제어 시스템은 종종 서로 동의하지 못하는 어떤 이유로 인해 한쪽이 다른 쪽에게 가하는 것이다.

2. 순응 시스템

아버지와 아들은 적어도 더 힘 있는 쪽을 따르는 것처럼 보일 것이다. 보통은 아들이 아버지와 제어 시스템에 반감을 가진 상태로 할 수 없이 순응한다. 그러나 때때로 아들이 아버지와 사이가 좋지 않은 어머니와 힘을 모으면 아버지가 순응하기도 한다. 이러한 경우는 이혼의 상황에서 종종 나타난다.

3. 철회 시스템

아버지와 아들은 감정적·신체적으로 서로 멀어지면서 함께하는 시간도 거의 사라진다. 아내와 이혼한 남편들은 감정적으로 아들을 버리며, 이혼 후에는 아들이 감정적으로 아버지를 마음속에서 내보낸다. 철회 시스템의 유형은 다시는 서로 말하지 않는 완전한 포기부터 아무 접촉 없이 공동생활을 하는 감정적 괴리까지 다양하게 나타난다.

이 시스템은 아버지나 아들이 '위험한' 상황에 처했을 때 가동될 필요가 있다. '위험하다'는 것은 무엇일까? 사람이든 상황이든 '감정적으로 어떻게 손쓸 수 없을 정도'의 상황에 처해 있는 것을 뜻한다.

한 어머니가 나를 찾아와 이혼한 남편과 아들에 대해 이야기를 꺼냈다. 사냥을 무척 좋아했던 남편은 아들에게 총을 다루는 법을 가르쳤다. 그러나 아들이 총을 만지기를 원치 않았던 그녀는 법적 절차를 거쳐 전 남편이 아들에게 접근하지 못하게 하려고 하였다. 나는 아버지와 아들이 가깝게 지내도록 하기 위해 '위험하다'는 것의 정의가 바뀌어야 함을 그녀에게 이해시켰다. 그 아들에게는 감정적으로 해결할 수 없는 어떠한 위기 상황도 없었다. 물론 엄마로서 아들에게 "얘, 나는 총은 정말 싫단다."라고 말할 수는 있지만 자신의 주관적 호불호 때문에 부자 관계를 단절시킬 권리는 없는 것이다.

4. 반항 시스템

이것이 바로 믹이 선택했던 시스템이다. 아버지가 아들에게 반항하는 경우는 드물지만 어머니와 아들의 관계가 밀착되어 아버지가 가정에서 아들의 영향력이 더 크다고 느끼는 경우에는 가능하다. 그러나 아들이 아버지에게 반항하는 것이 일반적인 형태다. 물론 어느 정도의 반항은 아버지와 아들이 서로를 놓아주는 데 도움이 된다.

  이 모든 패턴에서 관찰할 수 있듯이, 아버지와 아들은 완전한 인간으로서 상대방을 대하는 것이 아니라 서로 힘 싸움을 벌인다. 심지어 몇 년 동안 서로 말을 안 하면서도 정작 놓아주지는 않는다. 아버지의 사랑에 목말라하는 아들은 자신이 품고 있는 아버지의 이미지에 모든 것을 의존한다.

  아들이 자라 집을 떠날 때가 되면 부자 관계는 두 성인 남성의 관계로 바뀐다. 멘토들은 아들이 아버지의 그늘에서 벗어날 수 있도록 도와준다. 두 사람이 각자의 시간을 갖고 떨어져 있거나 중년에 이른 아버지가 자신의 인생을 돌아보고 점검하여 새롭게 변화한다든지, 아들이 가족이 겪고 있는 어려움을 진지하게 생각해보는 것도 좋다. 이 모든 과정이 잘 진행된다면, 아들은 아버지의 불완전함을 받아들이고 아버지는 아들이 하나의 성인 남성임을 인정할 수 있을 것이다.

  아버지의 부재 시에 아들에게 멘토들을 제공할 수 있는 세 가지 가족 유형이 없다면, 부자 관계는 공허하고 혼란스러운 상태에서 쉽게 벗어나지 못할 것이다. 이는 곧 우리 사회가 짊어져야 할 짐으로 연결된다.

웨인과 믹은 그 그늘에서 벗어났다. 나와 함께한 모든 상담 치료가 끝난 후, 웨인은 아들 믹에게 상징적이면서 감동적인 화해의 제스처를 보냈다. 맥아더 장군을 매우 존경한 웨인은 장군이 아들을 위해 쓴 기도문 액자를 가지고 있었다.

주여, 나에게 이러한 아들을 주옵소서. 약할 때 자신을 분별할 수 있는 강한 힘과 두려울 때 자신을 잃지 않을 담대함을 가진 아들, 정직한 패배를 부끄러워하지 않고 의연하며 승리 앞에서 겸손한 이들을 주옵소서.

바라기만 하지 말고 행동으로 실천하는 아들, 주를 알고 자신을 아는 것이 지식의 근본임을 아는 아들을 허락하옵소서.

그를 평탄하고 안이한 길로 인도하지 마시고 고난과 도전에 맞설 수 있도록 인도하여 폭풍 속에서 용감히 싸우고 패자를 긍휼히 여길 줄 알도록 가르쳐주옵소서.

마음이 깨끗하고 목표가 높으며 남을 정복하려 하기 전에 먼저 자기 자신을 다스리는 아들, 미래를 바라보는 동시에 과거를 잊지 않는 아들을 나에게 주옵소서.

그리고 이에 더하여 유머를 알게 하시어 인생을 진지하게 살아가면서도 삶을 즐길 줄 알고 모든 일을 너무 심각하게 받아들이지 말게 하옵소서. 겸손한 마음을 주셔서 진정한 위대함은 소박함이며 진정한 지혜는 열린 마음임을, 진정한 힘은 온유함임을 기억하게 하소서.

그리하여 언젠가는 제가 헛되이 살지 않았노라고 고백할 수 있도록 도와주소서.

웨인은 이 기도문을 그의 서른세 살 난 아들에게 건네면서 말했다.
"글 쓰는 재주가 없어 직접 쓰지는 못하겠구나. 이 기도문이 바로 내 마음이라고 생각하렴. 널 위해 항상 기도하고 있다. 넌 아버지로서 나를 항상 자랑스럽게 만들어주는 아들이지."

이렇게 값진 아버지의 선물이 또 있을까! 믹은 아버지를 끌어안고 그 선물을 받아들였다. 자기 자신뿐 아니라 자신의 어린 아들을 위해서도. 이러한 자리에 함께 있었다는 것이 나에겐 커다란 영광이고 기쁨이다.

제6장

제2의 탄생 : 성인으로 향하는 길

천문학자들은 은하계의 유아기, 소년기, 성년기, 노년기에 대해 말한다.
인간의 발달 단계와 동일하게 보는 것이다. 삶의 각 단계에는 신체적, 심리적 변화가
일어나며 각 단계의 차이가 바로 새로운 형태와 존재 방식을 이룬다. 삶의 전체적이고
유기적인 연속성을 유지하면서 이전 생명체가 사라지고 새로운 개체가 형성된다.

– 로버트 롤러, 『첫 날의 음성(Voices of the first day)』 중

어느 화창한 날, 나이 든 여성과 젊은 여성이 원주민 마을 외곽의 한 장소로 걸어가고 있다. 젊은 여성은 진통이 막 시작된 산모, 늙은 여성은 산파다. 산모를 아카시아 나무로 이끈 산파는 머리를 나무에 대고 팔로 지탱한 채 쪼그려 앉으라고 말한다. 그리고 여성의 등 아랫부분을 부드럽게 쓸어내린다. 젊은 여성 아래에는 미리 파둔 구멍이 있고 주위에는 약초 타는 냄새가 진동한다.

아기가 나오기 시작할 때 자세히 보면 나무가 마치 척추처럼 여성과 연결되어 있음을 발견하게 된다. 아기가 태어나면 산파는 아기의 상태를 관찰하고 살 가망이 없을 것 같으면 밑에 파둔 구멍에 묻는다. 이빨로 탯줄을 끊고 태반도 묻어버린다.

오스트리아 원주민들의 삶을 관찰한 로버트 롤러는 나무와 구멍에 대해 이렇게 말한다.

"그 지점이 바로 아기를 낳는 곳입니다. 아이의 정체성과 자신이 속한 땅에 대한 의무감을 형성하게 될 곳이죠."

산모와 산파를 비롯한 부족의 구성원은 자연의 혼과 아이를 연결시키는 것이 얼마나 중요한 일인지 알고 있다. 산파는 이곳의 흙을 아기의 몸에 바르고 탯줄을 꼬아서 아기의 목에 걸어준 다음, 자신의 얼굴 가까이로 바짝 끌어당겨 아기의 성스러운 이름을 콧구멍 속으로 속삭이듯 불어넣어준다. 이러한 아기의 탄생은 가족에게 기쁜 사건이라기보다는 영적으로 중요한 의식에 가깝다. 여기서 아이의 경험은 전 세계 다른 부족들의 경험과 비슷하며 인간의 조상들이 겪은 경험과도 같다.

궁극적으로 모든 출생 의식은 영적인 관계에 대한 것이다. 아이가 태어나면서 모든 생명이 재생되고 의례화된다. 가족과 문화에 의해 많은 가치를 부여받는 아이일수록 그의 탄생은 더욱 의례가 된다. 소년기를 거치면서 생일 축하 인사와 선물을 받지만, 그 이상으로 중요한 것은 자신이 가치 있는 존재임을 인정하는 세상, 문화, 부족, 가족 안에 태어났다는 것을 다시 확인하는 것이다.

청소년기에는 제2의 탄생을 경험하게 된다. 제3의 탄생은 중년기에, 제4의 탄생은 세상을 떠나는 순간에 일어난다. 자연의 순환과 밀접한 관련을 맺고 살아가는 오스트레일리아 원주민들은 사춘기 자체를 출생 시 아기가 겪는 충격과 비슷하게 생각하며 존중한다.

생화학적 관점에서 보아도 둘 사이에는 매우 흥미로운 유사점이 있다. 사춘기 때의 호르몬 수치 변화 그리고 신체 각 기관과 부위의 성장 속도는 모체의 자궁 내에 있을 때와 비슷하다. 이것이 바로 남자아이들이 성인으로 거듭나는 제2의 탄생이다. 부족 사회에서는 제2의 탄생 후 몇 년 동안 성인식이 계속되고, 이 기간이 끝난 후 소년은 비로소 성인 남성으로 대우받는다. 부족 생활에서 청소년기는 부모와 공동체 구성원에게 직접적인 조언과 가르침을 받는 과정이다. 다음은 남자아이들이 부족 성인식에서 얻는 중요한 경험과 가르침이다.

- 여성에 대한 존중심
- 분노를 다스리는 법
- 친밀한 멘토링
- 일정 기간 성인 남성 공동체에서의 생활(많은 부족들은 성인이 되는 준비 과정에 있는 남자아이들로 하여금 성인들과 정해진 기간 동안 함께 지내도록 한다.)
- 신과의 영적인 접촉
- 공동체 보호와 성장을 위한 종교의식, 그리고 그것을 통한 두려움의 극복과 힘의 재정비
- 남성의 역할과 그 역할에 맞는 주요 임무
- 자신의 단점과 한계에 대한 겸허한 태도
- 자신의 그늘진 부분을 통합시켜 완전한 자아를 형성하는 법

- 의사소통 능력
- 성교육
- 취미와 재능
- 자연에 대한 지식, 자연을 키우고 조화를 이루며 살아야 하는 책임
- 도덕과 가치

제2의 탄생을 경험한 부족 사회의 남자아이는 아버지와 멘토로부터 위의 내용을 배우게 된다. 어머니는 아들의 양육에서 중요한 역할을 하지만 아이가 사춘기에 이르면 곧바로 성인 남성에게 보낸다. 아홉 아들과 딸 하나를 키우던 터키 동부의 쿠르드인 여성은 아들의 키가 자신보다 커졌을 때 아들의 양육을 아버지에게 맡겨야 한다고 생각했다. 남편은 스위스에서 일하고 있었고 그녀는 마지막 세 아들을 남편에게 보내지 못했지만 아버지의 역할을 대신 해줄 수 있는 사람이 존재했다. 바로 위의 형들이 부분적으로 아버지의 빈자리를 채워준 것이다.

인간의 문화에서 남자아이들의 사춘기란 어떤 의미를 가질까? 또 앞서 제시한 여러 가치 중 우리 주위의 남자아이들이 종합적으로 이해하는 것은 몇 가지나 될까? 우리의 아들 가운데 몇 명이나 가족과 공동체, 사회의 안내와 지도로 성인으로의 제2의 탄생을 경험하고, 그것을 소년과 그의 가족, 공동체, 문화가 어우러져 살아가는 데 중심이 되는 정신적·전인적 과정으로 받아들일까?

남자아이들은 군대나 갱단과 같은 집단에 참여함으로써 성인이 되기

도 하지만 이는 소수에게 적용되며 대부분의 남자아이들은 좀도둑질, 처음으로 자동차를 갖게 된 일, 첫 성경험 등 매우 상이한 사건들을 결합하며 심리적으로 자신이 성인이 되었다고 생각한다(물론 성인이 되었음을 알려주는 자연의 방식은 성 기관과 체모의 성숙 등 신체적 변화지만 말이다). 이것이 성인 단계로 들어서는 도입부를 형성한다.

미국의 남자아이들은 위와 같은 방식을 통해 자신이 남자라고 느끼지만 중년에 들어서면서 남성이라는 것이 무엇인지 잘 모르겠다고 말하기도 한다. 중년의 위기에서 그들은 남성성을 느껴보기 위해 청년기를 다시 체험하고자 한다. 그들이 삶으로의 정신적 진입과 성인기로의 진입에 실패한 것은 가족과 사회가 남자아이들에게 성인이 된다는 것이 무엇인지 가르쳐주지 않았기 때문이다.

아이들은 성인으로 다시 태어나야만 한다. 그러한 과정이 없을 때는 성인이 무엇인지에 대해 혼란스러워하는 또래들과 함께 발전시킨 성인에 대한 이미지, 즉 돈을 벌고 가정을 이루고 혼돈스럽고 상처받은 개인적 감정을 드러내지 않는 이미지에만 집착하게 된다. 중년이 되어 기력이 점점 떨어지는 것을 느끼면서 이러한 혼란과 연약함은 남성을 더욱 힘들게 한다.

우리는 남자아이들이 스스로 성인으로 커갈 것을 기대한다. 그러나 다른 사람의 안내를 받지 않고 직접 시행착오를 겪으면서 성인이 되는 경우는 극히 드물다. 그들을 남성으로 만들고자 적극적으로 나서는 사람들이 없다면 남자아이들은 온전한 성인이 될 수 없다. 부족의 성인식이 없다는 것은 백 년 전보다 오히려 오늘날 더 큰 문제가 된다. 현재의 청소년들이 과거의 젊은이들보다 뇌와 신경계에 더 많은 자극을 받기 때문이다.

왜 우리 문화는 남자아이들에게 정신적으로 충만한 남성적 비전을 안겨주지 않는 것일까? 여러 가지 이유가 있다. 많은 사람들이 인간이 발전시켜온 종교를 믿지 않으며 따라서 전통으로부터 점점 멀어졌고, 개인주의가 발전할 수 없는 부족주의에 대해 반감을 가지고 있다. 또한 남자아이들이 성인 남성과 많은 시간을 보낼수록 더 공격적인 성향을 갖게 된다고 믿기 때문에 성인기로 진입하는 것을 두려워한다.

하지만 다시 도전해야 한다. 여기서 기억해야 할 것은 처음부터 남자아이와 여자아이는 다르기 때문에 사춘기 때도 남자아이들의 특성을 고려한 교육을 행해야 한다는 점이다. 여자아이들은 매달 주기적으로 자신이 여성임을 확인하지만 남성에게는 자기 존재의 신성한 의미를 깨닫게 하는 특별한 생리적 현상이 없다.

삶과 연결되어 있음을 느끼는 법을 배우지 못한 사춘기의 남자아이들은 결국 다른 이들에게 불안감을 주는 사람으로 성장하게 된다. 남성 집단과 성인 남성, 그리고 공동체의 도움 없이 자랐을 때 그들은 친밀함과 공동체 정신의 가치를 이해하지 못하며 최악의 경우 반사회적 인물이 될 수 있다.

지난 몇 십 년 동안 우리는 "남자아이들은 남성 우위의 종교와 사회, 가치관을 너무 많이 접하고 있어요. 군대가 남자아이들을 어떻게 훈련시키는지 좀 생각해보세요. 남자라기보다는 살인 병기로 만드는 게 현실이죠. 성인 남성보다는 여성이 그들을 키우고 가르치는 것이 훨씬 더 나을 것 같아요."라는 불평을 수도 없이 들었다. 그러나 그동안 이러한 생각이 너무 지나치지 않았나 싶다. 여성은 남자아이들과 성인 남성을 서로 떼어놓아야 하는 사람이 아니다. 오히려 남자아이들이 성인 남성으로부터 성실함과 용기를 배울 수 있도록 서로 연결시켜주는 역할을 해야 한다. 여성들이 직접 가르쳐줄 수 없는 부분들이 분명히 있기 때문이나. *아이가 처음 태어났을 때 어머니와의 애착 관계 형성이 매우 중요하듯이, 제2의 탄생 때는 아버지와 성인 남성과의 관계가 필수적이다.*

그렇다면 바람직한 제2의 탄생은 어떤 것일까? 이에 대한 답을 알려줄 재미있는 이야기가 있다. 바로 '잭과 콩나무'다. 잭은 어머니와 단둘이 살아가지만 어려운 과정을 거쳐 용감하고 성실한 남성으로 거듭난다. 이 이야기를 통해 성인이 되는 기본 단계와 우리의 아이들에게 적용할 수 있는 실제적인 모델을 발견할 수 있을 것이다.

잭과 콩나무

옛날 어느 마을에 잭이라는 소년이 어머니와 함께 살고 있었다. 잭이 점점 자라자 어머니는 곰곰이 생각했다.

'잭도 이제 책임감이 무엇인지 좀 알아야 할 나이가 되었어. 집에 있는 암소가 너무 늙었으니 잭에게 암소를 시장에 데려가 팔아보라고 시켜야겠군.'

잭과 어머니는 매우 가난했기 때문에 제값을 받고 암소를 파는 것은 매우 중대한 일이었다. 만일 잭이 제대로 하지 못하면 당장 먹을거리를 살 수 없기 때문이었다.

마을 읍내를 향해 가던 길에 잭은 한 노인을 만났다. 노인이 물었다.

"그 암소를 데리고 어디 가는 중이지?"

"시장에 팔러 가요."

"그래? 이것 좀 보겠니?"

노인은 코트 안에서 마법의 씨가 들어 있는 자루를 꺼냈다.

"이 씨는 돈보다 더 값진 것이야. 그 소를 내게 주면 이 씨들을 주지."

잭은 씨를 받아들고 집으로 가 어머니 앞에 자랑스럽게 내보였다. 눈앞에 보이는 것을 믿을 수가 없었던 어머니는 너무나 실망한 나머지 씨를 창문 밖으로 내던져버렸다.

암소 팔기

이것이 단순히 얼빠진 한 소년의 이야기일까?

잭의 어머니는 아들에게 책임감을 가르쳐주고자 했다. 아들은 점점 커가고 있다. 당장 먹을 것이 없을 때 어떻게 해야 할지 배워야 한다. 그래서 어머니는 아들에게 소를 팔고 오라고 시킨 것이다.

어머니들은 물건을 사오라고 시킨다든지, 저축을 위해 계좌를 만들어주는 등 여러 가지 방식으로 아들을 성인으로 훈련시킨다. 그런데 소를 파는 것과 비슷한 몇 가지 매우 중요한 방법이 있으니 실험해보라. 일주일 동안 혼자 캠핑을 다녀오게 하거나, 처음으로 밤을 새우게 하고, 또는 아들에게 자신의 자동차 혹은 다른 귀중품을 맡기는 것이다. 잭의 어머니가 잭에게 소에 대한 책임을 맡긴 것은 아들이 성인으로 행동하리라 믿었기 때문이다.

이야기에 등장하는 암소에도 의미가 있다. 우유를 제공하는 소는 여성적인 이미지와 상통한다. 노인이 잭에게 씨를 준 것은 분명 남성적 이미지다. 따라서 이 이야기는 익숙하고 편안한 여성성과 미지의 세계인 남성성을 한 소년이 어떻게 교환하는지 보여준다. 모든 어머니는 아들이 잭 정도의 나이가 되면 그의 눈에서 그런 표정을 읽는다. 지금은 어머니 품에 있지만 무언가 색다른 모험, 새로운 마법, 남성적인 마법을 원하는 젊은이의 표정 말이다.

멘토의 역할

멘토는 바로 잭에게 성인을 향한 여정의 기회가 되는 마법의 씨를 주는 사람이다. 안내자에 해당하는 멘토는 아이가 아동기에서 성인기로 이동하는 것을 돕는 과도기적 부모의 역할을 맡는다. 부족사회에서는 아버지가 같은 공동체의 남자 구성원 중에서 아들의 멘토를 직접 선택하기도 했다. 남자아이들은 멘토로부터 어떤 기술이나 스스로를 자신만의 마법과 연결시키는 방식을 배웠다.

이 마법은 사람마다 모두 다르다. 부모는 자녀의 특별한 재능에서 마법을 발견하기도 하고 멘토는 종종 부모들이 보는 것과 다른 재능을 아이에게서 발견하기도 한다. 과도기적 부모로서 멘토는 아이가 성인 단계에 진입하도록 이끌고 지원하고 자신의 성인기를 올바르게 해석할 수 있도록 도움으로써 온전한 성인으로 완성시킨다.

이 여정이 끝나갈 무렵, 멘토는 아이를 성인으로 인정하는 데 아버지를 끌어들인다. 멘토가 꼭 하나일 필요는 없다. 서너 명, 아니 그 이상일 수도 있다. 이들의 지도와 안내는 몇 달 혹은 몇 년 동안 아이들의 삶에 영향을 주는데, 이는 깊은 유대감이 형성되기에 충분한 시간이다. 멘토와 아버지는 아이와 관련된 문제에서 의견이 다를 수도 있다. 아이에 대해 다른 비전을 가질 수 있기 때문이다. 그러나 삶에서 가장 중요한 것, 왜 자신이 이 세상에 태어났는지, 다른 사람을 어떻게 대해야 하는지 등 기본적인 정신적 가치에는 동의해야만 한다.

어머니의 분노

잭이 씨를 가지고 돌아왔을 때 어머니의 분노는 매우 자연스러운 것이었다. 아들에게 책임을 맡겼는데 실패한 것이다. 그렇다고 마법을 보지 못하는 어리석은 어머니로 생각한다면 그녀를 너무 얕잡아본 것이다. 어머니의 주요 임무는 아들을 먹여 살리는 것이고, 성인으로 이끄는 것은 그다음 문제다. 그녀는 아들을 혼냈지만 동시에 씨를 창문 밖에 내던짐으로써 아들이 여정을 떠날 빌미를 제공하였다.

다음 날 아침 잭이 눈을 떴을 때 주위는 매우 어두웠다. 창문 밖에 거대한 콩나무가 자라 하늘까지 치솟아 있었기 때문이다. 그는 하늘을 바라보았다. 콩나무가 구름까지 닿아 있었다. 잭은 옷을 걸치고 나무 위로 올라가기 시작했다.

그리고 꼭대기에 이르러 구름 위를 걸어서 거대한 성에 도달하였다.

콩나무와 성

잭이 나무를 올라가는 동안 시간이 얼마나 지났을까? 이야기에는 나오지 않았지만 실제의 경우라면 잭이 콩나무 위로 올라가 거인을 만나는 사이에 몇 달 혹은 1~2년이 지났을 거라고 추측할 수 있다. 남자아이들은 사소한 반항을 하거나 방에 혼자 처박혀 있기도 하고 또래 친구들과 어울리기도 하는 등 여러 가지 방법으로 '콩나무'를 올라간다.

콩나무는 두 가지 측면에서 봤을 때 매우 상징적이다. 우선 남근 숭배적인 이미지를 가지고 있다. 잭은 이 나무를 통해 남성적 세계를 탐험한다. 또한 콩나무는 인생이라는 나무를 상징한다. 이 나무는 대부분의 문화에서 어떠한 형태로든 나타나 자연과 영적 세계의 결합과 인생의 완전함을 표현한다. 그리고 기른다는 관점에서 우유와 같은 상징이기도 하지만 문맥상 여성성보다는 남성적 세계와 더 연결되어 있다.

남자아이들은 자신의 콩나무에 올라갈 때 남성 영역에서 많은 시간을 보낸다. 14, 15세의 나이에 여자친구와 성경험을 하면서 콩나무에 올라갈 때도 아이가 원하는 것은 '여성과의 친밀한 관계'가 아니라 '어른이 되어보는 것'이다. 그들은 남성적인 것이 무엇인가에 대한 혼돈스러운 비전을 가지고 사춘기의 경험을 쌓아간다. 많은 남자아이들이 혼자 시간을 보내고 액션 영화를 보고 또래 친구들과 돌아다니고 여성과의 섹스를 시도하면서 자신만의 콩나무에 올라간다. 씨앗을 제공한 멘토를 만나지 않고도 성인으로의 여정을 시작할 수 있다.

모든 소년들은 남성으로서 자신의 운명을 향해 나아갈 방법을 찾아야 한다. '잭과 콩나무'가 우리에게 던지는 질문이 있으니, "그 여정이 마법에 의한 것이었음을 잭이 깨닫게 될 것인가?"가 그것이다. 만일 깨닫지 못한다면 그는 자신과 다른 사람들, 그리고 이 세상을 함부로 대하게 될 것이다. 마법은 바로 자신에게 있음을 깨달음으로써 정신적 자유와 책임감을 배울 수 있기 때문이다.

잭은 거대한 성으로 걸어간다. 규모만 보고도 그곳이 거인의 성이라는 것을 안다. 두렵고 불안하다.

('잭과 콩나무'의 여러 버전 가운데에는 잭의 아버지를 죽인 것이 바로 거인이었음을 잭이 알게 되는 내용, 성인으로서 자기 자신의 운명뿐 아니라 아버지를 찾기 위해 나아가는 내용도 있다.)

성으로 들어간 잭은 한 방에서 황금알을 낳는 거위를 발견하고 깜짝 놀란다. 재빨리 거위를 낚아채 콩나무를 타고 집으로 내려온 잭은 어머니에게 그 보물을 보여주고 성 안으로 더 깊숙이 들어간다.

황금알을 낳는 거위

모든 남자아이들은 이러한 거위를 가지고 있다. 그들은 세상에 대한 비전과 여러 재능, 모험하고 도전하는 용기, 어떤 일을 하는 방식, 인격, 교양과 지성, 재치, 분별력과 강인함을 가지고 있으며 이 모든 것이 결합되어 앞으로 그들 자아상의 기초를 형성한다. 사람들은 자신이 누구인지 확신할 수 없을 때 자신만의 '황금'을 돌아보게 된다. 동서고금을 통해 황금은 주로 순수함 그리고 미래의 보물을 상징한다. 우리는 자기 자신에 대한 기본적 신뢰를 저버려서는 결코 안 된다. 이것이 바로 순수함이다. 냉소적인 사람들은 아무도 신뢰하지 않는다. 자기 자신을 믿지 못하기 때문이다.

따라서 남자아이들이 사춘기를 보내는 과정에는 이 황금에 대한 이해가 포함되어야 한다. 남자아이들은 사춘기 동안 자신의 모든 재능과 특성을 깨닫고 활용하는 법은 물론 자신을 신뢰하고 세상에서 존재하기 위해 강인함과 분별력을 모두 배워야 한다. 그럼으로써 자신의 황금을 지키고 또 나눠주는 법을 알게 된다. 나누는 법을 배우지 못하면 결국 혼자가 될 뿐이다.

사춘기 남자아이들은 부모와 멘토에게 많은 선물을 보여준다. 그중 어떤 것이 황금알을 낳는 거위일까? 그것은 부모나 멘토, 친구들 그리고 아이 자신만이 알 것이다. 아이의 내면에 깊이 관여하고 있는 사람만이 말할 자격이 있다. 우리는 사춘기 자녀들의 눈을 들여다보면서 그 속에서 가장 중요한 핵심을 찾아야 한다. 우리의 어렸을 때 모습을 떠올리면서 아쉽거나 미련이 남는 것을 거위로 단정 짓고 아들에게 강요하지는 않는가? 그러나 아이들은 세상을 성공적으로 살아갈 에너지를 스스로 찾을 수 있도록 부모가 도와주는 정도를 원할 뿐이다.

소년원의 남학생들, 갱단의 단원들, 마약을 복용하는 아이들도 자신만의 황금을 감춰두고 있다. 그리고 여러 사회적 프로그램이 그들에게 손을 내밀어 "네 황금은 무엇이지? 무얼 바탕으로 너의 미래를 계획할 건지 얘기해봐!"라고 말해주길 기다리고 있다.

갱단에 들어간 아이들, 돈이 유일한 황금이라고 믿는 아이들, 섹스나 마약 등에 의존하지 않고서는 견딜 수 없다는 아이들은 모두 친밀한 관계에 있는 성인들로부터 자신만의 황금이 무엇인지 배우지 못한 것이다. 이들은 자신이 아닌 다른 곳에서 황금을 찾고 있다.

신화를 비롯한 여러 이야기에 등장하는 황금은 언제나 인간의 내면에 있는 무언가를 상징한다. 바깥에 드러나 있는 것은 눈에 보이므로 분명하지만 안에 있는 것은 보이지 않는다. 모든 이야기 작가들은 항상 눈으로 보아서는 얻을 수 없는, 숨겨진 무언가에 대해 이야기한다. 마찬가지로 우리에게는 아이들이 내면을 성찰하여 그 안에서 황금을 찾도록 도울 책임이 있다. 그 황금은 아마 돈이나 어떤 중독의 대상이 아닌, 진정한 자유일 것이다.

잭은 황금알을 낳는 거위를 훔친 후 다른 방으로 들어간다. 무언가 아름다운 소리가 들려오는 것을 느꼈기 때문이다. 마치 신들의 노랫소리 같다. 방에서 잭은 마법의 하프를 발견한다. 아름다운 음악이 저절로 흘러나와 잭의 마음을 사로잡는다. 그 음악을 통해 잭은 잠시나마 자신의 영혼을 들여다본다.

마법의 하프와 영적인 삶

청소년기 남자아이들이 세 가지 가족 유형에서 꼭 배워야 하는 것 가운데 '신성한 존재와의 영적 교제'가 있다. 이러한 경험은 자신을 삶의 대순환에 속한 영적 존재, 목표와 존엄성을 지닌 존재로 인식하게 해준다. 신화나 동화에서 음악은 종종 영적 교류의 상징으로 사용된다. '잭과 콩나무'에서도 마찬가지다.

토머스 무어의 소설 『영혼을 보살핌(Care of the Soul)』은 소년의 삶을 다룬 작품이다. 이 소설을 읽은 한 15세 소년은 "잘은 모르겠지만 무언가 전하는 메시지가 있는 것 같아요."라고 말했다. 많은 남자아이들이 채임 포톡의 『선택받은 사람들』이나 헤르만 헤세의 『싯다르타』를 읽고 자신이 변화됨을 느꼈다고 하며, 교회 학생부에 나가는 아이들은 "이제 알겠어요. 내가 누군지 알 것 같아요."라고 고백한다. 우리의 시선을 흩뜨리는 수많은 것들이 난무하는 세상 속에서, 변화됨을 느끼는 이 순간은 오래 지속되기 힘들다. 그러나 그것은 아이들이 마법의 하프 연주를 듣는 시간이 된다.

많은 아이들이 음악을 통해 어떤 신비로운 세계와 통하는 것을 느낀다. 한 세대의 음악은 그 세대의 영혼을 나타내는 법이다. 밥 딜런부터 레드 제플린, 브루스 스프링스틴에 이르기까지 많은 뮤지션들은 영혼을 담아 정신적 주제를 노래했다. 영성이란 종교를 포함하긴 하지만 종교는 아니다. 종교 혹은 종교적인 음악이 영적 교류를 느낄 수 있는 유일한 방법도 아니다. 영화 〈라이언 킹〉의 사운드 트랙 '삶의 순환(The Circle of Life)'은 종교적이지는 않지만 영혼에 깊은 울림을 준다.

그렇다면 '영적'인 것이란 정확히 무엇인가? 그것은 자아와 초자연적 신비로움이 연결된 것이다. 영적 교류를 경험하기 위해서는 적어도 신비로움을 두려워하지 않고 자신을 분명히 알아야만 한다.

부모 또는 멘토로서 사춘기 아들에게 정신적 성장을 가르칠 때 우리는 아들을 어떤 의식에 데려가거나 자신의 종교를 강요하지 않고, 그들에게 마법의 하프를 보여주고 그들이 듣고자 하는 것을 듣게 내버려둔다. 만일 아이가 강인한 자아를 키우도록 지금까지 도와주었다면 아이는 음악에서 느끼는 신비로운 힘을 두려워하지 않고 영적인 인간이 될 것이다.

자연에서 보내는 시간이 길면 길수록 청소년기 아이들은 마법의 하프 연주를 더 많이 듣게 된다. 자연은 가장 오래되고 가장 신비로운 성전이다. 이러한 자연의 모든 신비로움을 느끼며 자란 아이는 정신적으로 책임감 있는 성인이 된다. 또 교회, 회당, 소년원의 예배실 등 영적 지도자가 이끄는 모든 곳에서도 남자아이들은 마법의 하프 소리를 들을 수 있다.

아이들이 영적인 인간으로 성장하길 바란다면 가정이 먼저 예배와 기도의 장소가 되어야 할 것이다. 무신론자의 가정이 영적이지 않다는 의미는 아니다. 내가 알고 지내는 한 무신론자 가족은 저녁 식사를 하면서

신과 자비, 영혼에 대해 자유롭게 의견을 교환한다. 그들의 방식대로 영적인 생활을 하고 있는 것이다.

부부가 종교에 대해 의견 충돌을 빚을 때 자녀들은 영적인 것에 반감을 가질 수도 있다. 아이를 낳기 전, 부부가 자녀 양육을 위한 영적 계획을 세우는 것이 중요하다. 사춘기 이전 남자아이들은 주로 어머니로부터 영성을 배우지만, 반드시 교회에 가야 한다는 어머니의 강요는 오히려 역효과를 불러올 수 있다. 아버지와 멘토는 청소년기에 있는 아이가 정신적으로 성장할 수 있도록 잘 이끌어야 한다.

또한 남자아이들은 종종 아버지가 아닌 멘토로부터 영성을 배우기도 한다. 아들과 함께할 여건이 안 되는 아버지들은 옆으로 물러나 아들이 멘토를 찾을 수 있도록 도와주어야 한다.

기도가 삶의 중요한 요소임을 깨닫지 못하고 신에 대해 진지하게 생각해본 경험 없이 청소년기를 보낸 아이는 그 시기를 너무나 헛되이 보낸 것이며 자신의 영적인 부분을 키워 나갈 능력이 부족함을 스스로 깨닫게 된다.

잭이 마법의 하프를 겨드랑이에 끼우고 방을 나가려 하자 하프가 소리쳤다.

"도와주세요, 주인님, 도와주세요!"

잭은 하프를 코트 속에 집어넣어 소리를 감추고 세 번째 방에 숨어들어갔다. 그곳에는 아름다운 소녀가 앉아 있었다. 동화가 항상 그렇듯, 두 사람은 바로 사랑에 빠졌다. 그때 마법의 하프가 다시 소리를 질러 주인을 부르고 곧이어 성 전체가 흔들릴 정도로 쿵쿵거리는 발소리가 들려온다.

잭과 소녀는 방에서 나와 어두운 복도를 달리지만 그들 앞에 거인이 기다리고 있다.

"내 거위와 하프, 소녀를 어떻게 한 거야?"

거인이 공격하자 잭과 소녀는 보물을 가지고 도망친다. 그들이 구름을 지나 콩나무를 타고 내려오자 거인이 쫓아온다. 드디어 땅에 닿은 잭은 어머니에게 도끼를 가져오라고 소리치고 결국 콩나무를 베어 쓰러뜨린다. 미처 땅에 도달하지 못한 거인은 결국 죽고 만다.

잭은 거인의 성에서 가져온 보물을 팔아 아내와 함께 살 집을 짓고 어머니에게도 새 집을 지어준다. 이웃 사람들과 친구들은 잭이 겪은 이야기를 듣고 모두 감탄한다. 잭은 죽은 거인의 허리에서 벨트를 풀어 새 집의 벽난로 장식으로 사용하고 마을 사람들과 함께 거인을 옮겨 잘 묻어준다.

그림자에 맞서기

이야기는 해피엔딩으로 끝난다. 여기서 소개한 버전에는 나오지 않았지만, 거인의 아내가 잭을 잡아먹거나 그를 거인으로부터 숨겨주기도 하고 잭이 거인의 성에서 훔쳐온 물건들이 원래 잭 아버지의 소유물이었음을 어머니가 밝히자 거인에게 복수하여 아버지의 명예를 회복한다는 내용을 담은 버전들도 있다.

모든 버전에 공통적으로 등장하는 요소는 이른바 '그림자'와 대결이다. 어른이 되기 위한 잭의 여정에 바로 이 그림자와의 대결이 포함되어 있다. '잭과 콩나무'의 거인, 디즈니 영화 〈인어 공주〉의 바다 마녀, 〈라이언 킹〉의 스카, 그리고 할리우드 영화의 악당들로 구체화된 이 그림자 캐릭터는 어둡고 파괴적이고 고통스러운 인간의 일부를 나타낸다. 남자아이들은 자신의 등 뒤로 그림자를 끌고 다니며 어른이 되는 동안 그 그림자와 대결하는 법을 배운다.

부모와 양육자들은 이 대결을 가장 어려워한다. 남자아이들이 거칠게 행동하는 것은 바로 그들 안에 거인이 기지개를 켜고 일어서는 것과 같다. 난폭하게 운전하는 것, 여자친구를 임신시키고 신경 쓰지 않는 것, 시끄럽게 떠들어대고 물건을 부수거나 범죄를 저지르는 등 무책임하게 행동하는 것은 바로 그림자의 위력을 휘두르며 자신을 이끌어줄 어떤 힘을 소리쳐 요구하고 있는 것이다. 따라서 모든 남자아이들은 자기 자신과 자신의 그림자를 다스리는 법을 반드시 배워야 한다.

많은 부모들이 아들의 그림자를 발견하고 두려워하거나 별것 아니라고 생각하고, 언젠가는 사라질 거라고 믿으면서 누군가 다른 사람이 그 그림자를 통제하고 다스려주길 기대한다. 만일 부모나 멘토가 아이의 삶에 질서를 부여하고 그림자를 이해하도록 도와주며 그 어두운 에너지를 끌어내어 어른으로 성장하는 데 통합시키도록 이끌어주지 않는다면, 아이는 자신의 그림자를 사회, 앞으로의 결혼 생활, 미래의 가족과 직장으로 끌어들여 많은 사람에게 부정적인 영향을 미치게 된다. 그리고 사람들을 공격하거나 운동 경기를 하다가 이성을 잃고 화를 내고 자녀들에게 폭력을 휘두르면, 사람들은 그의 안에 잠들어 있던 거인이 일어섰음을 알고 두려워하게 될 것이다. 부모와 멘토, 교육자들이 사춘기에 있는 아이들로 하여금 자신의 그림자와 맞설 수 있도록 도와주지 않으면 그림자는 점점 더 큰 거인이 될 것이다.

브라질의 샤반테족은 남자아이들의 그림자를 존중하고 여러 의식을 통해 훈련시킨다. 예를 들어 어떤 의식에서는 남자아이들에게 함께 힘을 모아 거대한 통나무를 옮기게 한다. 이때 통나무는 그들의 분노를 상징한다. 이와 같은 의식을 통해 부족의 연장자들은 분노를 표출할 수 있는 적절한 한도를 가르치는 것이다. 두려움 역시 인간이 가지고 있는 그림자의 일부로서, 북아메리카 인디언들은 성인식 때 소년들의 두려움을 시험하였다. 남자아이들은 위험하고 무서운 황야에서 며칠 동안 비전 퀘스트[Vision Quests, 영계(靈界)와의 교류를 구하는 의식-옮긴이]에 참여함으로써 두려움을 이기고 자아를 찾는 법을 배워갔다. 여기서 중요한 것은 남자아이들이 두려움이라는 감정을 훈련받지 않으면 자신과 공동체를 위해 활용하지 못할뿐더러 오히려 다른 사람들까지 두려워하게 만들 수 있다는 사실이다.

청소년을 지도하는 사람들은 반드시 자신의 분노와 두려움을 다스리는 방법을 그들에게 가르쳐주어야 한다. 남성의 자기통제는 이러한 감정의 그늘진 면을 직시하는 단계에서 시작한다.

남자아이들을 가르치는 성인들은 아이들이 두려움을 다스리도록 돕기 위해 로프스 코스(Ropes Course)와 같은 방법을 활용해왔다. 로프스 코스는 오늘날에도 북미에 남아 있다. 나무 사이에 막대기가 놓여 있고 아이들은 땅에서 거의 10미터 높이에 설치된 가느다란 막대기를 가로지르며 두려움을 쫓아낸다.

스포츠 경기는 아이들이 자신의 그림자를 확인하고 맞설 수 있는 기회다. 팀을 이뤄 경기를 할 때는 경쟁, 비방 등의 그늘진 순간과 마주한다. 스포츠 경험을 통해 아이들은 그늘진 자아와 지나친 자만, 무절제한 충동, 실패 혹은 성공에 대한 두려움을 직시하게 된다. 이러한 두려움을 어떻게 헤쳐 나가고 어떤 조언을 받느냐에 따라 그들의 미래는 달라진다.

가정에서는 부모와 아이들이 마약, 여자친구, 폭력, 인종차별, 성차별 등 모든 주제에 대해 자유롭게 대화를 나눌 수 있는 분위기가 조성되어야 한다. 부모가 아이에게 그들의 그늘진 편견을 지적하고 개선할 수 있는 방법을 제시하기 위해 최선을 다해야 함은 물론이다.

대중매체는 남성의 그림자가 많이 반영되는 분야이므로 아이들이 받아들이는 이미지를 모니터할 수 있도록 하는 법적인 장치를 마련해야 한다.

교육 체계는 가장 중요한 부분이다. 교사들은 멘토링 훈련을 받아야 함은 물론, 어떤 학생의 멘토가 되면 학부모와 공조 체제를 이루어 아이의 그림자를 어떻게 다루어야 할지 함께 고민해야 한다.

커뮤니티 센터나 교회, 청소년 센터 등은 아이들에게 자신의 그림자에 맞설 수 있는 안전한 장소를 제공해준다. 복싱, 양궁 등을 가르치고 함께 비디오 게임을 하는 등, 남자아이들에게 도움을 주고자 자발적으로 나서는 성인 남성들이 점점 늘고 있다.

래프팅이나 로프스 코스, 그 밖의 여러 통과의례적 경험은 청소년기에 있는 남자아이들에게 꼭 필요한 요소다. 이러한 경험을 통해 아이들은 그들의 황금, 영성, 그림자가 무엇인지 깨달으면서 성장한다.

두려움을 극복하는 법을 배운 아이는 그것을 가르쳐준 윗사람에게 감사하는 마음을 갖는다. 나는 아이다호 주 북부의 새먼(Salmon) 강에서 래프팅을 하는 모임에 참여한 적이 있다. 그중에는 강 안내원의 친구인 17세 소년이 있었는데, 그가 여러 가지 방법으로 멘토링을 청하면서 래프팅 여행은 바로 성인이 되는 여정이 되어버렸다. 사람들은 그에게 여러 가지 조언을 해주었고 남성이라는 것에 대한 그의 두려움과 혼란은 강 위에서 상당 부분 해소되었다.

처음 여행을 떠날 때 그의 가장 큰 두려움은 '어른들이 자신을 어떻게 받아들일까' 하는 것이었지만, 우리는 그를 남성으로 인정하고 받아들여주었다. 1년 후, 나는 그의 전화를 받았다. 그는 강에서의 경험을 바탕으로 쓴 학업 계획서 덕분에 좋은 대학에 들어갔다고 말했다. 그 여행을 경험하고 나서야 자신이 원하는 길을 알게 되었다는 것이다. 여행은 그가 성인으로 다시 태어나는 데 큰 도움을 주었음이 분명하다.

운명, 위기, 자녀의 죽음, 결혼의 실패, 실직, 이러한 것들도 역시 우리 삶의 여정 가운데 일부다. 우리는 청소년기에 거인과 싸우는 법을 배우면서 평생 거인에 맞설 힘과 능력을 얻는다.

'잭과 콩나무'에서 잭은 거인의 허리에서 벨트를 풀어 그의 새 집에 들여놓았다. 이 부분은 그림자와 싸울 뿐 아니라 그것을 수용하여 자신과 통합시켜야 하는 필요성을 나타내는 것으로 이해할 수 있다. 일부 신화 작가들은 이를 '그림자 삼키기'라고 부른다. 그림자를 자신의 일부로 받아들여 진정한 성인이 되는 데 밑거름으로 사용한다는 의미다. 만일 그림자를 짓밟고 없애버린다면 그것은 불시에 다시 나타나 다른 사람들과 자신의 삶, 가정, 직장에 큰 피해를 줄 것이다.

'잭과 콩나무'에서는 거위와 하프를 훔친 후 그림자와의 만남이 이루어진다. 즉, 잭의 두려움과 수치, 혼돈의 감정을 나타내는 거인을 만나게 되는 것이다. 많은 이야기에서 그림자와의 만남은 주로 주인공이 '황금'을 발견하고 정신적 깨달음을 얻은 후에 일어난다. 그림자에 맞서는 것은 매우 어려운 일이지만 자신을 신뢰하고 영적인 세계를 존중할 줄 아는 사람은 보다 쉽게 맞설 수 있다.

잭의 마을 사람들은 그가 한 일에 대해 감탄하고 찬사를 보낸다. 잭에게 씨를 팔았던 노인은 "네가 마법의 여행을 마치고 돌아올 줄 알고 있었지. 네가 왔으니 이제 나도 떠나야겠군."이라고 말한다. 그는 자신의 임무를 완수하고 다시 공동체의 일원, 즉 마을 사람으로 돌아가는 것이다.

잭과 마찬가지로 모든 젊은이들은 "넌 정말 용감해. 정말 잘했어."라고 말해줄 공동체 그룹을 필요로 한다. 래프팅 여행을 함께했던 소년도 우리에게 "어른이 되기 위해 그렇게 노력하다니 정말 훌륭하구나."라는 말을 기대하지 않았는가?

사람들이 잭을 칭찬한 시점에도 주목할 필요가 있다. 그들은 잭이 그림자와 싸우기 전이 아니라, 싸운 후에야 칭찬했다. 사회의 범죄자들에게 우리가 저지르는 한 가지 큰 실수는 바로 그들이 복역을 마치고 난 후, 즉 그림자와 싸운 후에도 그들을 비난하고 손가락질하는 것이다. 감옥을 나선 그들을 경멸하며 일거리도 주지 않고 여전히 범죄자처럼 다룬다.

여러 면에서 볼 때 우리가 남자아이들을 대하는 것도 크게 다르지 않다. 그들이 성장하기 위해 해낸 힘든 일들을 눈여겨보지 않고 존중하지 않으며 과거의 실수를 덮도록 도와주지도 않는다. 남자아이들은 자신들에게도 그늘진 면이 있다는 것을 인정하고 그 그림자를 다스리도록 도와줄 공동체를 원한다. 그림자의 존재를 깨닫고, 맞서고, 그 결과에 대해 칭찬받는 것, 이것은 그림자를 통과하여 진정한 성인이 되는 3단계 과정이라고 할 수 있다.

소년, 소녀를 만나다

남자아이들의 성장을 다룬 이야기들을 보면 언제나 거인이나 마법사, 괴물, 악마, 마녀 등의 소굴에 갇혀 있는 아가씨가 한 명 등장한다. 소년은 그 소녀와 사랑에 빠지고 그녀를 구하기 위해 거인, 괴물, 악마와 맞서 싸운다. 제9장에서는 소년과 이 소녀들을 집중적으로 다루며 성과 사랑을 어떻게 가르쳐야 할지 생각해볼 것이다. 여기서는 소년의 사랑과 그림자와의 대결이 얼마나 훌륭하게 조화를 이루고 있는지 살펴보자.

'잭과 콩나무'에서 잭은 거인의 성에 있던 소녀와 사랑에 빠지고 난 후 바로 그림자와 대결하게 된다. 잭이 사랑에 빠지면서 육체적 욕망을 전혀 느끼지 않았다면 아마 거짓말일 것이다. 신화 이야기들은 인간의 생태를 매우 사실적으로 표현한다. 테스토스테론은 성욕과 공격적인 욕구를 동시에 일으키는 호르몬이다. 이 호르몬이 일어날 때 남성들은 공격적이고 폭력적인 충동만큼이나 성욕을 느끼게 된다. 여성과 성적 관계를 맺고 싶은 충동에서 남성이 느끼는 깊은 혼란은 생물학적으로 설명할 수 있는 것이다.

남자아이들이 처음 여자아이를 바라보기 시작할 때쯤, 그들은 서서히 자신의 그림자와도 맞서게 된다. 따라서 이 시기에 충분한 조언을 해주는 것은 매우 중요하다. 자신의 그림자와 대결하기도 전에 결혼하는 남성은 자기 자신과 아내, 자녀, 공동체에 모두 해를 끼치곤 하기 때문이다.

'잭과 콩나무'는 우리에게 이토록 여러 가지를 시사하고 있다. 사춘기의 아들을 키우는 아버지와 연장자는 아들이 여자아이를 임신시키거나 폭행하지 않도록 철저하게 가르쳐야 한다. 만일 어머니 혼자 아들을 키우고 있다면 사랑과 성에 대해 가능한 한 많은 대화를 나누고, 아버지 외에 다른 남성들이 있다면 성적 충동 등 보다 근본적인 요소들에 대해 직접 설명할 필요가 있다.

또한 잭은 거인의 성에서 가져온 보물을 팔아 자신의 집과 어머니의 집을 지었다. 잭이 콩나무 줄기를 자를 수 있도록 어머니가 도끼를 가져다 준 것도 두 사람 사이의 협력 관계를 설명한다. 이 부분에 중요한 상징이 있다.

어머니는 아들이 성인이 될 수 있도록 길을 떠나보냈지만 나중에 도끼를 가져다주었다는 점에서 결코 사소한 인물이 아니다. 도끼를 건네줌으로써 아들이 그림자에 맞설 수 있도록 도와주었기 때문이다. 잭이 어머니의 집을 따로 지은 부분에서는 그런 어머니에 대한 존중심이 나타나고, 동시에 그가 어머니로부터 독립했음을 알 수 있다.

어머니의 좌절로 시작한 이야기는 잭이 성인으로 인정받음으로써 끝난다. 이와 같은 여정은 청소년기의 남자아이들에게 가장 이상적인 경험이 된다.

영웅의 여정

잭의 경험은 신화 작가들이 소위 '영웅의 여정'이라고 부르는 바로 그것이다. 남자아이들은 영웅이 되고 싶어 하고 또 영웅이 될 필요가 있다. 그들은 노력하고 그 노력에 대한 보답을 받으며 영웅적 임무를 발견하고 완수한 후 공동체 구성원의 존경을 받는다. 특히 청소년기에는 그들이 속하여 살아갈 영웅적 환경을 발전시킬 필요가 있다. 그들은 이 영웅적 여정을 성인이 되는 여정으로, 그리고 이것을 기초로 일평생 지속되는 영적인 여정을 만들어야 한다.

지금까지 우리의 문화는 수많은 방법으로 남자아이들에게서 영웅의 여정을 떠날 기회를 빼앗아왔다. 어떤 이는 그 여정의 전투적 측면을 두려워하여 남자아이들이 일을 수행하고 경쟁할 필요성을 부인하도록 가르치기도 한다. 또 어떤 이들은 남성의 역할 의식을 완전히 파괴하기 위해 남자아이들에게 보호하고 제공하는 것을 회피하라고 가르친다. 너무 바쁘다는 이유로 아이가 영웅이 되도록 도와주지 못하는 사람은 성인으로서의 책임을 유기하고 있는 것이다. 아이의 눈을 들여다보고 영웅이 되고자 하는 그의 욕망을 이해하지 않는 사람들은 대부분 자기 자신이 영웅적이지 않다고 생각하는 이들이다.

영웅이 되어가는 여정에서 남자아이들이 가장 적극적으로 참여할 수 있는 유용한 시스템은 바로 스포츠다. 오클랜드에서 네 아들을 키우는 한 아버지는 내게 이런 편지를 보냈다.

"남자아이들에게 있어 팀 스포츠의 중요성을 절대 과소평가해선 안 됩니다. 제가 보기엔 오늘날 아이들에게 영웅의 여정을 제공할 수 있는 가장 중요한 방법이거든요. 모든 경기와 훈련은 영웅주의 실천을 위한 기회라고 볼 수 있어요."

이 아버지의 말은 수많은 부모와 남자아이들의 경험을 포착한 것이다. 어떤 면에서 팀 스포츠에는 동지애, 협동, 이기고 지는 것, 자신의 재능과 한계를 찾는 것, 남을 존중하고 또 존중받음을 느끼는 것, 사람들을 단결시키는 일에 참여하는 것 등 영웅으로의 여정을 위한 발전적 구조가 존재한다.

물론 스포츠가 전부는 아니지만, 만일 스포츠를 젊은이들의 영적 삶의 일부로 분석하는 책이 나온다 해도 나는 놀라지 않을 것이다. 실제로 그럴 수 있기 때문이다.

우리와 함께, 또는 혼자서 떠나는 남자아이

인간의 문화는 우리가 도움을 주는가의 여부와 상관 없이, 남자아이들이 영웅의 여정을 떠난다는 사실을 간과해왔다. 각각의 아이들은 어떤 영웅이 될 것인가? 우리 스스로 교사가 되어 온 힘을 다해 아이들에게 보호와 감정이입, 위대한 성취나 기도 등의 영웅적 행위를 가르친다면, 아이들은 여성을 때리고 갱단에 들어가거나 부모를 증오하고 공동체를 파괴하지 않을 것이다.

남자아이들은 일종의 '영웅'이 됨으로써 남성이 되고, 이어 영웅의 시기를 거치며 노년기를 위한 새로운 전형적 초점을 발견함으로써 사회와 인생에서의 연장자가 된다. 동시에 테스토스테론의 양은 줄어든다. 생태와 정신적 성장이 하나임을 다시 한 번 확인하게 되는 것이다. 대부분의 남자아이들이 테스토스테론이 이끄는 사춘기의 영웅적 여정을 제대로 시작하지 못하기 때문에, 그 여정을 넘어 진정한 성인기에 들어서는 것도 힘겨워하고 있다. 그들은 청소년기와 젊은 시절에 꿈꾸던 영웅의 모습을 계속 갈망하며 중년에 도달한다. 따라서 우리는 청소년들이 영웅의 여정을 잘 통과하도록 도움으로써 좋은 남편과 아버지, 동료를 얻음은 물론, 몇 년 후에는 이 세대를 이끌어갈 더 훌륭한 연장자를 만나게 될 것이다. 또한 10대와 20대의 젊은이들이 영웅의 여정을 잘 마치도록 이끌어갈 때 영웅의 시대를 거쳐 노년기에 안착한 영혼만이 제공해줄 수 있는 지혜, 그 신비한 힘을 갖춘 연장자가 이끄는 사회를 세울 수 있을 것이다.

성인식의 모델

지난 10년 동안 북미 지역의 사람들은 성인식의 여러 모델을 창조해왔다. 가끔 잡지에 주제와 관련된 내용이 실리거나 새로운 멘토링 프로젝트에 대한 기사가 나오기도 한다. 10대의 유감스러운 상태를 다룬 수많은 기사가 매주 쏟아져 나오지만 그 대부분은 청소년을 교화하려는 대중운동일 뿐, 그들의 정신적 모험과 도전은 언급도 되지 않은 채 묻혀버린다.

우리 사회에는 전반적으로 대중운동에 대한 무시가 깔려 있다. 정신적 공동체에서 하나로 뭉친 남성들에 대한 두려움 때문이다. 사람들은 이들이 단합할 경우 가부장 제도가 부활할 것을 두려워하고, 어린 남자 아이들이 성인 남성과 함께 있으면 마초 기질을 배우게 될 거라고 우려

하며, 남자아이들의 멘토가 아이들을 괴롭힐 것이라고 말하기도 한다. 하지만 나는 이것이 암묵적 개인주의라고 생각한다.

　남자아이들을 건전한 성인으로 키우기 위해 우리 사회는 인종차별주의나 성차별주의를 대하듯이 좀 더 진지하게 개인주의 현상을 응시하고, 그와 동시에 완벽한 기관에 대한 그릇된 인식을 바로잡아야 한다. 우리는 종종 "정부, 학교와 기관들은 정말 아무 힘이 없어."라고 말하면서 한편으로는 "남자아이들이 무언가를 요구하면 학교나 교회가 제공해줘야 해."라고 말한다. 그러나 자신을 이끌어줄 부족이 필요한 남자아이들은 그 부족이 혈연관계 집단인지, 비혈연관계의 연장자 집단인지, 기관의 일부인지, 아니면 이 모든 것이 결합된 형태인지에 대해서는 별로 신경 쓰지 않는다. 단지 자신이 최고의 남성이 되기를 갈망할 뿐이다. 스스로 건전한 공동체의 일부로 참여하면서 남자아이들을 그 그룹으로 이끌기 위해 노력하는 사람이라면 누구든 자격이 있다.

여러 가지 통과의례

　성인식은 몇 년에 걸쳐 진행된다. 여기에는 계획적·제도적·우연적·부수적 그리고 의식적인 통과의례가 포함되어 있다. 통과의례는 성인식의 전부가 아니라 일부일 뿐이다. 아이들을 사회적·개인적으로 성장하게 하는 모든 교육 구조는 성인으로 훈련시키는 시스템이 될 수 있다.

　운전면허 취득 등 남자아이들이 계획된 통과의례를 거칠 때, 우리는 아이들이 이 과정을 성인이 되어가는 전체적 경험의 연장선상에서 이해하도록 도와줄 필요가 있다. "처음으로 너 혼자 비행기를 타고 할머니 댁에 갔던 일 생각나니? 그때 네가 느낀 책임감과 두려움도 생각나겠지? 어른이 되는 것도 마찬가지야. 나는 처음 내 차를 갖게 되었을 때 사람들이 그 차에 대해 뭐라고 말할지 두려웠단다."라고 말할 수도 있다. 사춘기 아이들은 우리가 이 부분에 도움을 주길 정말로 원하고 있다.

군대 신병 훈련소나 졸업식, 성인식 등 제도적인 통과의례는 남자아이들의 삶에서 매우 중요한 요소다. 살아가면서 제도적 통과의례를 전혀 경험하지 못한다면, 사회를 유지하는 모든 제도와 격리되어 살게 될 것이다.

이러한 통과의례는 지난 4반세기 동안 끊임없이 논란이 되어왔다. 어느 사회에서나 이념과 제도는 혼합되기 마련이며 따라서 많은 사람들이 주로 엄격한 종교적·사회적 구조와 결탁하여 제도적 통과의례를 경멸하게 되었다. 이제 우리의 이념적 불안을 다시 점검해야 한다. 많은 젊은이들이 군대에서 구조와 체계를 배운다. 군대라는 조직에 반감을 갖고 있는 부모들도 아들이 그곳에서 규율과 통제를 배우며 성장할 수 있도록 축복해준다.

남자아이가 우연히 일어난 통과의례, 예를 들어 첫 키스를 하고 우리에게 그 경험에 대해 이야기하면 우리는 그가 이것을 전체적인 영웅적 여정으로 통합시킬 수 있도록 돕게 된다. 또한 그것을 교육적 도구로 사용하고 그를 존중하고 이끌어줄 수 있을 만큼 진지하게 받아들인다.

스포츠, 직장, 학교 등 큰 구조에 참여하여 그 틀 안에서 자신의 특정 목표를 성취하는 경우는 부수적인 통과의례의 예로 볼 수 있다. 키가 너무 작아서 안 될 거라는 편견을 깨고 농구 경기에서 맹활약을 한다든지, 가라테에서 아무도 기대하지 않았던 승리를 거둔다든지 하는 경우 말이다.

어떤 아이들은 성인이 되는 과정에서 다른 아이들보다 더 관리가 필요하다. 우리는 그들에게 무엇이 필요한지 가능한 한 많이 물어보아야 한다.

성인이 되는 과정에서 훈련과 통제는 꼭 필요한 요소다. 남자아이들에게는 최소한 한 가지 이상의 심도 있는 훈련과 규율, 그리고 임무가 필요하다. 어떤 이들에게는 이것이 학교가 될 수도 있고 학교를 싫어하는 이들에게는 스포츠나 음악 그룹 활동이 될 수도 있다.

한 해는 농구를 하고 다음 해에는 축구를 하는 등, 청소년기를 거치면서 이러한 활동은 충분히 바뀔 수 있다. 이 모든 것이 가치 있음을 많이 알려줄수록 아이들은 그 활동에서 더 많은 자기 훈련법과 자기 존중감을 배우게 될 것이다.

때때로 남자아이들은 우리가 두려워하거나 경멸하는 활동을 선택하기도 한다. 이러한 경우, 우리는 자신의 두려움과 편견에 맞서 싸워야 한다. 그래도 그러한 활동을 용납할 수 없다면 즉시 상담가나 교사 등 주위 사람들에게 도움을 청해야 할 것이다.

한 가지 활동에만 몰두하면 삶의 균형을 잃을 위험이 있다. 아이들이 다양하고 균형 있는 삶을 살아가도록 돕기 위해서는 좋아하는 활동에 열중하는 시간을 제한하지 말고, 그 활동에서 천천히 이끌어내어 아이가 관심을 가질 만한 다른 활동을 제안해야 한다. "조지랑 무슨 시간을 그렇게 많이 보내니? 어서 가서 할 일 하지 못하겠어?"라고 말하기보다는 "나랑 같이 원반 던지기 안 할래?", "다음 주말에 프랭크 삼촌 만나러 갈까? 삼촌이 너희들 데리고 낚시 간다고 하던데?"라고 말할 수 있어야 한다. 이러한 말은 아이에게 새로운 일에 대한 기대감뿐 아니라 자신이 얽혀 있는 또 다른 인간관계도 깨닫게 하는데, 이것이 바로 아이가 무언가 새로운 것을 시도하게 하는 두 가지 동기가 된다.

의식적인 성인식

가장 흔히 볼 수 있는 성인식의 유형은 의식적 통과의례다. 교회 예배, 그룹이나 가족 단위로 이뤄지는 의식 등 이러한 통과의례는 보통 네 가지 요소로 이루어진다.

- 안전한 장소
- 신뢰할 수 있는 연장자
- 사회적으로 인정된 의식
- 신성한 에너지와 전통이 담긴 의식

의식적인 성인식의 대표적인 예는 아메리칸 인디언들의 비전 퀘스트다. 소년들은 이 의식을 통해 위험할 수도 있는 황야에서 정신적 성장을 경험하면서 진정한 성인으로 거듭난다. 두려움을 일으키는 시련에 맞서면서 천천히 자신의 삶을 내려놓고 거친 자연의 리듬을 배워가는 것이다. 아무런 방해 받지 않고 자신의 비전을 추구하고 내면의 숨겨진 부분들을 발견하는 시간 동안, 그저 살아남는 것이 전부였던 처음의 목표는 점점 자신을 알고자 하는 보다 성숙한 목표로 발전해 나간다. 육체적 시련과 정신적 여정을 끝내고 돌아오면 멘토가 그에게 새로운 삶의 비전을 심어주고, 성인이 된 소년은 몇 달, 몇 년 후에도 비전 퀘스트의 그 깊고 의미 있는 경험을 계속 떠올린다.

오늘날 남자아이들은 이 모든 통과의례를 제대로 경험하지 못하고 있다. 의식적 통과의례를 만들고 그것이 남자아이들에게 어떻게 작용하는지, 통과의례가 어떻게 사용될 수 있는지 이해하는 것은 이들을 돕는 한 가지 방법이 될 수 있다.

그들은 성인이 되기 원하는가?

남자아이들은 '성인이 되는 것'에 대해 어떻게 생각할까? 지금까지 나는 많은 남성 그룹과 교회, 홀로 아이를 키우는 여성들, 학교 교육 체제가 아이들을 올바른 성인으로 키울 수 있도록 함께 전략을 짜며 도와주었다. 부모들과 멘토, 교사들은 성인이 되는 것에 대해 남자아이들이 어떻게 생각할지 궁금해한다.

물론 싫어하는 아이도, 대수롭지 않게 생각하는 아이도 있을 것이다. 아버지가 아들을 위해 일부러 계획한 사냥 여행을 거부하며 아버지를 난처하게 만드는 아이도 있을 것이다.

하지만 지금까지 내가 보아온 바로는 대부분의 아이들이 이를 자연스럽게 받아들인다. 오히려 성인에게 인정받기를 원하기 때문에 성인으로 가는 과정에서의 많은 시행착오, 새로운 관계 시도, 여러 가지 정보로 인한 혼란도 기꺼이 감수한다. 대부분의 남자아이들은 어른이 "너도 알겠지만 네가 겪은 그 일은 어른이 되는 과정이야. 어른이 된다는 건 말이지……." 하고 말문을 열면 귀가 솔깃해진다.

성인이 되는 경험을 통해 다른 아이들과 친해지면 그 경험에 더욱 흥미를 느낄 수 있다. 심리학 교수 버나드 와이너가 『소년에서 남성으로(Boy Into Man)』에서 기록했던 한 의식에 참여한 데이비드 에들리라는 소년은 자신의 경험에 대해 이렇게 적었다.

"유대감이 형성되면서 성인식이 매우 중요하다는 데 모두가 공감했어요. 우리는 호수에 들어가 얼음물 속에서 추위를 견디고 이제 뭔가 알겠다는 듯한 표정을 교환하며 우정을 나누었죠. 앞으로 매년 시에라 언덕으로 함께 여행을 떠나기로 결정했어요."

성인이 되는 경험이 계획적이든 우연적이든 부수적이든 혹은 의식적이든, 우리가 동참한다면 남자아이들은 그것을 진심으로 즐길 것이다. 또한 그 경험을 통해 우리가 가르치고 이끌어준다면 아이들도 무언가 깨달아갈 것이다.

"어른이 되는 것을 아이들이 좋아할까?"라는 의문을 가질 필요는 없다. 남자아이들은 자신이 직접 참여하는 것이라면 무엇이든 좋아하기 마련이다. 그보다는 "우리가 정말 할 수 있을까? 남자아이들을 지혜롭고 강인하고 따뜻한 성인으로 키우는 이 어려운 일을 과연 끝마칠 수 있을까?"라는 문제에 대해 고민해야 할 것이다.

| 제3부 |

남자아이 키우는 법

The wonder of boys

제7장

규칙 가르치기

부모님은 나로 하여금 당신들을 존경하도록 가르치고 엄격한 규율로 키우셨죠.
내가 아버지가 되어서야, 그때 내게 그것이 필요했음을 깨달았어요.
자기 절제는 내가 부모님께 받은 가장 큰 선물인지도 모릅니다.

– 존(46세)

어느 학교에서 열린 컨퍼런스에 참여했을 때의 일이다. 한 어머니가 "네 살배기 아들이 화가 나면 저를 마구 때려요."라고 하자, 한 아버지도 "제 아들은 아홉 살입니다. 제 말을 도통 듣지를 않아요. 제가 뭔가 잘못하고 있는 걸까요?"라고 말했다.

하소연은 계속 이어졌다. 어느 교사는 "학생 중 ADD(Attention Deficit Disorder, 주의력 결핍 장애)인 아이가 있어요. 그런데 문제는 그것뿐만이 아니에요. 그 아이는 다른 학생들에게 너무 난폭하고 공격적이에요."라며 고민을 털어놓았고, 한 여성은 "제 양아들은 저를 너무 싫어해요. 제 말이라면 귀를 틀어막고 들은 척도 안 하죠."라고 걱정했다. 어느 할아버지는 "우리가 자랄 때 당연히 배우고 지켰던 규칙들을 손자 녀석은 완전히 무시하더군요."라고 말했다.

전문가와 부모, 그 밖의 많은 양육자들은 그날 어떤 식으로 남자아이들을 가르치는 것이 효과가 있을지, 어떤 교육 방식이 인성을 길러주는지, 아이들이 따라야 할 건전한 모델은 무엇인지 고민하면서 이들을 다루는 어려움을 토로하였다. 우리는 함께 이야기 나누고 연구하고 목록을 작성하고 비디오를 본 후, 전문가의 조언을 들어보았다.

그때 교육학 박사 과정에 있던 한 젊은 여학생이 손을 들었다.

"뭔가 빠뜨리고 있는 것 같은데, 규칙이나 훈련이라는 것이 정확히 무엇인가요? 여기 계신 분들이 각자 말씀하시는 것이 모두 다른 것 같아요."

이 학생의 발언을 계기로 우리는 더욱 심층적인 대화를 나누면서 여러 가지 측면에서 같은 생각을 가지고 있음을 알게 되었다. 대부분의 남자아이들이 제대로 훈련받지 못하고 있다는 점, 건전한 훈련에 대한 기준이 모두 제각각이라는 점, 아이들과 함께하는 시간 자체가 많지 않기 때문에 질서와 규율을 가르칠 시간은 더더욱 부족하다는 점, 아이를 '학대'한다는 생각 때문에 정작 제대로 훈련시키지 못하고 있다는 점, 어른들도 자기 존중이라는 것이 무엇인지 잘 모르면서 자녀에게 심어주려고 한다는 점 등 참석자들의 의견이 일치하는 부분은 생각보다 많았다.

이 토론에 이어 우리는 과거 부족 사회가 남자아이들에게 어떻게 훈련을 제공했는지 살펴보았다. 물론 모든 문화는 두드러진 차이와 함께 공통적인 요소들을 가지고 있었다. 바로 통제나 체벌이 나쁜 행동을 저질렀을 때만이 아니라 문화의 영적 환경 내에서 이루어졌다는 점이다.

다시 말해 남자아이들이 배우는 규율은 공동체 안에서 그의 삶의 일부였다고 할 수 있다. 브라질 동부 샤반테족에게 질서, 통제는 영적 체계의 일부다. 마찬가지로 우리의 조상들은 질서와 규율을 성경적인 종교 체계의 일부로 삼곤 했다.

이 컨퍼런스를 끝내면서 "우리가 대가족을 이루어야 한다.", "매를 아끼면 아이를 망친다는 가치관을 회복해야 한다."라는 결론을 내린 것은 아니다. 그러나 자녀들, 특히 아들을 키우는 데 절대적으로 중요한 무언가를 깨달았으니, 아이들을 훈련하고 교육시킨 방식이 그들의 사회적 발달 과정에 흡수되어야 한다는 사실이었다.

아이에게 "그만하지 못해!"라고 소리치거나 말을 들을 때까지 때린 후 외면해버리는 부모의 행동은 결코 교육적 효과를 낼 수 없다. 우리는 부모를 화나게 만들고 아이 스스로를 곤란한 상황에 빠뜨리는 특정 행동을 지적한다. 이 경우, 아이는 앞으로 그러한 행동은 안 하겠지만 가족과 공동체, 세계의 보다 큰 정신적·사회적 체계에 적응하는 법은 배우지 못한다.

무슨 일이 있어도 아이의 자기 존중감을 세워줘야 한다고 말하는 사람들은 스스로에 대해 긍정적 감정을 갖는 것이 가장 중요하다고 생각한다. 그러나 이는 훈련의 일부일 뿐, 정말 중요한 것은 인격의 형성이다. 아이는 존중할 자아를 가져야 하고 스스로 만족할 만한 인격을 가져야 한다. 간헐적인 훈련으로 아이의 인격을 어느 정도 형성시킬 수는 있지만 아이 스스로 지속적인 훈련 체계에 속해 있다고 느끼는 것과는 천지 차이다. 가족과 여러 공동체는 훈련 체계를 제공함으로써 인격 형성에 일조한다.

바람직한 훈련이란?

아이를 돌보는 일과 관련된 경우, '훈련'은 인격을 세워주고 자기 존중감을 테스트하고 사회적 능력을 가르침으로써 아이에게 적절한 행동을 제공하는 체계적 접근법을 상징한다.

훈련은 일관성, 리더십과 존중, 다양성, 비난, 영적 환경, 선택, 감정에 대한 존중, 권위적 구조, 지속성과 융통성 등 열 가지 요소를 갖출 때 체계적 형태를 가진다. 이를 좀 더 자세히 살펴보자.

일관성

훈련자는 아이들의 행동을 격려하거나 벌을 주는 데 있어서 일관적인 태도를 취해야 한다. 일관성은 언제 훈련해야 하는가의 문제에 가장 먼저 적용되는데, 무엇보다 마구잡이식이 아니라 어떤 규칙하에서 훈련 방법을 찾으며 뚜렷한 목적을 가져야 한다. 그리고 아이가 알고 이해하면서도 규칙을 어겼을 때, 또 자신과 다른 사람들 및 모든 생명체를 위험하게 만들었을 때, 그리고 남에게 피해를 줄 때 벌을 주겠다고 결심해야 한다. 이러한 태도를 바탕으로 한다면 일관성을 유지할 수 있다.

훈련이 일관성을 띠려면 부모와 양육자들이 다음의 기본 원칙에 동의해야 한다. 부모 중 한 사람이 아이를 혼낼 때 다른 한쪽이 아이를 옹호하고 감싸면 안 된다. 물론 아동 학대인 경우는 예외다. 다른 사람이 혼내는 것을 중단시켜서도 안 되며 아이를 혼낸 사람과 멀어지게 하는 것도 오히려 더 큰 문제를 일으킬 수 있다.

아이들에게 실행하지도 않을 위협을 가해선 안 된다. 아이들도 규칙을 알아야 하며, 또 우리가 그 규칙에 충실할 거라는 사실을 알 필요가 있다. 우리 스스로가 규칙을 무시하는 태도를 보이는데 과연 아이들이 그 규칙을 따르겠는가?

우리 세대의 대부분은 성 역할과 문화의 과도기, 즉 벌에 일관성이 없는 환경에서 자라왔다. 자녀를 일관성 있게 키우고 싶다면 먼저 우리의 과거를 돌아보아야 할 것이다. 아이들이 우리 어린 시절의 전철을 밟아선 안 되기 때문이다.

동시에 벌의 주체로서 우리는 어른들이 남자아이들의 공동체에서 일관성 있게 벌을 주는 기준을 세울 수 있도록, 아이 친구의 부모나 이웃, 멘토, 교사 등과 뜻을 모아야 한다. 이웃에게도 "조니와 함께 있을 때는 당신이 지켜보고 있다는 걸 아이에게 꼭 확인해주세요. 필요하다면 혼내주시고요. 이러이러한 규칙대로 아이를 혼내주신다면 당신 역시 부모와 같은 입장에서 우리를 도와주는 셈이에요."라고 말할 용기가 있어야 한다.

벌의 일관성은 벌 주기의 모든 단계에서의 일관성에 적용된다. 지금까지 이를 알아차리지 못했다면 모든 벌이 하나의 작은 여정임을 본능적으로 깨닫게 될 것이다. 내가 발견한 단계는 다음과 같다.

제1단계

어떤 행동이 매우 위험할 경우, 단호한 어조로 즉시 중지시킨다.

제2단계

아이의 실수를 인식시킨다. 위험한 행동이 아이 자신과 가족, 사회에 어떤 영향을 미치는지 아이로 하여금 깨닫게 한다. "이러이러해서 잘못된 거야."보다는 "그 행동이 왜 잘못되었는지 아니?"라고 말하는 것이 훨씬 효과적이다. 아이 스스로 잘못을 설명하게 하는 것도 좋다. 만일 아이가 "뭐가 문제인지 잘 모르겠어요."라고 말한다면 대신 설명해줘도 좋지만, 한 발자국도 물러서지 않고 "몰라요."라고 반항한다면 그 행동 자체가 벌의 요인이 될 수 있다.

제3단계

문제 행동이 제1, 제2단계보다 명백하게 나타난다면 분명한 벌을 가한다. "내가 말한 것을 지키지 않았구나. 그러니 오늘 저녁에 너는 브라이언과 같이 놀 수 없어." 잘못했을 때 어떤 벌을 받을지는 미리 정할 수도 있고, 아이가 직접 결정할 수도 있다.

제4단계

벌 주기를 결정했으면 지속적으로 밀어붙인다. 아이에게 져서도 안 되지만 처음 말한 것 이상으로 벌을 주어서도 안 된다. 수많은 벌 주기 시스템이 바로 이 단계에서 주춤해지곤 한다. "아무리 졸라도 브라이언과 놀 수 없어. 이미 약속했으니까 안 돼."

제5단계

벌 주기의 마지막 단계를 하나의 의식으로 만들 필요가 있다. 아이를 꼭 안아주거나 달래줌으로써 아이를 더욱 새로운 존재로 받아들인다는 것을 표현하라. 좀 큰 아이인 경우, 운전 금지라는 벌을 주었다면 벌이 끝나고 나서 다시 운전하게 된 것을 기념하자며 함께 아이스크림을 먹으러 가는 등 아이를 다시 받아들이는 의식을 치르는 것이 효과적이다.

체벌 스타일은 다르더라도 각각이 가지는 의미는 중요하다. 벌을 주는 스타일만 해도 아버지와 어머니는 보통 매우 다르다. 어머니들은 대개 자녀를 자신의 분신으로 생각하는 반면, 아버지는 종종 자녀에게서 거리감을 느낀다. 어떤 아버지들은 "어떤 일이 있어도 너를 사랑할 테지만 네가 이러한 일을 한다면 널 존중할 수 없다."고 말하는 반면, 어머니는 "너는 내 뼈와 살이란다. 어떤 일이 있어도 널 존중해줄게."라고 말한다. 하지만 양쪽 모두 자신의 스타일을 오용하고 있다. 어머니는 지나치게 아들에게 피할 길을 열어주고 아버지는 필요 이상으로 자신의 애정을 차단시키기 때문이다.

하지만 남자아이에게는 "네가 이렇게 한다면 널 존중할 수 없다."라고 말하는 사람과 "내가 보기에 넌 잘못이 없어."라고 해줄 사람이 모두 필요하다. 따라서 서로의 양육 방식이 다를지라도 부모는 힘을 합하여 아들에게 가장 좋은 균형 있고 일관적인 벌 주기 시스템을 만들어 나가야 한다.

리더십과 존중

올바른 훈련자는 두 가지 형태의 리더십을 가지고 있다. 즉, 스스로가 모델이 됨과 동시에 가르치는 것이다. 이것을 통해 아이들은 다른 사람과 어울리는 법뿐만 아니라 한 인간으로서 자신의 가치에 대해 생각하는 법을 배운다. 아이가 배우지 않았으면 하는 행동을 보일 때 양육자는 자신의 잘못을 인정하고 아이에게 다른 방향을 제시해야 한다.

"내가 이런 식으로 소리 지르는 게 아니었는데, 정말 미안하구나. 나도 가끔 실수한단다."

올바른 훈련자는 아이들이 자신을 존중하도록 가르친다. 아이들은 양육자에 의해 이미 유아기 때 자신이 누구인지를 배워간다. 누군가에게 가르침을 받으려면 그 사람을 존중해야만 한다. 따라서 훈련자는 자신의 주관에 따라 행동하고 말한 것을 실천하면서 아이에게 자신을 보여준다.

"이게 바로 나야. 내 가치관이고 내 힘인 동시에 약점이기도 하지."

다양성과 비난

바람직한 훈련자는 위기 시의 훈련과 일상의 훈련이 별개임을 알고 있다. 대부분의 훈련은 일상적인 훈련으로서 남자아이들을 돌보면서 겪는 어려움에 맞서는 체계적 방법을 포함하고 있다. 위기 훈련은 갑작스럽고 위험한 상황이 벌어져 즉각적인 도움이 필요할 때 적용된다. 아이가 달리는 자동차 앞으로 뛰어갈 때 우리는 즉시 이에 대처하기 위해 소리를 지르거나 아이를 때리기도 한다. 매일 일상적으로 해오던 훈련 체계에 어긋나는 행동을 보이는 것이다. 16세짜리 아들이 13세짜리 여자아이를 농락하는 것을 보고 조용히 타일렀지만 들은 척도 하지 않을 때, 부모는 평소와 다르게 과격한 행동을 할 수도 있는 것이다.

실제 이러한 상황을 겪었던 한 아버지는 화가 나서 아들의 자동차에서 배터리와 발전기를 빼버렸다고 말했다. 차를 사용하지 못하게 된 아들은 격분했고 아버지를 권리 침해로 고소하였다. 아버지는 물론 자신의 행동이 아들이 익숙해져 있는 훈련 체계와 어긋난다는 것을 인정하였다. 그러나 이것이 위기 상황이라는 점을 지적하였다. 만일 아들이 여자아이를 임신시키기라도 했으면 철창 신세가 되는 상황이었기 때문이다. 결국 아들은 자신의 행동을 뉘우쳤고 아버지는 자동차를 원상 복구해주었다.

위기 훈련과 일상 훈련의 차이는 무엇보다 아들과 거의 시간을 보내지 못하는 사람들이 반드시 인식하고 있어야 할 부분이다. 특히 부모들은 대부분의 훈련을 종종 위기 훈련으로 생각한다. 아이가 위기 상황에 있는 것처럼 보이기 때문이다. 하지만 아들과 더 많은 시간을 보낸다면 위기로 보이는 많은 것들이 정상적 행동임을 알게 될 것이다.

올바른 훈련자는 인신공격 등의 비난을 삼가고 행동에 초점을 맞춘다. "넌 쓸모없는 놈이야.", "이 멍청한 녀석."과 같은 욕은 주로 인격 모독으로, 아이들에게는 큰 악영향을 미칠 수 있다. 올바른 양육자들이 선호하는 비난 방식은 다음과 같이 도덕적 책임을 일깨우는 것이다. "네가 친구들 앞에서 머리를 가지고 놀린 것 때문에 동생이 지금 얼마나 상처를 받았는지 아니?", "내게 무언가 부탁하고 고마워하지 않는 걸 너는 당연하게 생각하는 것 같구나."

영적 환경

올바른 훈련자는 아이들에게 훈련 체계가 영적 환경의 틀 안에서 어떻게 맞춰지는지를 보여준다. 교회 유치부의 한 교사가 이렇게 말했다.

"기독교 신앙을 바탕으로 하기 때문에 아이들을 지도하는 데 하나님의 능력을 의지할 수 있어요. 저는 종종 아이들에게 '너는 하나님 안에, 하나님은 네 안에 계시단다. 지금 네가 한 일은 네 안에 계신 하나님이 원하시지 않는 일이야, 알겠니?'라고 말하죠."

기독교인이든 아니든, 우리는 보이지 않는 영적인 힘을 통해 아이들을 이끌어갈 지혜를 얻을 수 있다. 모든 사람에게는 신성(神性)이 있다. 그 신성을 아이의 자아가 지닌 일종의 높은 기준으로 사용한다면 바람직한 행동을 가르치는 데 큰 도움이 된다.

기독교 신앙이 여러 지혜의 근원 중 하나일 뿐이라고 주장하는 유일신 보편주의(Unitarian Universalism)는 주일학교 학생들에게 모든 개개인이 타고난 존엄성을 강조하였다. 유치부 교사가 말한 "너는 하나님 안에 있단다."라는 말처럼, 이 종파의 신앙은 아이들에게 고차원적 기준으로서 존중할 수 있는 어떤 원칙을 제시한다.

역사와 전통을 가진 훈련 체계가 있다면 자녀들에게 가르쳐보자. 많은 가정들이 이제 제도적 신앙 혹은 할아버지 시대의 전통에서 벗어나고 있다. 하지만 그렇게 되면 우리의 훈련 체계에 전통을 부여하기 위해 사용할 수 있는 정말 중요한 내용은 모두 사라지고 만다. 반면, 역사와 전통을 갈망하는 일부 사람들은 옛날 방식으로 돌아가려 하지만, "남자아이들에게 어떻게 전통을 가르칠 것인가?"라는 총체적 질문에 대한 해답은 아직 찾지 못하고 있다.

만일 당신이 모든 전통에서 벗어났다면 자신만의 새로운 전통, 가족의 영적 전통이 될 새로운 시스템을 만들어야 한다. 반대로 전통으로 되돌아왔다면 외부인에 대한 반감과 근시안적 태도를 갖지 않도록 주의해야 한다. 세상은 성경이 쓰였던 시대보다 훨씬 더 복잡해졌다. 따라서 성경적 기준을 남자아이들에게 문자 그대로 적용하려고 하는 것은 오히려 역효과를 불러일으킨다. 성경의 표현들은 수많은 번역을 거쳤고 다양한 해석이 가능하기 때문이다.

선택과 감정의 존중

우리의 훈련 체계에 역사와 전통을 부여할 텍스트가 부족하다면 자연을 활용할 수도 있다. 훈련을 체계적으로 이해하는 과정에서 훈련자는 도덕이나 가치 등 행동의 기준을 제시한다. 이러한 행동 기준은 아이들을 올바른 행동으로 인도하는 것뿐 아니라 다른 사람들과 다양한 관계를 맺도록 이끄는 데도 필요하다. 훈련자는 아이들에게 훈련이 자연 세계에서 어떤 작용을 하고 자연의 모든 만물이 어떻게 상호 의존을 이루는지 보여준다. 아들과 함께 TV의 자연 다큐멘터리를 보며 부모는 "저 동물 두 마리가 싸우는 것 좀 봐."라고 말할 수 있다. "왜 싸우는지 아니? 먹이 때문이야. 자기 먹이를 지키지 못하면 굶주리게 되거든. 너는 동생하고 뭘 가지고 싸우지? 먹는 것? 서로 때리고 싸울 만큼 중요한 거야?"

남자아이들은 행동의 결과가 소우주적·대우주적으로 모두 나타난다는 사실을 배운다. 일상사에 비하면 작은 일부에 지나지 않는다는 점에서 소우주적이지만 일상적인 사건들이 보다 큰 환경의 틀에 맞춰진다는 점에서는 대우주적이다.

훈련자는 소위 제1 훈련 체계가 다른 사회적 환경, 즉 대중매체나 또래 집단 등 제2훈련 체계와 어떻게 다른지 자세히 관찰할 필요가 있다.

자녀들로 하여금 가족과 학교, 공동체 사회가 일관성 있는 제1의 훈련 체계를 만들기 위해 애쓰고 있다는 것을 알리려고 아무리 노력해도, 우리의 문화는 더 이상 과거의 부족 문화가 아니다. 아이들은 다른 여러 시스템이 제1체계를 흔들고 약화시키며 부인하는 것을 보고 있다. 따라서 우리는 아이들이 흔들리지 않고 자신들이 자라온 그 체계의 중요성에 초점을 맞추도록 해야 하며, 그들에게 대중매체, 또래 집단에서 얻는 훈련과 인격 형성의 가치 검증을 이해시킬 수 있어야 한다.

우리는 대중매체와 또래 집단 등 외부의 영향을 두려워할 수 있으며 그것을 우리 체계 안으로 통합시킬 수도 있다. 왜 사람들마다 훈련 체계가 다른지 아이들에게 설명하기 위해 양육자는 아이가 할 수 있는 선택들을 알려주고 제대로 고를 수 있도록 돕는다. 그 선택이 바로 교구(教具)가 될 수 있다. 우리는 양육자이면서도 다른 사람들에게 반발함으로써 종종 문제를 해결하기보다 더 크게 만들곤 한다. 마치 그들이 우리 자신의 훈련 체계를 무너뜨리려고 하는 것처럼 말이다. 우리가 과잉 반응을 보일 때 아이들은 우리의 약점을 발견한다. "그래, 태너 부인은 그런 경우엔 때려도 좋다고 생각하지. 너는 어떻게 생각하니?"라고 말하는 것도 나쁠 것은 없지만 "너는 태너 부인이 그런 경우에 왜 때리고 싶어 한다고 생각하니? 다른 방법은 없었을까?"라고 묻는다면 아이들을 도덕적 대화에 끌어들이고 더욱 성숙하게 훈련시킬 수 있다.

양육자는 아이들에게 어떤 감정이 맞고 틀린지가 아니라 어떤 행동이 올바르고 잘못되었는지를 가르쳐야 한다. 그 과정에서 양육자는 아이들에게 자기만의 세계를 가질 수 있는 프라이버시를 허용하고 "이런 생각이 맞고 이런 생각은 틀린 거야."라고 강요하지 않는다. 아이들의 감정에는 옳고 그른 것이 없으며 이것이 양육자의 지배 대상이 될 수도 없다. 물론, 현실과 환상을 구분하지 못하고 혼돈에 빠져 있는 남자 아이들의 경우는 예외다.

아이의 감정을 지배하려고 하면 생각지 못했던 반항에 부딪히게 된다. 훈련 체계에서 감정 훈련을 구별할 때 양육자는 아이의 인격이 아이 자신의 것이며 다른 사람에 의해 좌우되어선 안 된다고 가르친다. 이러한 어른 밑에서 자란 아이는 자신을 비하하지 않는 법을 배우고 자기 자신과 남에게 더욱 따뜻한 사람이 되지만, 아이의 감정을 비난하고 수치심을 느끼게 하면 어느 누구에게도 동정심을 느끼지 못하는 사람이 되고 만다.

권위와 지속성

지나친 허용과 권위주의도 아이에게는 독이 된다. 물론 '권위 있는'

태도는 이 사회가 원하는 인간을 만들어낸다. 여기에서의 '권위 있는' 이라는 말은 곧 '믿고 따를 수 있는 신뢰감을 준다'는 의미다. 아이들도 누구에게 권위가 있는지 알 필요가 있다. 아이들이 부모, 멘토, 교사 등 권위자를 신뢰할 때 그의 말에 귀를 기울이고 잘못했을 때도 그가 주는 벌을 감수할 것이다. 우리가 어른으로서 권위자가 될 수 있는 것은 아이들이 우리를 두려워하게 만들기 때문이 아니라 그들이 자신의 권위를 세워나갈 수 있도록 도와주기 때문이다. 권위 있는 방식으로 훈련된 아이들은 점점 자신을 통제하는 법을 배우게 된다.

훈련 체계가 남자아이들에게 완전히 흡수되려면 가능한 한 일찍 시도해야 한다. 훈련 체계는 존중과 힘, 한계를 가르치는 포괄적인 방법이기 때문에 책임감을 심어줌으로써 아이들에게 그 체계를 최대한 일찍 소개해야 한다. 어릴 때부터 자기 접시를 직접 닦게 하고 방 청소를 하게 하며 예의바른 말씨를 가르치는 것은 한 가지 방법이 될 수 있다.

아이가 커가면서 훈련 체계도 그 변화에 맞추어야 한다. 아이가 이제 어떤 일을 혼자 할 수 있게 되었는지 살펴봄으로써 언제 변화가 필요한지 판단할 수 있다. 훈련 체계는 보통 독립에 대한 아이의 욕구에 따라 적용된다. 이때 우리는 그 체계의 핵심인 존중, 도덕적 선택, 책임감, 성실성을 고수하면서도 아이가 던지는 단서를 따라갈 수 있다.

10세 이전의 훈련

클라리스는 다섯 아이의 할머니다. 그녀는 손자인 데이비드가 두 살 반이었을 때 마치 막 충전이 끝난 배터리 같았다고 말했다. "그 아이는 정말 지치지도 않고 저를 때렸어요." 내가 그러한 행동을 어떻게 다루었냐고 묻자 그녀는 "처음엔 데이비드가 선천적으로 그런 게 아닌가 생각했어요. 남편과 딸 부부, 학교 선생님 모두가 이 문제에 대해 의논하고, 문제를 해결하기 위해 많이 노력했어요. 아이가 잘못했을 때는 장난감을 뺏기도 하고 비디오를 못 보게 하는 등 행동에 따른 벌도 주었지요."라고 대답했다.

그녀는 말을 이었다. "그러던 어느 날 새로운 방법을 하나 알게 되었죠. 아이가 저를 때릴 때마다 '애야, 네가 때리면 할머니가 얼마나 아픈

줄 아니?'라고 말했어요. 한번은 아이가 장난감 방망이로 저를 때리기에 옷소매를 걷어 올려 팔에 난 상처를 보여주었죠. 물론 그 장난감 방망이 때문에 생긴 상처는 아니었지만 저는 '이것 좀 봐라, 네가 때려서 이렇게 되었잖니. 정말 속상하구나.'라고 말했어요. 저는 아이가 직접 제 상처 부위를 만져보게 했어요. 그리고 정말 아프다고 말했고요.

데이비드는 잠시 가만히 있더니 제 눈을 쳐다보고 울기 시작했어요. 전 아이를 안아주었고 데이비드도 제 목을 꼭 끌어안았죠. 마치 '미안해요, 할머니.'라고 말하는 것처럼요. 그런 데이비드에게 이렇게 말해줬어요. '애야, 너를 정말 사랑한다. 넌 나에게 특별한 아이야. 그래서 네가 때리면 할머니는 더 슬프고 아프단다.' 울면서 제게 안긴 손주는 마침내 모든 것을 이해하게 되었죠.

그 후로도 몇 번 절 때린 적은 있지만 횟수는 점점 줄어갔어요. 데이비드의 엄마인 제 딸도 아이가 달라졌다며 놀라워했고요. 그날 그 아이에게 분명 어떤 일이 일어난 거죠."

장난감을 빼앗는 등 직접적인 처벌뿐 아니라 끊임없이 사랑으로 대하고 팔의 상처를 보여줌으로써 행동의 결과를 설명하려 한 클라리스의 전략은 적중하였다. 때리는 것은 유아기 아이들의 자연스러운 행동이지만 자신 때문에 생긴 상처, 그로 인한 타인의 고통을 이해하게 되면 아이들은 충분히 달라질 수 있다. 데이비드는 신경학적으로 놀라운 변화를 겪은 셈이다.

건전한 훈련을 위한 열두 가지 기술

클라리스는 사춘기 이전 남자아이들에게 적합한 매우 상식적인 훈련 기술을 사용하였다.

제1 기술

바람직하지 못한 행동의 결과를 보여주어라. 예를 들어 아이가 때릴 때는 상처를 보여주고, 부러진 나뭇가지를 줍게 하는 등 때린 행동의 결과를 알려주어야 한다. 어린아이들은 언어능력이 부족하기 때문에 말로 타이르는 것보다는 행동으로 보여주는 것이 더 좋을 수 있다. 무엇보다 아이가 결과를 '경험' 하는 것이 가장 효과적이다.

제2 기술

공격적 에너지를 분출하는 대상을 생물에서 무생물로 바꿔놓아라. 아이가 때리면 살아 있는 것은 다칠 수 있으므로 차라리 의자를 치거나 마룻바닥에 화풀이하는 것이 낫다고 말해준다. 정말 화가 나서 엄마를 때리려 하면 주먹을 바닥으로 돌려놓아라. 때려도 좋은 물건을 정해주면 아이는 그것으로 충분히 만족한다.

제3 기술

목소리를 단호하게 하라. 부탁할 때의 차분한 목소리는 한 번으로 족하다. 그다음, 부탁해도 듣지 않을 때의 목소리는 단호하고 냉정해야 한다. 엄마들은 이구동성으로 이것이 매우 어렵다고 말한다. "세 살배기 아들이 아빠가 화를 내면 기겁을 하는데 아무리 무섭게 해도 제 목소리에는 꿈쩍도 안 해요." 종종 엄한 목소리나 박수 소리같이 큰 소리를 내면 남자아이들은 어떤 상황인지 금방 파악한다. 또한 남자아이들은 여자아이들보다 무감각한 편이므로 약간 소리를 높이는 것이 도움이 될 수 있다. 단호한 목소리는 당신이 매우 심각하다는 것을 알려주며, 때때로 엄중한 목소리만으로 모든 것이 해결되는 경우도 있다.

제4기술

필요한 경우, 타임아웃을 실시하라. 아이가 너무 어릴 때부터 시작하면 그 효과가 떨어질 수 있다. 2세 이하 아이에게는 하루 한 번의 타임아웃도 너무 많다. 타임아웃과 더불어, 어떤 장난감을 가지고 놀지 못하게 하고 어떠한 일을 못하게 하는 등 여러 가지를 혼합하여 벌을 주는 편이 더 낫다. 양육자로서 당신이 타임아웃이 필요하다면 그러한 시간을 가져야 한다. 양육자의 타임아웃과 아이의 타임아웃을 교대로 실시하는 것은 전체적인 관계에 역동성을 부여한다.

제5기술

먼저 아이의 관심을 돌려라. 특히 유아들에게 훈련이란 이 사물에서 저 사물로 관심을 돌려놓는 것이다. 아이가 코트를 입지 않으려고 할 때 우리는 종종 아이가 좋아하는 장난감을 쥐어줌으로써 에너지를 분산시킨 후 코트를 입게 한다. 유아기 아이들이 일으키는 많은 문제는 단순히 어느 한 가지 물건이나 행동에 집착한 데서 비롯되는 경우가 많다. 따라서 일단 그 집착을 버리게 하면 우리가 원하는 대로 유도할 수 있다.

제6기술

아이가 거부하는 것을 못 본 체하고 해야 할 일을 할 때까지 1분의 시간을 주어라. 굳게 마음먹지 않아서일 뿐이지 우리는 아이가 울며 거부하는 것을 실제보다 더 냉정하게 외면할 수 있다. 떨어뜨린 물건을 주우라고 하자 아이는 하기 싫다며 울어댄다. 이 모습을 외면해야 두 사람을 모두 지치게 만드는 싸움에서 벗어날 수 있다. 외면할 때는 반드시 1분 동안 아이와 접촉해서는 안 된다. 권력투쟁은 분리-개별화-독립의 욕구에 따른, 아이의 자연스러운 행동임을 기억해야 한다.

 1분가량 지났는데도 아이가 할 일을 하지 않았다면, 일을 다 마쳤을 때 어떤 보상이 따르는지 설명해줘도 좋다. 훈련 체계를 경험한 아이들은 이렇게만 해도 알아서 움직이지만 만일 그렇지 않다면 처벌이 불가피하다.

 여기서 중요한 것은 기싸움을 벌이는 처음 몇 분의 시간 때문에 벌을 주는 것이 아님을 이해시키는 것이다. 아이를 외면하고 시간을 주고 보상에 대해 설명하는 것은 아이에게 "나는 독립에 대한 너의 욕구를 존중한다."라는 메시지를 전달해준다. 떨어진 물건을 아이 대신 주워주지 않고, 또 필요할 경우 처벌을 가함으로써 지켜야 할 규칙이 있음을 아이에게 가르쳐줄 수 있다. 참을성 있게 몇 분만 견디면 이처럼 많은 것을 얻을 수 있는 것이다.

제7기술

협상을 통해 선택 사항을 제공하라. 주고받기 식의 전략은 아이들이 커가는 단계에서 매우 유용하게 사용할 수 있는 방법이다. 아이와 협상한다고 부모의 권위가 사라지는 것은 결코 아니다. 오히려 엄마 아빠가 아이의 관점이 눈여겨볼 가치가 있다고 생각한다는 사실을 보여줄 수 있다.

아이가 코트를 입지 않으려고 할 때 "어디 보자, 혼자 입을 수 있니? 아니면 엄마가 입혀줄까?"라고 말해보면 어떨까? 대부분의 경우, 아이는 "내가 할게요!"라고 대답할 것이다. 이러한 방법을 통해 우리는 자신의 독립적인 능력을 보여주고 싶어 하는 아이의 욕구에 맞춰줄 수 있다.

선택 사항을 제공하는 또 다른 방법은 아이가 어떤 일을 할 때 "이거 같이 해볼래?"라며 도와주겠다고 제안하는 것이다. 물론 순순히 응할 때도 있겠지만 혼자 하겠다고 뿌리치는 경우도 있을 것이다. 혼자 하려고 할 때 이것을 아이가 거부한 것으로 해석해선 안 된다. 아이가 직접 선택할 수 있는 여러 가지 사안을 제시함으로써 우리는 아이의 발전을 도울 수 있다.

제8기술

어떤 일을 할 수 있는 권리나 아이가 소중히 여기는 장난감을 일정 시간 빼앗아라. 아이가 계속 말을 듣지 않고 고집을 피우면, 바로 그때 어떤 권리나 장난감을 빼앗겠다고 경고한다. 그래도 효과가 없으면 일정 시간 그것을 빼앗는 것이다. "테이블을 치우지 않으면 저녁 먹고 만화를 볼 수 없어. 놀기 전엔 집안일을 도와야 해." 여기서 아이가 박탈당하는 권리는 비디오 보기, 친구들과 놀기, 특정 음식 먹기, 장난감 등 여러 가지가 될 수 있다. 아이가 어떤 것을 가장 중요하게 생각하는지는 부모들이 알 것이다.

훈련 체계에서 이 모든 것이 효과적으로 작용하려면 일단 권리나 물건을 빼앗은 경우 양육자가 아이에게 쉽게 져서는 안 된다. 권리와 물건을 돌려받는 시간을 정하고 그것을 반드시 지켜야 한다.

제9기술

긍정적 기대감을 갖게 하라. 우리는 최대한 자주 "너는 할 수 있어."라고 말하면서 아이에게 타고난 능력에 대한 믿음을 심어주어야 한다.

제10기술

가능한 한 모든 일을 놀이화하라. 흥미 요소를 제공하면 아이들은 평소에 하기 싫어하던 일을 하려고 하는 경우가 있다. "1분 안에 테이블을 정리할 수 있겠니? 타이머로 시간을 재볼까?" 이때 일을 다 마친 후 지나친 보상을 해주는 것은 금물이다. "1분 안에 치우면 사탕을 주마."라고 말하는 사람도 있을 것이다. 하지만 이런 방식은 더 큰 문제를 불러일으킨다. 가정의 일을 도운 후 보상을 받아야 한다는 생각을 심어줄 수 있기 때문이다. 놀이 활용법에서 중요한 핵심은 '어떤 보상을 기대하지 않고 아이 스스로 놀이 자체가 즐거워서 할 수 있도록 만드는 것'이다.

제11기술

도전 목표를 세우게 하라. 할 일을 하지 않고 반항하는 등 아이가 너무 부주의할 때 어떤 일에 집중하도록 도와주어야 한다. 아이들 자신도 아마 그렇게 하고 싶을 것이다. 하지만 그 일이 너무 어려운 경우가 있다. 만일 코트를 안 입으려고 하는 아이에게 "자, 일어서서 팔을 여기 넣어볼래?"라고 말해준다면, 아이는 코트를 입는다는 전체적인 일에서 똑바로 서고, 팔을 옷소매로 집어넣는 등 특정 동작에 집중하게 된다. 여덟 살짜리 아이가 자기 방을 청소하려고 하지 않으면 "저쪽에 운동 기구를 모아두면 어떨까? 여기는 장난감을 모아두고 말이지."와 같은 말로 일을 몇 개의 부분으로 나누어주는 것이 좋다.

제12기술

실수를 통해 배우게 하라. 아마 우리가 가장 잘 잊어버리는 기술이 아닐까 싶다. 사실 이것은 기술이라기보다 정신적 원칙에 가깝다. 아이들이 되도록 많은 실수와 실패를 경험할 수 있도록 기회를 만들어라.

한 어머니가 이제 18개월 된 여동생의 머리카락을 자른 다섯 살짜리 아들에 대해 이야기한 적이 있다. 주방에서 저녁을 준비하던 그녀는 방에 들어왔다가 그 광경을 보고 큰 충격을 받았다. 엉망이 된 딸아이의 머리를 본 그녀의 머릿속에는 심지어 아들이 가위로 동생의 눈을 찌르는 환상까지 떠올랐다.

그녀는 아들에게 무섭게 화를 냈고 남편이 돌아오자 아이를 앉혀놓고 말했다. "네가 무얼 잘못한 것 같니?" 물론 다섯 살짜리 아이는 아무 말도 하지 못했다. 그러나 부모는 아들에게 가위의 위험성을 설명하며 여동생을 존중해야 함을 가르쳐주었다. 대화가 끝나갈 무렵, 그녀는 "엄마가 너만 할 때 할아버지가 '한 번 실수하는 건 괜찮다.'라고 말씀하셨어. 그러면서 배우는 거니까. 너는 벌써 '한 번' 한 거야. 이제 안 그럴 수 있겠지?"라고 말했다. 자신의 실수에 스스로 놀란 아이는 가만히 고개를 끄덕였다.

이 이야기에서 볼 수 있듯이, 남자아이들에게 어느 정도의 실수는 용인되어야 한다. 경험을 통해 배울 수 있기 때문이다. 아이에게 완벽을 기대하는 것보다는 한 번 더 기회를 주는 것이 현명하다. 어른들이 아이에게 완벽을 기대할 때 그 기대는 사실 어른의 열등감에서 비롯되는 경우가 많다.

아이를 때려야 할까?

아이들을 키우면서 양육자는 항상 이러한 문제에 부딪힌다. 때리기로 결정했다 하더라도 아이가 크면 다시 고민되고, 언제 체벌을 멈추어야 하는지 궁금해진다.

뉴햄프셔 대학 가족 연구소의 설립자이자 책임자인 머레이 스트라우스는 가정교육이라는 이름으로 자행되는 가정 내 폭력을 없애기 위해 거의 20년 동안 싸워왔다. 그는 체벌은 훈련 체계로서 아무 소용이 없으며 아이에게 폭력을 가르칠 뿐이라고 주장하였다.

하지만 아직도 통제 불능의 아이를 때려서 극적으로 끝내기를 원하는 사람들, 그리고 중간 입장을 취하는 사람들이 있다. 가족심리학자 존 로즈먼드는 후자인데, 그는 "폭력적인 것은 체벌이 아니라 폭행이다. 체벌은 부모가 손으로 아이 신체의 뒷부분을 찰싹 때리는 것이다."라고 주장한다.

나 역시 중간 입장이다. 중간 입장인 사람들은 체벌이 믿을 수 있는 어떤 것은 아니라고 생각한다. 체벌을 전적으로 신뢰한다고 말하는 것은 자녀 양육에 꼭 필요하다고 말하는 것과 마찬가지다. 성격상 결함이 있는 부모가 사용할 때 폭력적으로 변질되면서 아이에게 신체적·정신적으로 치명적인 상처를 입힐 수 있기 때문에 우리는 체벌을 피하고 있다. 그러나 어떤 경우든지 먼저 때리는 이유를 이해하고 그래도 때려야 할 필요가 있을 때는 체벌의 기능이 제대로 이루어지기 위해 어떻게 때려야 하는지 알아야 한다.

체벌의 기능으로는 아이의 즉각적인 관심을 유발하고, 바람직하지 않거나 위험한 행동을 즉시 중지시키며, 아이와 그의 가족·사회에 더 큰 문제를 일으킬 수 있는 상황을 조정하고, 누구에게 권한이 있는지 아이에게 인지시키는 것 등이 있다. 즉, 아이에게 상처를 주는 것은 절대 체벌이 의도하는 바가 아니다. 따라서 이 네 가지 기능을 염두에 두고 체벌하는 것만이 책임감 있는 부모라고 할 수 있다.

그렇다면 얼마나 많은 사람들이 아이들에게 체벌을 가하는가? 미국에서 1975년과 1985년에 가정폭력 실태를 조사한 보고에 의하면 3세 아이를 체벌하는 부모의 비율이 전체의 90퍼센트를 넘었으며 이들의 체벌 주기는 매우 짧은 편이었다. 6세 이하의 자녀를 키우는 여성들 중 3분의 2가 "일주일에 보통 세 번 아이를 때린다."고 답했다. 14세짜리 아이를 때리는 부모도 40퍼센트나 되었다.

이들 대부분은 아무 책임감을 느끼지 못한 채 아이들을 때린다. 매일 한 번, 일주일에 한 번도 많은 편이다. 체벌의 가치를 맹신한 채 아이를 가르칠 다른 방법을 찾지 않는 이들은 그저 게으른 부모일 뿐이다. 아니면 스스로 문제가 있는 부모들의 경우 자녀를 화풀이 대상 정도로 생각하기도 한다. 여러 연구 결과는 체벌이 계속되어도 아이들이 달라지지 않았음을 반복적으로 보여준다. 마치 항생제에 대한 면역이 생기듯, 매일 매 맞는 것에 면역되었을 뿐이다.

아이들 교육에 효과적이려면, 체벌은 아주 심각한 상황에서 1년에 두세 번 사용되는 정도에 그쳐야 한다. 존 로즈먼드가 말한 '손으로 때리는 법칙(Rules of Palm)'을 살펴보자.

- 잘못한 순간, 바로 그 자리에서 때린다. 한두 번 정도면 충분하다.
- 아이를 혼내다가 최후의 수단으로 때리지 마라. 이미 이때는 자신을 통제하기 어려울 만큼 화가 나 있기 때문에 한 번 때린 것으로 끝나지 않을 수 있다.

- 절대 화난 상태에서 때리지 않는다. 정말 화가 나 있다면 잠시 진정할 시간을 갖는다. 열까지 센다든지, 다른 곳에 가 있자.
- 손으로만 때린다.
- 아이 신체의 뒷부분만 때린다. 아이의 옷을 벗길 필요는 없다. 다시 한 번 강조하지만 체벌의 목적은 고통을 주는 것이 아니라 아이가 정신을 차리고 집중할 수 있는 기회를 주는 것이다.
- 체벌과 동시에 엄격하고 분명한 메시지를 전달한다.
- 사람들이 있는 곳에서 공개적으로 때리지 않는다. 학교에서 체벌이 이뤄지는 경우에도 아이의 프라이버시를 지켜주어야 한다.
- 아이가 9~10세 정도 되면 체벌은 완전히 중단해야 한다. 10대에 들어서는 아이를 손으로 찰싹 때리는 행동은 그 아이에게 심한 모멸감을 안겨준다.

부모는 자녀를 갖고 아이의 멘토가 되기 전부터 훈련 체계에 대한 계획을 세우는 것이 중요하다. 아이가 부모 마음대로 통제할 수 없는 사춘기에 이르렀을 때 체벌을 안 해도 되는 상황을 만들기 위해선, 우리가 돌보는 아이들에게 일찍부터 존중받는 법을 배워야 한다.

어릴 때부터 자기통제 능력을 배우지 않은 아이는 자신과 주위 사람들에게 큰 피해를 줄 수 있다. 훈련 체계로서 오직 체벌만 사용해왔다면, 그리고 다른 방법은 거의 쓰지 않고 아이 때부터 계속 때려왔다면 남자아이들은 우리가 기대하는 성인 남성이 되는 데 심각한 어려움을 겪을 것이다.

과잉 행동과 주의력 결핍 장애

하지만 다음과 같은 아이들도 있을 것이다.

8세 된 소년 케빈은 잠시도 가만히 있지 못한다. 어머니는 아이의 이러한 행동이 자신의 책임이라며 자책하고 있다. 부모는 온갖 종류의 훈련 치료를 시도해보았다. 학교에서는 한 번에 한 시간씩이나 무언가에 집중하기도 한다. 하지만 정말 집중하는 것은 아니었다. 앞뒤 없이 말하고 여자아이들에게 장난치고 친구들의 물건을 훔치기도 했다. 케빈의 어머니는 "누가 그런 아이를 좋아하겠어요? 부모도 싫어하는데……."라며 속상해했다.

케빈은 주의력결핍 과잉행동장애, 즉 ADHD(Attention Deficit Hyperactivity Disorder)를 앓고 있었다. ADD로도 불리며 미국 아동에게 가장 흔히 일어나는 이 행동 장애는 약 400만 명가량의 아이들이 앓고 있고, 여자아이보다 남자아이의 수가 3배 가까이 많다. 지난 몇 년 동안은 6~10세 남자아이들 중 산만하고 지나치게 활동적인 아이들에게 툭하면 이 진단을 내리는 경향 때문에 곳곳에서 논쟁이 일어나기도 했지만, 지금은 진단 방법에서 어느 정도 균형을 이루어가고 있다.

ADHD의 가장 큰 특징은 다음과 같다. 극도로 산만하고 집중하지 못하며 관심의 대상이 빠르게 변한다. 충동 조절 능력이 부족하여 규칙을 어기고 상황에 적절치 못한 말과 행동을 하며, 충동적으로 물건을 훔치곤 한다. 장시간 가만히 앉아 있지 못하고 연필을 돌리거나 의자에서 일어났다 앉았다 하고, 무언가 배우거나 조용히 노는 데 어려움을 겪으며 뭐든지 참견하려 한다. 또한 자꾸 물건을 잃어버리고 불필요한 모험을 감행하려고 하며 다른 아이들에게 따돌림을 당하기 일쑤다. 이런 증상은 크면서 약화되는 경우도 있지만 일부 아이들에게만 해당된다. 어릴 때 ADHD를 앓았던 성인 중 적어도 절반가량이 아직까지 그러한 징후를 보이고 있다.

ADHD 아동이 삶에 대한 애정과 유머 감각, 뜨거운 야망, 재치, 창의성을 지닌 성인으로 자라는 경우도 있지만, 아이일 때 그들을 다루는 것은 역시 어렵다. 한 어머니는 "몇 년째 지옥에서 살고 있는 것 같아요. 달리 표현할 말이 없군요."라고 말하기도 했다.

어릴 때 ADHD를 앓은 아이들은 성장하면서 자아상의 손상 등 감정적 문제를 겪을 가능성이 크다. 또한 사회적으로 외면당하고 손가락질을 받기 쉽다. 때문에 특별히 다루기 힘든 아이가 있다면 가능한 한 빨리 ADHD인지 검사해보는 것이 좋다. ADHD에는 리탈린 등의 약물이 처방될 수 있다. 전문가들은 테스토스테론이 이러한 행동 장애를 악화시키며 남성의 두뇌가 여성보다 호르몬 영향에 취약하기 때문에 ADHD가 남자아이들에게 많이 나타난다고 보고 있다. 식이요법이나 유전, 질병도 중요한 요인이다.

ADHD 아동을 다룰 때의 핵심은 인내심과 주의 깊은 훈련이다. 약물 치료를 받고 있다면 아이의 성격과 기질이 바뀔 것에 대비해야 한다. 또한 ADHD는 간단한 행동 장애가 아니며 치료 과정에서 부작용이 나타나기도 하니, 치료를 시작하기 전에 이 점을 꼭 기억하라.

사춘기와 청소년기의 훈련

청년기 남성은 매우 훈련시키기 어려운 대상이다. 어릴 때 건전한 훈련 체계가 자리 잡지 않았다거나, 혹은 부모의 죽음이나 이혼 등 어떤 충격으로 무너져버렸다면 더욱 그러하다.

반면 어릴 때 안정적 기반을 제공해주는 제1가족과 멘토 역할을 하는 제2, 제3가족, 인격과 자아 존중감을 세울 분명한 훈련 체계 안에서 자란 청년기 남성들은 반사회적 성향을 갖게 될 가능성이 확연히 떨어진다. 이것은 사실 매우 상식적인 이야기다. 처음 10년 동안 모든 것이 잘 진행되면 다음 10년도 잘될 가능성이 크기 마련이기 때문이다.

그러나 아이가 10대에 들어설 때 양육자가 갑자기 규칙을 바꾸면 그 10대의 시간은 엉뚱한 방향으로 진행될 수 있다. 여기서 '규칙'이란 감정적 규칙을 말한다. 많은 부모, 멘토들은 아이가 사춘기에 들어서면 감정적으로 신경 쓸 일은 줄어든다고 생각한다. 아이는 독립을 원하게 되므로 어른들은 흔히 "그래, 보내지 뭐, 보내든 안 보내든 반항하는 건 마찬가지니까."라고 치부해버린다.

아무리 강하게 보이려 해도 청소년기 아이들은 감정적으로 의지할 수 있는 대상, 안정적 기반이 필요하다. 따라서 모든 일을 혼자 해내도록 내버려둘 것이 아니라 에너지를 쏟을 새로운 대상을 찾도록 도와주어야 한다. 어머니들은 성장한 아들을 아버지에게 넘기며, 감정적 중심을 어머니에서 아버지로 이동시키는 것이 아이를 더욱 안정시켜줄 것이라고 생각한다. 이혼한 여성들은 청소년기에 있는 아들이 삶에 대한 조언을 구할 수 있는 멘토를 찾도록 도움을 준다. 다른 선택의 여지가 없는 편모들은 아들과 의식적으로 많은 대화를 나눈다.

"이제부터 나는 다른 엄마가 될 거야. 바로 네가 필요로 하는 성인 남성처럼 더 강하고 이성적인 엄마가 될 테니 두고 보렴."

학교는 청소년기의 에너지를 충분히 발산할 수 있도록 스포츠나 체스 클럽 등 여러 가지 프로그램에 남자아이들을 참여시킨다. 기업들은 청소년을 위한 봉사 프로그램을 만들고 정부는 일자리의 양과 질을 높이기 위해 노력하고 있다.

청소년을 훈련시키는 데 필요한 일은 무수히 많다. 남자아이들은 하루에도 예닐곱 번 테스토스테론이 분비되고, 신체 활동과 경험적 지식 습득에 초점을 맞춘 두뇌를 가지고 있으며, 그를 남자아이 특유의 방식으로 키운 문화권에서 살아가고 있다. 우리는 그의 에너지를 위해 체계적 구조를 제시하고 지속적인 활동과 재충전할 시간을 주고, 여러 가지 놀이와 임무를 통해 경험적 배움의 기회를 제공하고 해야 할 일을 제시해야 한다. 살아가면서 여러 가지 시도를 통해 세상의 넓은 공간을 차지하기를 기대하고 임무와 놀이, 갖가지 활동을 통해 그 공간의 사용법을 가르침은 물론 그의 재능과 비전, 내면의 그림자를 존중하면서 그의 멘토 역할을 해야 한다.

매우 어려운 경우를 제외하고 내가 만난 대부분의 청소년들은 항상 성인들과 더 많이 만나고 접촉하기를 원했다. 그러나 불행히도 성인들에게는 우선적으로 해야 할 일이 있었다. 지금까지 우리는 더 많은 자유를 요구하고 어른들의 제재에 맞서는 청소년들의 외침을 가볍게 받아들여 왔다. 너무 게을렀던 것이다. 그들은 자신들을 아직도 어린아이 취급하는 어른보다는 당당한 청년으로 대하는 어른과 만나고 싶어 한다.

몇몇 청소년들의 말을 한번 들어보자. 나는 고등학교 남학생들에게 어른들이 어떻게 해주었으면 좋겠는지 물었다. 그들의 입에서 나온 말을 그대로 옮겨보겠다.

1. "말도 안 되는 소리 하지 마세요(Cut the illin')."

'illin''은 불합리하다는 의미다. 어른들이 불합리한 행동을 할 때 그들은 금방 알아차린다. 우리가 그들에게 훈련을 제공하려고 한다면 그들은 우리가 현실 세계의 일부임을 알 필요가 있다. 그들에게는 현실 세계가 그들의 세계이고 따라서 우리 역시 그들의 세계에 대해 가능한 한 많은 것을 알 필요가 있다.

어른과 아이들이 같은 부족에서 살던 시대에 그들의 세계는 크게 다르지 않았지만 지금은 너무도 딴판이다. 어른들은 종종 "나는 어른이야, 어린애들의 사고방식 따위 알 필요도 없어."라고 생각하지만 잘못된 관점인 경우가 많다.

2. "침착하라고요(Chill out)."

16세 된 한 흑인 소년이 말했다. "어른들은 자꾸 우리 발에 걸려 넘어지는 것 같아요. 왜 그렇게 긴장하죠? 어른들에게 피해를 줄 생각은 없다고요." 청소년기 남자아이들은 무엇보다 존중받기를 원한다. 대중매체에서 흘러나오는 '위험한 10대 아이들'에 관련된 내용에 우리가 과민반응하면 청소년들은 감시당하고 위협받고 있으며 자신들이 사회에서 존중받지 못한다고 생각한다.

3. "우릴 이끌어주세요(Hook me up)."

'hooked up'이란 중요한 사람이나 사건에 연관된다는 의미다. 청소년들은 이구동성으로 어른들에게 도와달라고 말한다. 그들 가운데에는 버림받고 있다고 느끼는 이들이 많았다. 한 아이가 이렇게 물었다. "왜 우리가 어른들이 원하는 대로 해야 하죠? 어른들이 우릴 도와주는 것도 아니잖아요." 청소년들은 어른들이 자신들에게 일과 사람과 장소를 제공하여 자신에 대한 존중감을 회복할 수 있는 일을 경험하도록 도와주기를 바라고 있다.

4. "무시하지 마세요(Don't dis' me)."

자신을 무시하지 말라는 뜻이다. 청소년들을 무시하는 어른은 그들을 이해하려는 노력은 안 하면서 복종만을 요구한다. 자신이 무시당한다고 아이들이 느끼는 이유는 바로 이러한 어른의 태도 때문이다.

5. "믿을 수 있게 해주세요(Be hard with me)."

여기서 'hard'란 신뢰할 수 있는, 믿을 만하다는 뜻이다. 청소년들은 어른이 엄하고 강인하길 바라지만 지나친 것은 원치 않는다. 또한 청소년들이 정말 우리를 믿고 따를 수 있도록, 우리가 스스로의 본질과 신념을 확실히 알기를 바란다. 우리가 그들을 엄하게 대할 때도 우리를 존경할 수 있기를 바라는 것이다.

6. "우릴 도와주세요(Be down with me)."

'be down with'는 무언가를 뒷받침한다는 뜻이다. 10대 아이들은 어른들의 지원을 원한다. 또래 집단의 압력과 소외감이 너무 심하기 때문에 어른의 도움이 없다면 좌절하기 쉽다. 많은 아이들은 부모님과 선생님이 자신을 도와주기 싫어서 갖가지 변명만 늘어놓고 있다고 생각한다.

7. "과잉 반응하지 마세요(Be cool)."

청소년들의 행동을 마음대로 해석하지 마라. 아이가 어렸을 때 사용했던 훈련 체계는 아이의 성장에 따라 수정할 필요가 있다. 그러나 우리는 청소년들의 필요성의 변화에 맞추어 수정하기보다는 과거에 매달리고 현재에 과잉 반응하고 있다.

14세의 한 아이는 이렇게 말했다. "내가 귀걸이를 한 채로 집에 오자 엄마는 몹시 놀라셨죠. 그리고 일주일간 외출 금지령이 떨어졌어요. 말도 안돼요. 집에만 있으니, 사람들은 나를 이상한 아이로 생각했을 거예요."

어찌 보면 청소년들은 우리에게 이러이러한 것들을 해달라고 요구하는 것처럼 보일 수 있다. 그러나 정말 힘들었던 몇몇 경우를 제외하고 나는 그런 느낌을 가져본 적이 없다. 무언가 요구하는 대부분의 청소년들은 기꺼이 어른들에게 협조한다. 따라서 우리가 그들을 존중하면 그들도 우리를 존중하고 따를 것이다. 물론 여기서 존중이란 시간과 에너지의 제공, 세 가지 가족 유형 훈련, 한 발 물러나 있는 것, 적절한 때에 놓아주는 것 등을 모두 의미한다.

청소년들과 좋은 관계를 유지하는 몇 가지 방법을 소개한다.

- 기대와 처벌 기준이 일관성 있고 분명해야 한다.
- 크게 해로울 것이 없다면 그들이 떠들어대는 말이나 행동을 문제 삼지 말고 넘어가라. 일부 청소년들이 그들만의 방식으로 의사소통하는 것

이라고 생각하라.

- 무례한 행동은 절대 간과하지 마라.
- 가장 효과가 큰 훈련 방식에 우선권을 부여하라. 어머니들은 종종 아버지에게 가장 중심된 권위를 부여한다. 이러한 경우, 아버지의 결정과 선택을 우선시해야 한다. 예를 들어 아버지가 무엇을 금지하는데 어머니가 몰래 허용한다면 이 훈련은 무용지물이 되고 만다.
- 대화를 통해 목표를 세워라.
- 특권 의식을 버려라.
- 가능하다면 자신이 받을 벌을 직접 선택하여 스스로에게 벌을 주도록 한다.
- 때리지 않는다.
- 가능한 한 많은 시간을 함께 보내면서 그들이 원하는 일을 함께 한다.
- 자기 자신을 훈련시킬 수 있는 놀이, 스포츠, 임무 등을 직접 찾도록 도와준다. 격투기도 좋은 예다. 아이들이 그러한 활동의 구조와 체계를 배운다면 집과 학교에서도 더 잘 훈련받게 되고 자기통제에 대한 새로운 접근법을 터득할 수 있다.
- 훈련 단계를 차례로 밟아라. 일단 처벌이 끝나면 아이를 다시 받아들이는 것이 특히 중요하다.
- 일관성을 유지해야 한다.
- 아이들에게 주는 자유만큼, 책임감도 부여하라.
- 항상 그들 편에서 도와줄 것임을 믿게 하라.

폭력적인 아이들

다음은 여러 설문 조사, 통계 자료 등을 통해 밝혀진 사실들이다.

- 미국 10대 청소년의 40퍼센트가 "지난 5년 사이에 총에 맞은 또래 친구가 있다."라고 대답했다.
- 13퍼센트는 자신의 학교 재학생 가운데 적어도 절반가량이 칼이나 총을 소지하고 있다고 말했다.
- 50퍼센트에 이르는 아이들이 "내 부모는 내게 아무 도움이 되지 않는다."고 응답했다.
- 경제적으로 어려운 부부일수록 돈 때문에 이혼할 가능성이 높아진다. 그리고 부모가 이혼하면, 아들이 범죄자로 전락하고 딸이 18세 이전

에 임신할 가능성이 급격하게 높아진다.
- 미국에서 발생하는 범죄의 4분의 3 이상이 편부모 밑에서 자랐거나 부모의 이혼을 경험한 남자아이에 의해 저질러진다.
- 10대 청소년의 절반이 부모님과 저녁을 먹으면서 TV를 시청한다고 한다.
- 35세까지의 교도소 수감자 중 90퍼센트가 18세 미만의 어머니에게서 태어났다.
- 모든 폭력 범죄의 20퍼센트 정도는 18세 미만의 아이들이 저지른다.
- 대부분의 범법자들은 재범 가능성이 높다.
- 이러한 범법자의 90퍼센트는 남자아이들이다.

이것들은 우리가 앉아 있는 방의 창문들과도 같다. 우리는 방에서 10대와 폭력, 소수의 10대들이 범죄를 저지르는 모든 이유에 대해 이야기를 나눈다. 하지만 그 이유들은 이미 예전에 들었던 것이다. 우리는 창문을 내다보느라, 그리고 남자아이들 및 폭력에 대해 이야기하느라 지쳐서 방에 가만히 앉아 있다.

위의 리스트의 마지막 항목은 우리가 그토록 힘들어하는 이유 중 하나다. 우리는 점점 더 많은 남성 범죄자들을 감옥에 집어넣으면서 불안감을 떨치지 못하고 있다. 지난 10년 동안 수감자 수는 거의 2배로 뛰어 100만 명에 육박하고, 지역 교도소 수감자는 거의 3배 가까이 증가하여

50만 명을 바라보고 있다. 내가 살고 있는 워싱턴 주의 경우, 교도소 수감자 수가 79퍼센트 늘었고 인원 수용력이 86퍼센트 늘어난 데 반해 워싱턴 주 전체의 인구 증가율은 18퍼센트에 지나지 않았다. 마이크 로우리 주지사가 "이 비율로 간다면 2056년경에는 워싱턴 주의 모든 인구가 교도소로 들어갈지 모릅니다!"라고 말할 정도다.

남자아이들, 특히 호르몬의 지배를 절대적으로 받는 10대 때 이들의 공격적인 성향은 점점 늘어나기 마련이다. 원시시대에도 이것은 마찬가지였다. 부족 문화는 이 시기의 남자아이들에게 성인이 되는 의미와 그에 따르는 책임을 가르치며 잘 이끌어나갔다. 사회의 가장 어렵고 중요한 일 가운데 하나가 남성의 공격성을 훈련시켜 사회적으로 유용한 기능으로 전환하는 것임을 우리 조상들도 알고 있었던 것이다. 영장류에 대한 연구는 동물들도 비슷한 특성을 나타낸다는 사실을 보여준다.

그러나 모든 것은 변했다. 『청소년기(Adolescence)』의 저자 밀러 뉴턴은 "청소년기는 소수의 10대 아이들에게 매우 위험해졌다. 성인이 되기 위한 관문으로 사용되었던 원시 사회의 의식적인 고난의 체험과 달리, 오늘날의 의식은 점점 그 목적을 잃어가고 있으며 위험하고 위협적으로 변해간다."라고 말했다.

젊은 남성들에게는 훈련이 필요하다. 훈련을 받지 않으면 타고난 공격성을 반사회적으로 사용하게 된다. 지난 몇 년 동안 미국과 캐나다의 연구원들은 남성 폭력범들의 테스토스테론 수치를 측정해왔다. 이들의 평균 수치는 전과가 없는 일반인들보다 높았다.

한때 전쟁은 남성의 공격성을 합법적으로 분출하는 하나의 방편이었다. 전쟁 훈련은 남성에게 규칙을 가르치고 그들의 공격적 본능을 적에게 분출하도록 유도했다. 하지만 현대 세계에서 전쟁에 참가하는 남자아이들은 거의 없다.

오늘날 남성 문화에서 공격적 욕구를 해소하는 가장 좋은 방법은 스포츠라고 할 수 있다. 많은 연구 결과들이 조직화된 스포츠를 즐기는 남자아이들은 마약이나 폭력 범죄에 연루될 가능성이 현저히 낮다는 것을 보여주고 있다. 격투기 또한 남자아이들이 신체적·정신적·감정적으로 통합적인 감각을 얻을 수 있는 좋은 운동이다. 그러나 아직 많은 아이들이 스포츠나 격투기에 관심이 없다. 더욱이 스포츠나 격투기를 즐기는 남자아이들 중 극히 일부는 오히려 공격적이고 폭력적으로 변해가기도 한다. 그럼에도 불구하고 지금까지 어떤 연구 결과를 보더라도 한밤중에 농구를 하고 조직화된 축구 경기를 하고 격투기 훈련을 받는 것이 장점보다 단점, 즉 위험 요소가 많다고 얘기된 적은 없었다. 청소년들이 스포츠를 통해 동지애와 자기 조절 능력, 유대 관계, 도전 정신을 배우도록 도와준다면 그들은 공격적 본능을 생산적인 방향으로 더 빨리 전환할 수 있을 것이다.

남자아이들의 행동 속에는 그들이 나고 자란 사회와 문화의 그늘진 면이 엿보인다. 그들은 어른 사회에서 관찰한 부조리와 그들이 느끼고 흡수한 폭력성, 성인 문화의 파괴성을 모두 반영한다. 이것이 바로 오늘날 10대 아이들이 보여주고 있는 무서운 폭력 범죄다.

앞서부터 누누이 말했듯이, 남성의 폭력성을 잠재우는 비결은 가족을 안정적인 제1가족과 적극적인 제2가족, 포용력 있는 제3가족으로 재해석하는 것, 그리고 이 세 유형의 가족이 끊임없이 훈련 체계에 대해 토론한 후, 기존에 우리가 생각했던 '훈련'을 '훈련 체계'로 다시 이해하는 것이라고 생각한다. 자, 이 해법을 실시할 준비가 되었는가?

물론 몇 년 전보다는 훨씬 준비가 갖춰져 있다고 생각한다. 자녀를 키우는 사람들은 이혼을 재고하고 있고, 10대 청소년들도 피임 기구 없이 난잡한 성관계를 갖는 것에 매우 신중한 태도를 보인다. 많은 사람들이 '멘토'라는 단어에 익숙해지기도 하였다. 특히 남자아이들이 위기 상황에 있는 도심의 저소득층 거주 지역에서는 매우 중요한 의미를 갖는다. 교회들도 다시 발 벗고 나섰고 대중매체도 책임감 있는 프로그램 요구에 귀를 기울이고 있다.

우리는 도전적이고 멋진 시대를 살아가고 있다. 남자아이들은 성장하면서 테스토스테론 수치를 높이고 자신의 남성성을 깨닫지만, 우리에겐 그들을 키워 이 사회가 원하는 바람직한 인간으로 훈련시킬 능력이 있다.

남자아이는 여자아이보다 더 많은 훈련이 필요한가?

사람들은 종종 남자아이들에 대해 "그 아인 더 많은 훈련이 필요해. 여동생보다 더 많이 말이지."라고 얘기한다. 물론 전부는 아니지만 대부분의 남자아이들이 여자아이보다 더 많은 훈련을 필요로 한다. 그들은 한계에 도전하려 하고, 그러다가 다치고, 그 상처를 통해 배운다. 여자아이들도 마찬가지지만 평균적으로 남자아이들이 더 그런 편이다. 테스토스테론 호르몬이 신체적 활동과 여러 형태의 모험으로 이끌어가기 때문이다.

"이 남자아이는 저 여자아이보다 더 많은 훈련을 필요로 한다."는 것이 곧 그 남자아이에 대한 비판은 아니다. 오히려 그 반대라고 할 수 있다. 남자아이들은 자신의 한계를 테스트할 최선의 방법을 찾는다. 그것이 비록 엄청난 고통을 수반하더라도 말이다.

지속적 체계로서의 훈련

우리가 아무리 노력해도 훈련 체계는 아이들에게 상처를 주게 되어 있다. 훈련을 적용하는 기술이 미숙하기 때문이다. 자신이 기분이 나쁠 때 아이들을 때리고 나서 수도 없이 "난 저 아이에게 불필요한 상처를 주고 있어."라고 생각한다.

상처를 주는 것의 시작은 바로 누군가와 관계를 맺는 것이다. 아이에게 훈련을 가르치면서 우리의 눈은 우리가 말과 행동으로 할 수 없었던 일을 바라볼 것이다. 훈련에 대해 말하는 것과 훈련을 적용하는 것 사이에는 천지 차이가 있다. 전자가 이상적 기준에 대해 이야기하는 것이라면, 후자는 방금 하늘에서 내려온 사람이 흙탕물에 뒹굴면서 온갖 지저분한 것들을 뒤집어쓰는 것과 마찬가지라 할 수 있다.

그러나 이러한 경우에도 훈련에 대한 우리의 판단은 정신적 맥락에서 이어질 필요가 있다. 남자아이들이 청소년기를 거쳐 성인이 될 때 우리는 그들에게 안겨준 그늘진 상처를 어떻게 다룰지 결정해야 한다. 우리는 그들의 성숙해가는 삶을 죄책감 속에서 바라보며 아이들에게 "내가 너에게 저지른 실수가 정말 많은 것 같구나. 이제 네게 도움이 되어주마. 부모가 저지른 실수가 네가 성인으로서 시작한 여정에서 어떻게 중요한 요소로 사용되었는지 이제 이해할 수 있도록 말이야."라고 말할 수도 있을 것이다.

훈련이 정말 남자아이들의 삶에서 체계적인 부분이라면 18세가 되었다고 해서 절대 사라지지는 않는다. 이것은 오히려 무한한 원과 같다. 우리가 남자아이들에게 실시하는 훈련은 그들이 성인으로 살아갈 앞으로의 인생에 많은 에너지를 제공해준다. 그들이 자신의 삶을 살도록 놓아주기 전, 우리가 마지막으로 할 일은 우리가 그들의 삶에서 어떤 역할을 했는지 그들이 깨닫게 하는 것이다.

칼 융은 "내면의 상황을 의식하지 못하면 운명으로 보이는 법이다."라고 말했다. 남자아이들이 성인이 되었을 때 우리는 그들 내면의 일부, 즉 그들이 일을 하고 관계를 맺고 영적으로 성장하면서 종종 듣게 되는 마음속의 소리가 될 것이다.

철학자 샘 킨은 또한 이렇게 말했다. "우리는 모두 유년기의 상처를 가지고 있다. 그때 겪은 이 상처는 우리가 모든 사람을 포용하고 자기 자신, 그리고 다른 사람을 동시에 치유하도록 도와준다."

부모가 성인이 된 자녀에게 줄 수 있는 최대의 선물은 믿음과 존중감이다. 부모와 성인 자녀의 대화는 부모의 소극적 훈련에 대한 성인 자녀의 분노에서 시작되기도 한다. 그러면 부모의 사과와 설명이 이어진다. "그때는 이러이러해서 그랬단다. 지금이라도 사과하마."

그러나 이에 멈추지 말고, 성인이 된 아이가 과거 어른들이 저지른 실수를 돌아볼 수 있도록 부모와 멘토, 교사의 격려가 있어야 한다. 과거를 돌아봄으로써 자신을 고치는 것이 아니라 자신을 찾기 위해서, 성인으로서의 여정을 끝내는 것이 아니라 계속 이어가기 위해서, 부모를 비난하는 것이 아니라 자신의 영혼을 찾기 위해서 말이다.

때때로 아이들에게 상처를 주는 부모들은 부모로서의 권위가 갖는 중요성을 간과하곤 한다. 그 결과 아이들은 성인이 된 후 부모를 비난하고 부모는 끊임없이 아이에게 사과하게 된다. 이러한 악순환은 더 큰 고통을 일으킬 뿐이다. 성인이 된 아이들은 과거를 돌이켜보면서 잃어버린 자신의 일부를 되찾는다. 또한 부모의 관대함과 지나친 사과가 아니라 부모의 책임 있는 자세, 세상을 떠나는 순간까지 아들에게 본이 되며 강인함을 잃지 않는 태도에 더 고마움을 느끼게 될 것이다.

제8장

가치, 도덕, 영성을 가르치기

어릴 적 나는 이 세상이 선과 아름다움, 정의로 가득 차 있다고 믿었다.
그리고 다리가 부러진 지금에도, 부상당한 후에도 내가 전보다 더 강하다는 것을 느낀다.
– 마크 헬프린의 『전장의 병사(A Soldier of the Great War)』 중

인도 남부에서 전해지는 한 소년의 이야기가 있다. 아이는 청년이 되자 부모에 의해 한 브라만(인도 카스트 제도에서 가장 높은 지위인 승려 계급-옮긴이) 귀족에게 보내졌다.

시간이 흘러 어느 날 브라만은 이렇게 말했다.

"이제 세상에 나가 네가 만나는 사람들에게 가장 귀한 가치가 무엇인지 물어보아라. 그리고 돌아와 네가 들은 대답들을 내게 알려다오. 너무 빨리, 혹은 너무 늦게 와서도 안 된다."

소년은 길을 떠났다. 브라만의 집을 떠나자마자 그는 아이들과 함께 있는 한 어머니를 만났다. "당신은 가장 위대한 가치가 무엇이라고 생각하나요?" 그 어머니가 대답했다. "아이들을 잘 돌보는 것이죠. 이 아이

들이 커서 곧 나를 돌봐줄 테니까요."

길을 따라 내려가던 소년은 염소 한 마리를 만나 물었다. "너는 세상에서 가장 위대한 가치가 무엇이라고 생각하니?" 염소는 "동물을 친자식처럼 잘 돌보는 것이죠."라고 대답했다.

소년은 이번에는 도랑에서 일하고 있는 남자들에게 물었다. "당신들은 가장 위대한 가치가 무엇이라고 생각하나요?" 한 남자가 입을 열었다. "물론 부지런히 일하고 다른 것에 정신을 빼앗기지 않는 것이지."

좀 더 길을 가자 이번에는 서로 꼭 끌어안고 있는 연인의 모습이 보였다. 그들은 "사랑에 빠졌을 때는 다른 모든 일을 제쳐두고 사랑에만 집중해야죠."라고 말했다.

그는 많은 사람을 만났고 수많은 대답을 들을 수 있었다. 고개가 절로 끄덕여지는 대답이 있는가 하면 서로 완전히 반대되는 대답도 있었다. 모두가 하나의 퍼즐 조각 같았지만 어떻게 맞춰야 할지는 알 수 없었다.

어느 날, 소년은 지친 몸을 이끌고 브라만의 집으로 돌아와 "너무 혼란스러워요. 대답도 모두 제각각이고 맞는 말도 많고요."라고 말했다.

브라만이 대답했다.

"내가 너에게 준 질문은 이제 더 이상 올바른 질문이 아니다."

"그렇다면 올바른 질문이 뭐죠?"

"어떻게 하면 나 자신을 알 수 있을까? 그게 올바른 질문이야. 자신을 아는 것이 가장 위대한 가치니까."

"왜 그렇게 말한 사람이 하나도 없었을까요? 왜 아무도 자신을 아는 것이 가장 위대한 가치라고 말하지 않았을까요?"

"대답하는 방식이야 여러 가지가 있지. 다시 떠나라. 가서 이번에는 어떻게 하면 자신을 알 수 있는지를 묻고 사람들의 대답을 잘 들어보아라."

우리는 옛 부족 사회가 경험하지 못했던 공허함, 즉 구체적이고 보편적인 텍스트도, 지침이 되는 철학도, 의식적이고 응집력 있는 세 가지 가족 체제도, 아이의 도덕성 발달에 대한 이해도, 아이와의 친밀한 시간도 없는 공허함 속에서 아이들을 키우고 있다. 더욱이 너무나 정치적으로 변한 사회 상황에서 가치의 설명은 영혼의 목소리가 아니라 우리가 동의하는 정치사상에 의지하고 있다.

이에 대해 정치적 관점과 연결해서는 안 된다는 의견이 잇따르고 있다. 오늘날 가치관의 정치화와 각 정당이 자기 당의 가치관을 퍼뜨리기 위해 문화 속으로 전달하는 주장은 아이들의 진리 추구를 막고 있다. 그러나 나는 그 진리 추구를 도울 것이다. 또한 내 제안이 남자아이들이 가치, 도덕, 영성을 배우는 데 도움이 되기를 기대한다.

우리가 먼저 이해해야 할 것들

아주 재미있는 마약 퇴치 광고가 있다. 13세쯤 된 남자아이가 침대에 누워 있다. 성이 난 아버지가 나타나 아들의 방에서 발견한 마약 복용 도구들을 들이댄다.

"너, 이런 짓을 도대체 누구한테 배운 거야?"

그러자 아들이 대답한다.

"아빠한테요."

자녀에게 가치관을 가르치려면 우리가 먼저 성실과 정직, 명예로움, 책임감, 정신력을 갖추어야 한다. 내가 알고 겪은 것을 가장 잘 가르칠 수 있기 때문이다. 내가 모르는 것을 아이에게 가르칠 수는 없.

당신이 생각하는 '가치'는 무엇인가? 대중매체나 정치가의 입에서 아무 고민 없이, 너무나 자연스럽게 흘러나오는 '가치'를 말하는 것이 아니다. 당신의 가치는 무엇인가? 간단히 정의를 내려보면, 가치란 그 자체로도 의미 있지만 자기 자신과 가족, 사회, 문화, 이 세상의 발전에 꼭 필요한 삶의 원칙이다. 가치는 우리가 적용하려는 곳이라면 어디든 적용할 수 있는, 매우 융통성 있는 개념인 것이다. 그러나 대우주·소우주적 관점으로 생각했을 때, 그 원칙이 여전히 의미를 잃지 않는지 확인 후 적용 여부를 결정해야 한다.

예를 들어 사람들은 "삶은 모든 인간에게 가장 중요한 가치가 되어야 한다."고 말한다. 소우주적 관점에서 생각했을 때 충분히 이해되는 말이다. 만일 내가 삶에 가장 큰 가치를 부여하지 않는다면 나 자신과 가족, 이 세상에 나쁜 영향을 미칠 수도 있을 것이다. 그러나 대우주적 관점에서는 삶이 아니라 삶의 질이 인간의 가장 중요한 가치다. 삶의 질이란 소우주·대우주적으로 적용되는 가치이므로 우리는 어떤 상황에 있든지 삶의 질을 유지하기 위해 애써야 한다.

우리는 자신의 가치와 '가치'에 관한 사회적 주장을 이해함으로써 소우주적 진리와 대우주적 진리를 찾는 과정에서 자녀에게 더 많은 도움을 줄 수 있다. 물론 우리의 자녀들은 진리를 두 가지 관점에서 바라보게 된다.

종이를 한 장 꺼내고, 다음 내용에 초점을 맞추어 자신의 가치를 적어보자.

- 인간으로서 나에겐 어떤 책임이 있는가?
- 나의 본래 모습은 무엇인가?
- 살면서 어려운 문제에 부딪혔을 때 무엇이 나에게 용기를 주는가?
- 다른 사람에 대한 동정심을 어떻게 보여주어야 할까?

몇 가지 질문을 더 살펴보자.

- 나 자신에 대해 어떤 책임이 있는가?
- 가족에 대해 어떤 책임이 있는가?
- 친구들에게 어떤 책임이 있는가?
- 공동체 사회와 문화에서 내 역할은 무엇인가?
- 지구의 환경 보전에 대해 어떤 책임이 있는가?
- 거짓말을 해도 되는 경우는 어떤 것들이 있는가?
- 어떤 진리가 나와 관련 있는가? 어느 것이 절대적인 진리인가?
- 진리에 관한 질문에 답할 때 나는 무의식적으로 누구의 생각을 따르고 있는가? 그들의 답이 만족스러운가?
- 목숨까지도 버릴 수 있는 진리가 있는가?
- 소심한 행동이란 어떤 것인가?
- 비겁하게 행동한 적이 있는가?
- 용기 있게 행동한 적이 있는가?
- 용감하게 행동했지만 사람들이 겁쟁이라 한다면 누구에게 호소하겠

는가?
- 내 주변의 가난한 사람들은 누구인가?
- 실패했을 때 나를 위로하는 법을 알고 있는가?
- 나와 다른 사람들을 달래는 법을 알고 있는가?
- 나의 가장 우선적인 가치는 무엇인가?

이러한 질문에 구체적이고 상세하게 대답할 수 없다면 아이들에게 동정심과 용기, 성실, 책임감을 가르치는 데 어려움을 겪을 것이다.

도덕성 발달 단계

20세기 초, 이론가인 장 피아제와 로렌스 콜버그는 인지적 발달뿐 아니라 도덕성의 발달도 단계별로 나타난다는 사실을 확인하였다.

피아제는 도덕성 발달 단계를 객관적 단계와 주관적 단계로 나누었다. 먼저, 아이들은 무언가를 '비도덕적인 것'으로 이해한다. 그것이 어떤 객관적 상황을 초래하기 때문이다. 예를 들어 동생의 얼굴을 때리는 행동을 비도덕적인 것이라고 이해하는 것은 '부모님이 화를 낸다'는 객관적 상황이 벌어졌기 때문이다. 즉, 어떤 행동에 따르는 고통스러운 결과 때문에 아이들은 그 행동을 나쁜 것으로 인식한다는 뜻이다.

두 번째 단계에서 아이는 주관적 의도가 중요하다는 사실을 이해하게 된다. 실수로 동생을 때린 것은 비도덕적 행동이 아니지만 고의로 때린 것은 비도덕적 행동이다. 피아제의 두 번째 단계에서 아이의 인지적 발달은 도덕적 합리성이 발달한 수준만큼 이루어진다.

로렌스 콜버그는 도덕성 발달에 대한 피아제의 분석을 더욱 심화시켜 부모와 양육자들에게 도덕성 발달을 위한 6단계 모델을 제시하였다. 다음은 그가 제시한 세 가지 수준과 여섯 가지 단계다.

1. 관습 이전 단계

아이는 문화적 규칙을 배우고 좋고 나쁜 것, 옳고 그른 것을 구분하게 되며 그에 따르는 고통 혹은 즐거움을 바탕으로 이 규칙을 따른다. 고통과 즐거움, 즉 처벌과 보상의 양과 일관성은 결과 제공자가 갖는 힘에 달려 있다. 이 레벨에는 두 단계가 있다.

- 제1단계 – 처벌과 복종 지향

아이에게는 아직 도덕적 질서 감각이 없다. "내가 동생을 때리면 엄마가 매우 화를 낼 거야."라는 것이 아이가 아는 사실의 전부다. 다시 말해 동생을 때리는 것이 부모의 관점에서뿐만 아니라 사회적 관점으로도 나쁜 행동이라는 것까지는 아직 알지 못하는 것이다. 아이는 처벌을 피하고 힘 있는 주체, 즉 부모로부터 보상을 받고자 한다. 그에겐 이것이 가장 중요한 일이다.

- 제2단계 – 도구적 상대론자 지향

아이는 인간관계를 일종의 시장으로 생각한다. 자신이 필요한 것을 얻는 것이 가장 중요한 일이다. 정당함과 상호 이익, 나눔에 대해서도 생각하지만 "그 장난감 자동차를 주면 이 공을 줄게."라는 실용적 수준에 그친다. 아이의 인지 발달 정도로는 고마움 혹은 "네가 내 물건을 가져갔으니 난 네 것을 가질게."라는 방식 이상의 정당함 같은 것은 이해할 수 없다.

물론 모든 아이들이 다르기 때문에 이러한 단계를 나이로 표시하는 것은 다소 무모한 일이지만, 대략 제1단계를 1~3세까지로, 제2단계는 3~6세까지로 보면서 아이들이 도덕적 합리성을 배우도록 가르치는 것이 좋을 것이다.

2. 관습적 단계

아이는 인지적으로 발달하여 비록 고통이 따르더라도 가족과 공동체를 지키는 것이 매우 중요함을 이해하게 된다. 따라서 가족과 공동체에 충성하게 되고, 그가 충성을 맹세한 사회적 질서에 순응하고 그것을 지지하며 정당화한다. 청소년들은 공동체가 나아가는 방향과 권위에 일체감을 느낀다. 이 관습적 레벨에도 두 단계가 있다.

- **제3단계 - 조화로운 대인 관계 지향**

아이들은 자라면서 착한 아이, 말 잘 듣는 아이가 되는 법을 배운다. 사회가 그들에게 꼬리표를 붙여 분류하고, 아이는 정말 좋은 꼬리표를 얻기 위해 애쓰며, 개인뿐 아니라 사회적으로도 인정받기 위해 어떻게 처신해야 하는지도 배운다. "남의 물건을 훔치면 아무도 날 좋아하지 않을 거야.", "정직하게 말하면 모두들 칭찬하겠지." 등의 생각을 갖게 되는 것이다. 물론 물건을 훔치면 영웅 대접을 해주는 일부 또래 집단도 있을 것이다. 이럴 경우, 아이는 두 개의 대립되는 도덕적 메시지를 얻게 되고 결국 둘 중 하나를 선택한다. 이러한 선택 과정은 도덕성 발달에 크게 기여한다.

이 단계에서 아이는 특정한 옷을 입고 특정한 방식으로 말하고 특정 음료를 마시는 것이 자연스러운, 혹은 대다수의 사람들이 자신에게 원하는 행동이라고 생각하면서 종종 판에 박힌 듯한 진부한 이미지를 따른다. 심지어 그 진부한 이미지를 따를 때도 의도를 밝히기 위해 애쓴다. 누가 어떤 일을 하면 아이는 그 사람의 의도를 궁금해하고 자신이 어떤 일을 할 때는 그 행동을 정당화할 의도를 앞세운다. 공동체의 인정과 자신의 개인적 양심을 함께 추구하는 것이다.

- 제4단계 – 법과 질서의 지향

청소년들은 사회질서의 정해진 규칙을 충실히 이행한다. 가정에서 아버지가 "엄마가 차에 탈 때는 항상 문을 열어드리렴."이라고 가르치면 아들은 이 규칙을 따른다. 그에게 올바른 행동은 자신의 임무를 다하고 부모에게 존중심을 표현하며 사회질서를 지키는 것이다. 이 단계의 아이들은 '다른 사람이 말하는 동안에는 조용히 있어야 한다'는 규칙을 이해하고 그 규칙을 만든 사람을 존중할 필요가 있다.

이 두 가지 단계는 아동기 후반과 청소년기 초반에 걸쳐 두드러지게 나타난다. 일반적으로 청소년기 후반이나 성인들은 도덕적 행동에 대한 보상과 그렇지 못했을 때의 처벌을 경험함으로써 도덕성을 배우고 도덕적 범위 내에서 자신의 욕구를 충족시키는 실용적 기술을 익힌다. 또한 사회의 인정을 얻기 위한 행동 조절법과 사회질서 내에서 도덕적 임무를 완수하는 법도 학습한다. 도덕적 훈련의 각 단계를 거치면서 우리는 이전 단계의 요소들을 결합시키는 능력을 얻을 수 있다.

부모와 다른 사람에 대한 아이들의 반항은 대부분 도덕적 반항이 아니라 감정적인 반항이다. 아이들은 부모가 시키는 일을 하지 않음으로써 반항하지만 가족, 공동체, 사회의 도덕적 구조와 권위를 파괴하지는 않는다.

3. 관습 이후의 자발적 혹은 원칙에 의거한 단계

이 단계에서는 권위와 공동체, 그리고 그 공동체에 소속감을 느끼고자 하는 욕구와 별개로, 우리는 도덕적 가치와 원칙을 정의하기 위해 각자 노력한다. 그리고 결국 사회와 전통이 수용한 원칙을 받아들이기도 한다. 물론 그 원칙을 자발적으로 발견했을 때다.

- 제5단계 – 사회적 계약 지향

헌법상의 권리 등 사회가 정하는 권리의 형태를 통해, 그리고 개인적 관점을 통해 개인의 권리를 추구하는 단계다.

전쟁이 터졌지만 나도 참전해야 한다는 사실을 믿고 싶지 않을 때 내 도덕적 추론에 포함되는 것이 바로 이 단계의 요소다. 나는 전쟁에 반대하는 목소리를 낼 권리를 부여하면서도 내게 참전을 요구한 이 사회-도덕적 구조가 얼마나 복잡한지 깨닫고, 결국 내 사회적 계약에서 가장 우선이 무엇인지 선택해야 할 것이다.

종종 법이 바뀌고 전쟁이 멈추고 혜택받지 못한 사람들이 도움을 얻는 것 또한 바로 이 단계다. 이 단계에 있는 사람들은 법과 규칙을 어떻게 바꾸고 사회적 합의가 만들어낸 구조 내에서 어떻게 머물지에 대해 극도의 긴장감을 느낀다.

가정에서도 이러한 일이 간혹 나타난다. 10대 아들이 자신에게 새로운 권리가 필요하다고 주장하면서 집안의 규칙을 바꾸자고 졸라댄다. 위급한 상황이 일어났다고 느낀 16세의 아들이 허락도 받지 않고 부모의 자동차를 운전한다고 생각해보자. 아들은 이미 이유를 설명했지만 아직 부모가 규칙을 바꾼 것은 아니다. 허락 없이 차를 몰았을 경우, 부모는 격노하며 아들에게 제2단계, 제4단계를 부과한다. 아이는 자신이 위급 상황을 판단하고 올바른 결정을 내릴 수 있다고 생각하지만, 우리는 초기 발달 단계에 머물고 있는 것이 아이가 아니라 우리 자신이라는 것을 알아차리지 못한 채 아이의 반항에 무조건 화를 낸다.

아이들이 반항한다면 그들이 어느 단계에 있는지를 먼저 확인해야 한다. 어떤 경우에는 우리보다 앞서 있을 때도 있다. 우리도 아이들처럼 유연하게 변화한다면 아이들도 더 이상 반항하거나 부모의 도덕적 권위에 힘들게 맞서지 않고 오히려 가족 내부의 규칙을 바꾸려고 할 것이다.

- 제6단계 – 보편적인 윤리적 원칙의 지향

우리는 포괄적인 내면의 논리, 즉 보편적인 사회적 가치에 대한 분별력에 호소하는 윤리 원칙을 선택한다. 이것은 십계명처럼 구체적인 도덕적 규칙과 반대되는, 황금률과 같은 원칙이다.

상대방이 나에게 해준 것처럼 나도 그를 대하겠다고 결심했다면 나는 전체적인 삶의 방식을 깨닫고 있는 것이다. 그리고 그 방식을 나 자신과 가족, 사회, 자연적인 상호작용 속에 적용함으로써 힘과 가치를 얻는다. 만일 무슨 일이 있어도 양심을 따라야 한다고 배웠다면, 정말 순수한 마음으로 다른 사람에게 인정을 베풀게 된다. 어려운 사람에게는 돌려받을 것을 기대하지 않고 돈을 빌려주고 더욱 관대해지며 내 자신의 가치가 다른 사람의 악의로 인해 무너지도록 내버려두지 않을 것이다. 또한 어떤 시련이 닥쳐와도 더 꿋꿋하게 일어설 것이다.

우리는 정의, 상호 이익과 인권의 평등, 서로에 대한 존중, 개개인의 존엄성이 무엇인지를 깊이 이해함으로써, 우리가 세운 원칙의 보편성과 도덕성을 분별하게 되었다.

많은 젊은이들이 제6단계까지는 이르지 못하고 있다. 40, 50, 60대의 성인들도 마찬가지다. 그들은 자신이 준 것에 대한 보상을 요구하고, 삶을 '주고받기' 식의 제2단계와 강박적으로 전통을 기반으로 한 사회 규칙을 따르려고 하는 제4단계의 연장선으로만 생각하고 있다.

이상이 콜버그가 말하는 여섯 단계다. 그가 처음 발표한 이래 많은 사람들이 이 주장에 수정을 가했고, 몇몇 단계가 추가되기도 하였다. 인간의 도덕적 사고가 끊임없이 연구됨에 따라 단계의 수정 역시 아마 계속 될 것이다. 하지만 부모와 양육자가 아이에게서 어떤 단계를 보느냐에 상관없이 아이들은 각 단계에서 도덕적 합리성을 배우게 될 것이다. 아이들이 가치와 도덕성을 배우도록 도움을 주고 싶다면, 먼저 그들이 어느 단계에 속해 있는지부터 알아내야 한다.

'+1' 체계

콜버그가 제시한 단계에서 가장 중요한 것 중 하나는 '+1' 체계다. 이 체계는 다음과 같은 기능을 한다. 7세의 아들이 제2단계에 속해 있는 것을 알았다면 제6단계가 아닌 제3단계의 사고를 적용함으로써 아이의 발전을 도울 수 있다. 여기서 3단계는 2단계 '+1'의 단계다. 아이의 두뇌는 현재 3단계를 적용할 수 있는 지점까지 발달하고 있기 때문에 아이에게 '+1' 단계를 제시하는 것이다.

내 아들 조니의 경우를 예로 들어보자. 녀석은 어릴 때 동생의 장난감을 빼앗곤 했다. 나는 제1단계의 방식, 즉 아이를 달래거나 화내고 때리기도 하면서 그런 행동을 못하게 하였고 실제로 어느 정도 효과를 거두었다. 아이가 벌을 받기 싫어서 그 행동을 그만둔 것이다. 그러나 시간이 지나자 아이는 모두 잊어버리고 다시 동생의 장난감을 빼앗았고, 우리는 다시 제1단계의 처벌 방식을 사용했다.

아이가 네 살이 되자 나는 상호 이익이 되는 방법을 사용해보는 것이 좋겠다고 생각하여 '+1' 방식을 시행했다. 일종의 거래를 통해 동생에게 장난감을 주는 법을 보여주며 제1단계에서 제2단계로 옮겨갈 수 있도록 도와주자, 그때부터는 아이를 그렇게 혼낼 필요가 없어졌다. 거래 방식을 사용한 것이 주효했던 것이다.

이제 일곱 살이 다 되었지만 아이는 아직도 툭하면 동생의 장난감을 빼앗는다. 아마 둘째 동생이 생겨서인 듯싶다. 불안한 마음에 아이는 지나칠 만큼 이런저런 사고를 친다. 제1단계나 제2단계의 방법을 다시 쓸 수도 있었지만 우리는 '+1' 방식을 한 번 더 적용하기로 결정했다.

그리고 할아버지, 할머니와 친척, 가까운 이웃들에게 당부했다.

"장난감을 빼앗는 것이 꼭 벌을 받기 때문만이 아니라 계속 그런 행동을 할 경우, 모든 사람들이 그 행동과 의도를 외면하게 되기 때문에 나쁘다는 것을 조니에게 가르쳐주려고 해요. 그러니 조니가 동생의 장난감을 빼앗는 걸 보면 왜 장난감을 빼앗으려고 하는지 꼭 물어보시고, 자기 행동의 이유를 생각해볼 필요가 있다는 걸 알려주세요."

다른 사람들을 끌어들임으로써 부모는 아이에게 가치를 제시하는 일을 여러 사람들과 분담하게 된다. 권한의 주체가 부모에서 그룹으로 확대되는 것이다. 이것은 제3단계 도덕적 깨달음에 필수적인 요소다. 아이의 의도에 초점을 맞추는 것 역시 이 단계에서 반드시 이루어져야 한다. 조니는 장난감을 빼앗는 행동이 옳지 않다는 것을 느끼게 되면서 곧 그러한 행동을 멈추었다.

단계별로 나타나는 심리 적용 과정을 살펴보면서, 아이에게 가치를 제시하는 주체로서 우리가 도덕적 사고를 어떻게 가르쳐야 할지 더 확실히 알 필요가 있다는 것을 깨닫게 된다. 그저 아이에게 어떤 가치를 주입시키는 것은 아무 효과가 없다. 그들은 단계별로 도덕과 가치를 배우고 각 단계마다 다른 도구와 자극을 필요로 하기 때문이다.

우리가 그 모든 단계를 이해하지 못하면 가르친 것을 이해하지 못했다고 아이에게 화를 낼 수도 있다. 하지만 아이는 아직 이해할 단계가 아닐 뿐이다. 혹은 동생이 태어났다거나 부모가 이혼하는 등 가족 문제로 인한 충격 때문에 잠시 발달이 퇴행했을 수도 있다. 부모의 학대는 아이의 도덕성 발달을 가장 방해하는 요인이다. 부모의 학대를 받는 아이는 도덕적 합리성의 초기 단계를 벗어나지 못하고, 신체적으로 어른이 된 후에도 '보상-처벌' 수준의 사고 단계에 머물게 된다. 어렸을 때 어떤 단계를 거쳤든, 도덕성 발달의 기회는 전혀 갖지 못한 채 벌만 받아왔기 때문이다.

도덕성 발달 단계를 살펴보는 것은 자녀를 가르치는 전략을 세우는 데 도움을 준다. 우리는 종종 그 단계를 깨닫지 못하기 때문에, 자녀에게 부끄러움 당하는 것을 원치 않기 때문에, 너무 엄하게 대하면 아이의 사랑을 잃을까 두렵기 때문에, 소위 '죄책감 교육'의 적용을 게을리하게 된다. 그러나 죄책감 교육은 부끄러운 것도, 아이의 인성에 나쁜 영향을 미치는 것도 아니다. 이것은 아이의 나쁜 의도에 대한 처방이기 때문이다. 예를 들어 장난감을 빼앗는 아이의 이야기에서 설명한 제3단계에서는 이런 죄책감 교육이 매우 필수적이다. 이 단계에서 공동체의 사람들은 아이의 의도를 판단할 권한을 부여받고 아이가 자신의 의도를 스스로 판단하여 필요하다면 죄책감을 느끼도록 이끈다.

아이가 죄책감을 느끼도록 만드는 것 역시 부끄러운 일이 아니다. "넌 정말 나쁜 아이야."라고 말하는 것이 아니라 아이의 어떤 부분이 잘못되었다고 지적하는 것이기 때문이다. 말하자면 "너는 네가 생각한 이유 때문에 물건을 빼앗았어. 하지만 그건 결코 정당화될 수 없어. 동생에게 상처를 주었으니까."라고 우리는 말하게 된다. 이 경우, 자세히 관찰해야 할 것은 바로 이유 혹은 의도다. 때때로 이런 식으로 다루어질 때 아이들은 죄책감과 수치심을 혼동하게 된다. 이때 어른으로서 우리는 "너는 내가 아무 조건 없이 사랑하는 아이란다. 그런데 오늘 네가 한 일은 내가 존중할 수 있는 행동이 아니야."라고 말해주는 것이 중요하다.

사람들은 제6단계에 이른 후에도 여전히 이전 단계의 특징들을 가지고 있다. 예를 들어, 어떤 사람은 성인이 된 후에도 어떤 특정한 일은 하지 않으려 한다. 처벌 가능성이 있기 때문이다. 이처럼 어떤 상황에서든 여러 단계별 요소들이 복합적으로 나타나지만 그중에는 언제나 지배적인 요소가 있기 마련이다. 따라서 성인과 아이들이 자신의 가치를 분명히 하고 도덕적 합리성을 깨닫도록 도울 때, 가장 우세하고 지배적인 단계가 무엇인지 확인하고 이전 단계를 상기시키는 난폭한 행동을 비판하지 않도록 주의해야 한다.

도덕적 발달 이야기

콜버그는 이 단계들에 대해 자신의 주장을 펼치면서 도덕적 딜레마를 다룬 이야기를 아이의 도덕적 추론을 평가, 발전시키는 주요 도구로 사용하였다. 여기 한 이야기를 소개한다. 이스턴 워싱턴 대학의 응용 심리학 교수인 아민 아렌트가 들려준 이야기다.

14세 된 남자아이 조우는 캠프가 너무 가고 싶었다. 그의 아버지는 돈을 아껴서 직접 캠프 참가비를 마련하면 보내주겠다고 약속하였다. 조우는 신문 배달을 시작하여 금세 캠프 참가비 40달러를 모았다. 하지만 출발 날짜가 얼마 남지 않은 상황에서 아버지는 마음을 바꾸었다. 아버지의 친구가 낚시 여행을 가자고 하자 돈이 모자랐던 아버지는 조우에게 그동안 모은 돈을 빌려달라고 말했다. 캠프 참가를 포기할 수 없는 조우는 아버지의 요구를 거절할 생각이다.

이 이야기를 바탕으로 아렌트 교수는 다음과 같은 질문을 던진다.

- 조우는 아버지에게 돈을 드리는 것을 거부해야 하는가? 그 이유는?
- 조우의 아버지에게 아들의 돈을 달라고 말할 권리가 있는가?
- 아버지에게 돈을 드리는 것과 좋은 아들이 되는 것은 어떤 관계가 있는가?
- 아들과의 약속을 어긴 아버지와 아버지의 부탁을 거절하는 아들 중 어

느 쪽이 더 잘못했는가?
- 약속은 왜 지켜져야 하는가?

이 이야기를 이해할 수 있는 아이들과 의견을 나눌 때 "내 말이 맞아. 이게 정답이야."라는 식으로 말해선 안 된다. 우리는 그들이 도덕적 발달 단계를 잘 밟아 나가도록 돕고자 아이가 어느 단계에 있는지 판단하기 위해 의견을 나누는 것이기 때문이다. 만일 아이가 세 번째 질문에 "아버지가 아들의 돈을 갖는 것쯤이야 문제될 게 없죠."라고 대답한다면 제4단계에 있다고 볼 수 있다. 혹은 아버지에 대한 두려운 감정이 깔려 있는 경우라면 제1단계에 있다고도 말할 수 있다. 이와 마찬가지로 어떤 아이가 "다음 해 캠프를 아버지가 꼭 보내주기로 하는 등 아들에게 도 뭔가 돌아오는 게 있다면 아버지께 돈을 드려도 괜찮죠."라고 말한다면 그는 제2단계에 속해 있는 것이다.

아이가 속한 단계를 판단하는 것은 우리가 무엇을 '+1'로 삼아야 하는지를 결정하는 데 도움이 된다. 이와 같은 이야기를 사용하여 아이를 토론에 끌어들임으로써 기대 이상의 결과를 얻을 수 있다. 토론은 부모와 멘토에게 아이의 도덕 세계와 가까워지는 기회를 제공하고 아이가 도덕적 추론에 관심을 가질 수 있도록 도와준다.

위의 아버지와 아들 이야기처럼 교훈적 이야기를 위한 기본 공식이 있다. 이러한 이야기에는 주로 힘과 능력을 가진 사람, 아무것도 갖지 못한 사람, 부모와 자녀, 정부와 민간인, 그룹과 개개인이 등장한다. 종종 위기 상황도 일어나며 개인과 가족, 사회 문화에 따라 세분화된 선택의 순간도 있다.

도덕적 딜레마에 대한 이야기 중 가장 유명한 것은 두 사람 분량의 식량만 있는 지하실에 공습 대피소를 마련한 존스 가족의 이야기다. 폭탄이 막 떨어지려고 하자 이웃 사람들이 문을 두드린다. 자, 그들을 모두 들어오게 하면 먹을 것이 모자라 거의 다 죽게 되고, 들어오지 못하게 하고 존스 가족만 안전하게 대피하면 이웃 사람들은 폭격 속에서 모두 죽게 된다. 어떻게 해야 할까? 여기에서 중요한 것은 객관적인 정답을 찾는 것이 아니라, 젊은 청소년들을 위해 도덕적 발달이라는 천을 짜준다는 것임을 잊지 말자.

콜버그의 도덕적 딜레마 이야기를 대하면서 나는 그의 연구가 부족사회들이 도덕적 추론을 가르친 방식과 매우 유사하다는 것을 깨닫고 놀라지 않을 수 없었다. 동인도, 아프리카, 아메리카 인디언, 중국 등 각 부족의 신화에는 진퇴양난의 상황을 보여주는 딜레마 이야기들이 있다. 모두 도덕적 딜레마로 끝나는 이야기들로서 아이들과 이들을 가르치는 부모, 교사들이 한 번쯤 깊이 생각해봐야 할 내용들이다. 결국 부족 문화와 우리의 교사들이 시도하는 것은 일치한다고 볼 수 있다.

원형과 신화를 통해
남자아이들과 소통하기

이야기는 가치와 도덕을 가르치는 가장 오래된 도구로서 세상에서 가장 영향력 있는 것 가운데 하나다. 우리 주위만 해도 수천 가지 이야기들이 넘쳐나고 있다. 나는 어디를 가든 '잭과 콩나무', '라이언 킹', '포카혼타스' 등 많은 이야기를 활용한다. 아이들은 물론이고 어른들 역시 딱딱한 설교나 강의보다 이야기를 들으면서 더 많은 것을 배운다.

이야기는 이야기만의 방식으로 영혼을 파고드는 감동과 전율을 전한다. 또한 주인공과 여러 등장인물들의 목소리가 전하는 메시지는 아이들의 마음속에서 곧바로 상상의 날개를 단다. 아이의 눈동자가 '바니(Barney, 어린이 TV 프로그램 주인공-옮긴이)'에서 떨어질 줄 모른다면 그 이야기의 주인공이 그들에게 가르치는 가치를 배우고 있는 것이다. 정리하는 것을 배우고 서로를 돌보며 지구의 환경을 아끼는 것을 배운다. 강의가 아니라 이야기를 통해서 말이다.

내가 자주 꺼내는 이야기는 주로 신화이기에 원시적인 내용이 많다. 원시적 이야기는 누구나 이해하기 쉬운 것이고, 반드시 특정 종교를 믿어야 이해할 수 있는 것도 아니다. 세상 사람들이 동일한 이야기를 이해하는 이유는 그 이야기가 원형(原型)으로 가득 차 있기 때문이다. 영웅, 연인, 전사, 늙은 노파, 천사, 예언자, 왕, 마법사, 거인, 하녀 등 이러한 원형은 세상 어느 곳의 이야기를 봐도 모두 똑같다. 칼 융은 처음으로 이러한 현상을 발견한 사람 중 하나였고 신화 작가인 조지프 캠벨이 그 뒤를 이었다.

원형은 정형(定型)과는 다르다. 정형은 원형의 일부로서 그 일부분을 커다란 껍질 속으로 늘려 동시대적인 사회적 흔적을 남긴다. 예를 들어 영화에서 척 노리스의 캐릭터는 전사의 일부로서 주인공이 되어 사회가 그에게 가르쳐준 방식으로 제한된 역할을 완수한다. 클린트 이스트우드의 서부적인 캐릭터도 마찬가지다. 실베스터 스탤론의 〈람보 1〉이 강력한 사회적 비평이자 반전 영화였던 반면, 〈람보 2〉, 〈람보 3〉은 강한 사람이 지도자와 약한 사람들을 구출한다는 전사의 한 가지 측면에 초점을 맞추었다.

모든 인간의 원형은 하나의 사회적 필요성에 초점을 맞춘 영화 속 캐릭터보다는 많은 바퀴살이 달린 바퀴와 같다. 예를 들어 전사의 원형은 보호자, 구출자, 수호자, 무사, 충신 외에도 훨씬 더 많은 바퀴살을 가지고 있다.

모든 원형은 서로 연관되어 존재한다. 원형은 인간의 내적인 삶의 지도이자 기록이며 한 사람 한 사람이 서로 연결되어 이룬 상호 의존적 네트워크다. 다음은 남자아이들이 지혜를 얻고 모델로 삼는 몇 가지 원형이다.

- 왕 : 국민에 대한 봉사, 지도력, 신으로부터 부여받은 권위, 자신감, 당당함, 건강한 양심
- 연인 : 감정을 드러냄, 육체적 사랑, 로맨스, 깨지기 쉬움, 환희, 기쁨
- 전사 : 충성, 훈련, 자기통제, 자기주장, 개인이나 지역의 영역을 지킴
- 마법사 : 환상, 기술 연마, 창의성, 변형, 불가사의한 것에 대한 관심
- 탐험가 : 시도, 불안함, 새로운 아이디어, 새로운 도전

남자아이들은 이야기를 들을 때 그 이야기에서 원형적인 요소들을 발견한다. "주인공이 왜 그렇게 했을까?" "그 병사는 왕에 대한 충성심 때문에 공격하지 않은 거야." "그 아름다운 노을을 봤을 때 말이야, 뭔가 엄청난 감동이 밀려오지 않았니?" 남자아이들은 이런 식으로 원형적 요소에 자신의 상상력을 덧붙인다.

우리의 문화에는 원형적 이야기들이 거의 없기 때문에 아이들은 정형화된 요소에서 지혜를 찾고자 한다. 물론 정보는 얻을 수 있겠지만 정형화된 것에서 지혜를 얻는다는 것은 불가능하다. 지혜는 원형적 상상력

과 심층적인 사고, 독창적인 과정을 필요로 한다.

이야기는 모든 연령대의 아이들에게 사용할 수 있다. 조지프 캠벨의 『신화의 힘(The Power of Myth)』, 클라리사 핀콜라 에스테의 『늑대와 함께 달리는 여인들(Women Who Run With the Wolves)』 등에 대한 관심은 나이와 상관없이 우리 모두가 이야기를 그리워하고 있음을 보여준다.

동화 작가 엘리사 페어메인은 아이들의 언어능력을 함양하기 위해 보스턴의 한 학교에서 스토리텔링 수업을 진행하고 있다. 레슬리 칼리지에서 스토리텔링 교사들을 양성하기도 하는 그녀는 스토리텔링이 수업 분위기를 어떻게 바꿔나가는지 보면서 많은 교사들이 놀라워한다고 말했다. "최근에 한 교사는 아이들이 이렇게 집중하는 걸 본 적이 없다면서 놀라워했죠."

이야기에는 놀라운 힘이 있다. 심리학자 제롬 브루너는 부모들에게 자녀를 키우는 데 이야기를 활용할 것을 권하고 있다.

"스토리텔링을 활용하지 못하는 부모는 강력한 지원군을 놓치고 있는 겁니다."

나는 정말 다루기 힘든 10대 아이들, 감옥에 복역 중인 아이들에게도 이야기가 엄청난 힘을 발휘한다는 사실을 지금까지 수없이 확인해왔다.

천국과 지옥 이야기

옛날에 많은 위대한 스승들 밑에서 가르침을 받은 젊은이가 있었다. 그는 전투사가 되는 법도 배우고 연인이 되는 법도 배웠으며 무엇이든지 고치는 기술도 배웠다.

어느 날 젊은이는 몇 년 전 부모님이 돌아가시고 난 후 자신을 돌봐주었던 멘토를 찾기 위해 마을로 돌아왔다. 그리고 그가 현관 앞에서 나무를 다듬고 있는 것을 발견하였다.

"아저씨, 지금까지 많이 보고 많은 것을 배웠습니다. 결혼해서 자녀도 낳았고요. 하지만 여전히 궁금한 게 있어요. 천국은 무엇이고 지옥은 무엇이죠?"

노인은 그의 말을 듣고 크게 웃었다. "정말 바보 같은 질문이군." 그는 처음엔 낄낄거리며 웃더니 점점 큰 소리로 웃어젖혀 젊은이를 무안하게 만들었다. 마침내 젊은이는 화가 치밀어 오르는 것을 느꼈다.

겨우 마음을 진정시킨 그가 노인에게 말했다.

"아저씨, 몇 년 만에 찾아온 저를 왜 이런 식으로 대하시죠? 전 단지 간단한 질문을 하나 했을 뿐인데요. 지금까지 아무도 이 질문에 대해 답을 알려주지 않았어요. 당신은 제가 아는 가장 지혜로운 스승이세요."

노인은 다시 한 번 웃더니 이렇게 말했다.

"그건 내가 여태껏 들어본 것 중 가장 어리석은 질문이다. 나는 너에게 많은 것을 기대했는데 네가 질문하려는 게 고작 그런 것이라니, 너에게 실망이 크다."

노인은 대답해주지 않고 계속 이런 말만 늘어놓았고 젊은이는 점점 화가 났다. 노인은 웃다가 나무를 만지고, 또 웃으면서 젊은이의 자존심을 있는 대로 건드려놓았다. 젊은이는 자신도 모르게 팔이 올라가는 것을 느꼈고 그의 주먹은 어느새 노인을 향하고 있었다. 젊은이는 늙은 스승에게 받은 상처만큼 그를 때렸고 세상 사람들에게 받은 멸시만큼 그를 때렸다. 그러는 와중에도 노인은 계속 웃고 있었다.

그때 갑자기, 젊은이가 울음을 터뜨렸다. 얼굴을 손에 묻고 울고 또 울었다. 자신도 알지 못하는 가슴속 깊은 곳에서부터 눈물이 흘러나왔다. 노인은 웃음을 멈추었다.

마침내 눈물을 멈추고 스승을 바라본 젊은이는 그의 얼굴에서 편안하고 인자한 표정을 보았다. 그 어떤 비웃음도, 멸시의 흔적도 없었다.

"나를 죽이고 싶었던 모양이구나."

"네, 정말 죄송합니다."

"그럴 필요 없다. 지옥이 뭔지 물었잖니. 네게 그걸 보여준 거야."

젊은이는 이제 진실을 알았다. 그토록 두렵고 분노가 끓어오르는 기분은 처음이었다.

"그렇다면, 천국은 뭐죠?" 그가 물었다.

노인은 그에게 다가와 두 팔로 그를 안았다. 두 사람은 처음으로 서로를 꼭 끌어안았다.

"이거야. 이게 바로 천국이란다."

짧은 것이든 긴 것이든 복잡한 것이든, 이야기의 힘은 실로 헤아리기 힘들다. 또한 누구나 이용할 수 있는 힘이다. 가정과 교실, 운동장은 원형적인 인물들로 가득 차 있다. 현관문은 새로운 세계로 통하는 입구가 될 수 있다. 옷장은 타임머신이 되고 수건이 말을 하고 동물들이 마법사가 된다. 아이들이 뭔가를 무서워한다면 두려움을 덜어주기 위해 이야기를 만들 수도 있다. 지나치게 어떤 일에 집착한다면, 이야기를 만들어 다른 일로 관심을 돌려놓을 수도 있다. 자신감이 없는 아이에게는 그 아이가 주인공이 되는 이야기를 만들어준다.

이처럼 모든 아이들이 이야기를 필요로 한다. 그러나 특히 남자아이들에게 이야기가 꼭 필요한 이유가 있다. 남자아이들은 커갈수록 감정 싸움에서 경쟁하는 것을 두려워한다. 즉, 그들의 본성과 사회화 과정은 여자아이들과 달리 점점 감정적 능력을 잃어가는 것이다.

남자아이들에게는 어떤 감정을 경험할 수 있도록 내면적·자기 성찰적인 언어를 제공해줄 이야기와 원형들이 필요하다. 종종 비유, 유추의 대상과 구체적 이야기가 없으면 자신의 감정을 설명하지 못하는 아이들이 있다. 그들은 언제나 "지금 내 기분이 그 이야기의 주인공과 같아.", "나도 그런 식으로 하고 싶어." 등의 말로 자신의 기분을 표현한다.

가치와 도덕의 문제도 마찬가지다. 남자아이에게 무엇을 책임져야 한다고 가르치는 것은 별 효과가 없다. 대신 책임을 다하지 않은 주인공에게 무슨 일이 일어났는지 보여주는 것은 아이에게 직접적인 영향을 미칠 수 있다. 아이는 주인공과 일체감을 느끼고 주인공의 여정에서 에너지를 얻는다. 아이에게 "이러한 것은 나쁜 거야."라고 말하기보다는 이야기에 나타난 어떤 행동의 결과를 보여주는 것이 훨씬 효과적이다.

이야기 활용법

스토리텔링을 활용할 때 기억해야 할 몇 가지 중요한 사항이 있다. 먼저, 이야기의 시간적·공간적 배경은 아이들의 관심을 크게 좌우할 수 있다는 것이다. "옛날 옛적에"라는 표현은 모든 이야기들의 시작에 등장하여 아이들 마음속의 호기심을 자극하며 또 다른 세계로 이끌어간다. 아이들은 그 세계로 뛰어들어 지혜와 경험을 얻고 이전과는 다른 모습으로 다시 자신의 세계로 돌아온다.

우리 자신의 이야기를 할 때도 마찬가지다. "내가 너만 했을 때 일인데……."로 시작하는 우리의 이야기는 동화만큼이나 아이의 관심을 끌 수 있다. 우리의 과거가 아이에게는 '옛날이야기'이기 때문이다. "네가 세상에 태어나기 전 일이야……." 혹은 "전쟁이 일어나기 전, 어느 눈부신 봄날이었지……." 등의 표현으로 시작하는 자전적인 이야기도 좋고, 자신의 이야기에 연인, 무사, 마법사 등 원형적 요소들을 섞어 자연스럽게 완성해도 좋다.

그러나 너무 많은 인물을 등장시켜서는 안 된다. 아이가 한 인물과 자신을 일체화시켜 다른 등장인물들과 상호작용함으로써 지혜와 경험을 얻도록 해야 하기 때문이다. 또한 자신의 이야기를 할 때 지나치게 상세하거나 자꾸 옆길로 새면 아무리 좋은 내용이라도 정작 중요한 핵심은 전달되지 않는다. "조니는 제이크의 사촌이었는데, 제이크는……."과 같은 식의 장황한 설명은 불필요하다. 동화도 마찬가지다. 정말 마음에 와 닿고 가치와 도덕을 가르쳐주는 이야기는 최소한 겉으로 보기엔 매우 단순하다.

오감을 사용한 이야기 전달은 더욱 효과적이다. 때때로 후각과 미각이 아이의 상상력을 사로잡을 것이다. 색채, 질감, 사운드 또한 이야기를 채울 수 있는 좋은 디테일이 된다. 이야기는 표면상으로는 간단할 필요가 있지만 각 장면을 화려하게, 슬프게, 유쾌하게 등 의미 있게 만드는 적절한 디테일이 없으면 안 된다.

이야기가 끝나고 아이들에게 느낀 점을 말하게 하는 것도 좋은 방법이다. 하지만 아이가 싫어한다면 절대 강요하지 마라. 우리가 직접 내용을 해석해주어도 좋지만 항상 그래서는 안 된다. 때때로 아이의 해석이 놀라울 수도 있다. 아이가 이야기에 직접 등장하도록 하는 것은 그 이야기를 더욱 사실적으로 만들어준다. 아이는 이야기 속에서 우주 비행사도 되었다가 기사도 될 수 있다. 직접 몇 줄을 추가해보도록 하는 것도 좋다.

원형적 요소들은 서로 균형을 이루어야 한다. 사람들이 서로 때리고 죽이는 등 내용이 너무 어둡다면 전투사의 원형이 극단적으로 치우쳐 있는 것이고, 따라서 아이는 불안정한 가치를 배우게 될 것이다. 해피엔딩은 이야기에 균형감을 부여하는 가장 오래된 방법이다. 고난의 여정이 끝나면, 사람들은 주인공의 귀환을 축하하거나 아니면 주인공과 연인의 결혼식이 열린다. 여기서 결혼은 새로운 결합과 균형을 상징하는 것이다.

아이가 어떤 도덕적 추론 단계에 있든지 이야기는 그 추론을 발전시키는 데 효과를 발휘한다. 우리가 가르치려는 가치가 무엇이든, 이야기는 그 가치에 생명력을 부여한다. 아이에게 가치와 도덕을 가르치는 데 가장 든든한 후원자는 바로 아이 자신의 상상력이다. 남자아이들은 배트맨과 수퍼맨이 등장하는 만화책부터 비디오 게임, 『스타 트렉』 등의 소설, '던전 앤드 드래곤'과 같은 게임까지, 대부분의 공상 과학 소설들을 접하고 있다. 많은 부모들이 공상 과학 소설이나 직접 만들어낸 이야기, 혹은 기존의 만화책과 소설에서 얻은 이야기를 활용하여 자녀를 가르치고 있다. 또한 동화와 역사적·종교적 인물을 활용하는 부모들도 있다.

활용할 수 있는 이야기는 누구에게나 무궁무진하다. 이야기를 읽은 후 아이와 경험을 나누는 시간을 많이 가질수록, 그리고 직접적인 훈계를 줄여 나갈수록, 아이들은 우리가 전해주려는 가치와 도덕을 보다 분명하게 이해할 것이다.

대중매체를 통한 가치 교육

대중매체, 특히 TV, 영화, 비디오 게임은 이제 남자아이들에게는 제3가족 형태의 일부와도 같다. 보통의 미국 어린이들은 1년에 900시간 학교에 가 있는 반면, 1,500시간 동안 TV를 시청한다. 아이들이 학교에서 돌아와 어른의 간섭 없이 몇 시간씩 TV를 볼 경우 TV가 가지는 영향력은 실로 막대할 수밖에 없다. 이처럼 대중매체가 영향력 있는 가족의 '일부'가 되어가는 상황에서 우리는 그것을 어떻게 감시해야 하고, 아이들에게 유익한 도움을 주기 위해선 영화, 만화책, 비디오 게임 등을 어떻게 사용해야 할까?

만약 부모와 교사들이 이에 대해 아무 생각이 없다면 그들에게 경고하고자 한다. 우리는 소년기에 걸쳐 뇌가 형성되기 때문에 모든 자극이 중요하다는 것을 알고 있으며, 나이와 성별, 관심사와 관계없이 가족 구성원 모두가 아이에게 영향을 준다는 사실도 잘 알고 있다.

아이들에게 가치를 가르칠 때는 어떻게 TV를 이용해야 할까? 보통 우리는 TV에 나온 이야기를 통해 아이가 깨닫기 원하는 보편적인 교훈을 가르치지만 동시에 아이들로 하여금 자신이 어떤 교훈을 받았는지 말하도록 한다. 아이가 무엇을 배웠는지 듣고 절대 과잉 반응하지 말고, 단지 아이가 어떻게 가치를 이해해 나가는지를 감지하자. 부정적인 가치를 배우고 있을 때는 즉시 대안을 제시하고 특정 프로그램 시청을 금지하는 등 특단의 조치를 내려야 한다.

때때로 대중매체에서 접한 이야기들을 활용하여 한 단계 높은 아이의 도덕적 추론을 유도하기도 한다. 언젠가 10대 아이들에게 영화 〈람보〉를 보여준 적이 있다. 영화가 끝난 후 느낌을 물었을 때, 몇몇 아이들은 그 영화가 전하는 반전 메시지를 분명히 이해하고 있었다. 17세 된 한 아이는 "전쟁이 그를 망쳐놓았어요. 저는 작년에도 이 영화를 보았지만 오늘 소위 분석이란 걸 해보면서 비로소 주인공의 내면이 얼마나 두려웠을지 이해하게 되었어요."라고 말했다.

대중매체 해석 훈련

아이들에게 권하고 싶은 훈련을 소개한다. 이것은 우리에게도 필요한 훈련인데, 이 과정을 다 마치고 나면 그 결과에 대해 아이들과 이야기를 나눠보는 것이 좋다. 게임, 만화, 영화 등 아이들이 좋아하는 특정 매체를 가지고 몇 번이고 반복해야 한다.

  이 훈련은 아이의 주 양육자인 제1가족의 구성원이 실시해야 최고의 결과를 얻는다. 멘토나 교사에 의해 수정될 수도 있지만, 그들은 아이의 부모와 자신들이 대중매체를 통해 가르치려고 하는 가치가 서로 비슷하다는 사실을 제1가족에게 확인받고 싶어 한다.

  아이가 마음에 들어 할 공책을 한 권 준비하라. 그리고 대중매체의 여러 카테고리와 하위 그룹에 대해 말한다. 예를 들어, '영화'는 카테고리이고 '스릴러'는 하위 그룹이다. 혹시 아이가 주연 배우나('아놀드 슈왈제네거의 영화' 등) 스릴러 종류(스파이 스릴러, 범죄 스릴러 등)에 따라 더 세부적으로 나누고 싶어 할지도 모르겠다. 아이와 함께 최대한 자세하게 카테고리를 구분해보아라. 아주 즐겁고 유익한 작업이 될 것이다. 때로는 우리도 대중매체에 얼마나 많은 하위 카테고리가 있는지 깨닫지 못할 때가 많다. 아이 스스로 공책에 이 모든 카테고리와 하위 그룹의 목록을 만들어보도록 하고, 무엇보다 아이가 하고 싶어 하는 일종의 놀이가 되도록 유도해야 한다.

  모두 마치고 이제 지루해질 때쯤이면 아이가 가장 좋아하는 프로그램이나 영화, 비디오 게임 등만 따로 모아서 목록을 만들어보자고 권한다. 모두 처음 할 때 나왔던 종류일 것이다. 영화, 비디오 게임, TV 프로그램, TV 광고를 모두 두 편씩 선택하여 목록을 다루기 쉽게 만들게 한다. 하지만 아이가 힘들어하는 기색이 보이면 잠시 중단할 필요도 있다.

아이가 가장 좋아하는 것들을 확인한 후, 그중 하나를 골라 아이에게 이야기를 만들어보라고 해보자. 아이가 말하는 동안에는 주의 깊게 들어야 한다. 프로그램을 보면서 당신이 느낀 점과 아이가 느낀 점은 완전히 다를 것이다. 그러나 여기에서 중요한 것은 아이가 느낀 것을 당신이 이해하는 것이다.

아이에게 "그러니까 이 영화의 주인공은……."이라는 식으로 이야기 내용을 부연 설명해주고 맞는지 물어본 다음, 당신이 빠뜨린 것이 있다면 아이가 보충 설명하도록 한다.

이제 그 이야기에서 무엇을 깨달았는지 물어보자. 대답을 어려워하면 구체적인 질문을 던진다. 이 부분을 준비하기 위해서는 좀 더 근본적인 문제를 짚고 넘어갈 필요가 있다. "남녀의 역할과 임무에 대해서 어떻게 생각하니?", "기술 문명이 어떻게 삶의 문제를 해결해 나간다고 생각하니?" 아이가 지치고 힘들어하지 않는 한도 내에서, 가능한 한 다양한 측면에서 생각해보도록 이끌어주어야 한다.

이 모든 과정이 바로 아이가 가치와 역할, 도덕과 목표를 의식할 수 있도록 훈련시켜준다. 아이의 삶에 영향을 주는 모든 멘토와 교사들도 이러한 형태의 설명적 훈련을 시도할 필요가 있다. 가능한 한 오랫동안, 가능한 한 많이 반복 훈련하라. 대중매체를 해석하는 작업은 남자아이가 성인으로 자라는 데 매우 중요한 부분이다.

자신의 영혼을 보살피는 법 가르치기

토머스 무어는 소설 『영혼을 보살핌』 첫머리에 이렇게 썼다.
"우리의 모든 고통과 뒤엉켜 개인과 사회에게 영향을 미치는 20세기 최악의 병폐는 바로 영혼의 상실이다. 영혼을 돌보지 않으면 집착, 중독, 폭력, 의미 상실에 빠지게 된다. 영혼이 무엇인지를 정확하게 표현하는 것은 불가능하지만, 영적 충만함의 이미지를 떠올려보면 그것이 좋은 음식, 만족스러운 대화, 진정한 친구, 감동적인 경험 등 삶의 모든 면과 연결되어 있음을 알게 된다. 영혼은 개인적 명상뿐만 아니라 애착과 사랑의 관계, 공동체에서도 나타난다."

어떤 의미에서, 지금까지 이 책에서 말한 모든 것은 남성, 남자아이의 '영혼'을 돌보는 법이라고 할 수 있다. 하지만 지금 이 부분에서는 영혼을 돌보는 것이 아니라 남자아이들을 훈련시키고 사랑과 성, 책임에 대해 가르치는 법을 제시하고 있다.

그런데 내가 지금 당장 제안하고 싶은 것은, 남자아이들에게 자신의 영혼과 화합하는 법을 가르쳐주는 특정한 영적 원칙과 훈련이다. 여기서 영적인 것, 곧 영성이라 함은 보편적 연관성, 초월적 경험, 깊은 일체감을 말하는 것이다. 영적으로 살아 있는 사람은 자신이 속한 곳과 일체감을 느낀다. 개인의 종교가 무엇인지는 중요하지 않다. 이러한 원칙과 훈련은 모든 종교에서 얻을 수 있기 때문이다. 이 원칙과 영성에 충실하기 위해 우리는 믿음 있는 사람이 되어야 한다. 즉, 진정으로 살아 있음을 느끼려면 자신보다 더 큰 어떤 힘을 믿는 것이 중요하다는 사실을 인정해야 한다.

영적 원칙

당신은 어떤 영적 원칙을 믿고 있는가? 어떤 영적 원칙에 따라 살아가고 있는가? 그리고 자녀에게 어떤 영적 원칙을 심어주고 있는가? 그동안 많은 사람들에게 영적 원칙을 세울 수 있도록 도와주면서, 나는 영적 원칙을 '육하원칙'의 기본적 카테고리에 따라 분류하는 것이 매우 효과적이라는 사실을 알게 되었다. 여기, 이 카테고리를 통해 아이들에게 심어줄 수 있는 것들의 기본 틀을 제시한다. 이 틀은 세계의 다양한 종교와 신화를 통해 얻어진 것이다.

아이들에게 영적 원칙을 심어주기 전에 먼저 우리가 그들과의 관계에서 어느 지점에 서 있는지를 확인해야 한다. 다음 사항들이 자녀를 가르치는 것뿐 아니라 당신이 서 있는 영적 기반을 확인하는 데도 도움이 되기를 바란다.

1. 누구(Who)

신이 누구인지를 아이에게 가르치는 것이다. 여기에서의 '신'이라는 단어는 유대교의 야훼와 기독교의 여호와, 이슬람교의 알라, 힌두교의 브라만, 불교의 부처, 아메리카 원주민의 창조주를 모두 가리킨다. 세상을 신의 창조물로 보도록 가르침으로써 세상 모든 존재에 대한 깊은 존중심을 심어줄 수 있다.

세상을 누가 만들었는지 가르치지 않으면 아이들을 속이는 셈이 된다. 우리는 더 강력한 존재가 삶을 창조하는 신비로운 세상에서 살고 있기 때문이다. 아이들은 자신은 그러한 창조를 할 수 없다는 것을 안다. 아이들에게 '누구'를 가르치지 않으면 그는 무명의 창조주를 존경하도록 만드는 깊은 영적 에너지를 믿지 못하게 된다.

아이에게 어떤 형태의 신을 가르쳐주면 언젠가는 그가 믿음의 순간에 도달하는 때가 온다. 그리고 영원성과 보편성, 모든 존재의 안정성을 이해하고 자신을 그 일부로 인식하면서 자기 자신을 신뢰하게 된다.

아이들이 모든 존재의 '누구'에 집중할 수 있도록 도와달라고 부모와 교사들에게 도움을 청하면서 나는 정부와 교회 사이, 그리고 제1가족과 제2, 제3가족 사이의 종교적 벽을 느끼게 되었다. "다른 사람이 내 아이에게 뭔가 가르치는 건 싫어요. 특히 종교에 대해선 더 그래요." 마지막 결정은 결국 부모가 내려야 하지만, 나는 모든 부모와 멘토, 교사들이 힘을 합쳐 문제를 해결하기 바란다.

2. 무엇(What)

생명이 무엇으로 이루어져 있는지도 가르쳐주자. 남자아이들은 생명체의 기본 요소를 어떻게 발견하는지 가르쳐주는 활동과 대화에 참여할 필요가 있다. 대부분의 원시문화에서 이 기본 요소는 물과 불, 공기, 흙이었다. 점성술, 화학 기술 등 이러한 요소들을 활용한 인류의 거대한 시스템 창조는 생명이 무엇으로 이뤄져 있는지 알고자 하는 욕구를 보여주고 있다.

오늘날, 이 기본 요소를 알고 싶은 남자아이들의 지적 욕구는 성인 남성 못지않다. 우리는 과학적, 정신적 공동체로부터 영혼, 분자 등 생명체의 요소에 대한 지혜와 정보를 얻고 남자아이들에게 그들이 살고 있는 세상의 과학적 영성을 제공해야 한다. 과학과 종교는 서로 반대되는 것이 아닌, 잠재적으로 동일한 것으로 볼 수 있다. 아이들에게 곤충의 생태, 분자의 이동, 에너지의 기능과 같이 복잡한 과학적 사실을 가르치는 것은 사실 영적인 면을 가르치는 일이기도 하다. 자연 다큐멘터리를 보고 있는 아이에게 "하나님이 창조하신 것은 개미들의 세계마저 저렇게 아름답구나."라고 말할 수도 있는 것이다.

말론 브란도, 조니 뎁 주연의 영화 〈돈 주앙(Don Juan DeMarco)〉에 나오는 예는 약간 더 추상적이다. 이 영화에서 조니 뎁은 "무엇이 과연 신성한 것인가? 무엇에 삶의 목표를 두어야 할까? 목숨을 버려도 아깝지 않은 것은 무엇인가?"라고 말한 후, '사랑'이라고 결론을 내린다. 그에게 사랑은 가장 중요한 존재 이유다. 그의 과학이자 종교인 것이다.

남자아이들은 자신의 에너지를 감추고 자신의 신체적, 정신적, 감정적, 영적 존재의 기본 요소를 배우고 싶어 한다. 그들이 무엇으로 만들어졌다고 가르쳐야 할까? 두뇌의 기능과 자연의 조화, 인간 사회의 기능을 가르치는 것은 그들에게 영적인 활력을 불어넣을 수 있다.

3. 어디(Where)

장소에 대한 신성한 느낌을 가르치자. 아이들의 삶은 가정과 거리, 공동체, 자연환경의 공간 속에서 이루어진다. 새소리와 사람들의 얼굴 표정, 아름다운 건물 등을 가리키며 현재 그들이 있는 곳에 주목하게 하는 것, 지금 어디에 있고 무엇이 호기심을 자극하는지 물어보는 것은 아이들로 하여금 자신이 있는 곳과의 일체감을 키우도록 돕는 일이다.

모든 남자아이들에게 숲과 강물, 나무로 가득한 자연은 거룩한 성전과 같다. 우리가 그 자연의 세계를 아이들에게 더 많이 열어줄수록 그들의 경험은 더욱 다양해진다.

4. 언제(When)

현재 이 순간을 어떻게 살아가야 하는지 가르치자. 어린아이라면 흔히 어른보다 현재 자신이 있는 곳에 만족하며 순간순간의 감정에 더 충실한 것처럼 보인다. 하지만 그들의 두뇌가 성장하여 복잡한 사고가 가능해짐에 따라, 아이들은 어느새 현재보다는 미래에 대한 희망과 야망, 과거의 상처와 태만에 매달려 현재 감정을 억압하게 된다. 물론 이러한 것이 필요하지만 야망을 품고 과거의 상처에 연연함으로써 자신의 감정을 억누르지 않게 하기 위해 우리는 반드시 그들에게 현재라는 순간을 상기시켜주어야 한다.

성인의 삶과 마찬가지로 아이들의 삶도 점점 빠르게 변화하고 있다. 그러한 가운데 우리는 현재보다 중요한 것은 없다는 사실을 잊고 지낸다. 긴장을 풀고 쉬는 법과 정신적 고독을 즐기는 법, 과거를 내려놓고 야망을 가라앉히는 법을 모두 잊어버리고 달콤한 딸기 맛과 장미 향기, 두 뺨에 닿는 손길의 촉감을 어떻게 즐기는지도 잊고 살아간다.

5. 어떻게(How)

창의성, 그리고 그것을 통해 신비로움과 믿음을 가르치자. 창조 이야기는 모든 문화권의 가장 근본이 되는 원리다. 창조 신화에 대한 각 문화의 뜨거운 숭배의식은 미지의 사실, 우리의 기원, 존재의 '방법(How)'을 알고 싶은 인간의 욕망이 얼마나 절대적인지를 보여주는 것이다.

부모, 멘토, 교사가 아이의 창의성을 높여주어야 한다는 압박은 정신적 본능이다. 우리가 깨닫든 깨닫지 못하든, 모든 창조 활동은 이성적으로 알려질 수 없는 것을 경험으로 이해하는 것이기 때문이다. 우리는 머리로 논리를 이해하는 것이 아니라 논리를 창조함으로써 창조의 비밀을 이해한다.

중요한 것은 아이들이 다른 사람의 창의성을 존중하고 자신의 창의성을 발견할 수 있게 돕는 것이다. 세계 창조의 신비에 대해 사람들과 이야기를 나누고 창조를 풀 수 없는 하나의 미스터리로 여겨도 좋다는 사실을 알려주자. 자연에 대한 사랑, 성에 대한 호기심, 상상의 세계 등 그 어느 것을 통해서든지, 우리는 아이들에게 창조와 창의성이 커다란 그림 안에서 서로 짜 맞춰지는 각각의 개념임을 보여줄 수 있는 방법을 찾아야 한다.

6. 왜(Why)

의미를 찾는 방법을 가르치자. 남자아이들은 창의성을 계발하는 것만큼이나 목표 설정과 성취 방법을 찾는 데도 깊은 관심을 기울여야 한다. 우리가 삶의 의미를 부여하는 목표가 곧 아이들에게는 자신이 삶의 일부임을 느낄 수 있는 목표이기도 하다.

아이들은 다음과 같은 질문에 대해 생각해보아야 한다.

- 왜 내가 여기에 있는가?

- 왜 내가 이 일을 하는가?
- 왜 이런 기분을 느끼는가?
- 왜 세상에는 이런 일이 일어나는가?

남자아이들은 이에 대한 해답을 스스로 찾아가면서 인생을 배운다. 이들에게 제공해야 할 것이 있다면 그것은 바로 해답을 찾아내는 데 도움이 될 이야기들이다.

우리가 아이에게 해답을 직접 말해버리면 아이의 의미 찾기 활동은 거기서 끝나버린다. 그러나 아이 스스로 여러 가지 해답을 생각해내도록 이야기를 제공했을 때 그가 찾아낼 수 있는 의미는 무궁무진하다. 부모, 멘토, 교사로서 우리는 아이 스스로 의미를 찾도록 유도하고 우리가 데려다줄 수 없는 곳마저도 아이 혼자 찾아갈 것임을 인정해야 한다. 아이들이 점점 커감에 따라 단순한 대답을 줄이고 더 많은 이야기들을 제공함으로써 그들이 더욱 용기 있게 삶의 여정을 떠나도록 도와줄 수 있다.

영적 훈련

영적 훈련이 없다면 영적 원칙은 무용지물이다. 여기 특정 훈련을 위한 몇 가지 사항을 소개한다. 그중 일부는 만일 아이의 삶에 현재 아무 원칙이 없다면 성취하기 어려워 보일 수도 있다.

아이와 함께 전통을 발전시켜라. 잠들기 전 책 읽기, 저녁 식사 시간의 대화, 캠핑 여행 등 가정의 여러 가지 전통을 의식적·정기적인 행사로 만들어 아이들로 하여금 그것을 기대하고 존중하도록 하자.

남자아이들은 우리가 그들이 기도를 시작하도록 도와주길 바란다. 종교 이야기를 하려는 것이 아니다. 일단 삶이 얼마나 신비로운 것인지 깨닫고 나면 아이들은 기도의 언어와 방법을 발전시키고 싶어 하고 그 과정에서 우리가 조력자가 되길 원한다.

아주 어릴 적, 처음에는 기도하면 신기한 일이 일어날 거라고 믿는다. "하느님, 이번 생일에는 꼭 자전거를 갖게 해주세요."라는 식으로 기도하는 것이다. 하지만 시간이 지남에 따라, 기도하는 것을 모두 얻을 수는 없다는 것("하느님, 그 사람을 어찌하여 제게서 데려가셨나이까?"), 그리고 기도하는 것이 언제나 자신이 꼭 원하는 것은 아니라는 것("이제 당신의 뜻을 알게 하시니 감사합니다. 그것은 제가 아무리 원해도 처음부터 될 수 없었던 일이었어요.")을 알게 된다. 그리고 최종적으로 진정한 기도란 하느님이나 다른 사람이 아닌, 자기 자신을 변화시키는 기도라는 사실을 깨닫는다. "하느님, 이제 어느 길로 가야 할지 알 수 있도록 도와주세요. 제 마음과 눈을 열어주시고, 이 두려움이 어디서 오는 것인지 깨달을 수 있게 도와주세요."

기도와 명상은 부모가 어떤 종교를 믿는가와 상관없이 모든 남자아이들이 배워야 할 내면의 언어를 구성한다. 이것을 배우지 않으면 깊은 영적 대화를 경험할 수 없고, 초월성과 보편성, 삶과의 일체감을 느낄 수 있는 기회의 상당 부분을 잃게 된다.

이러한 영적 대화를 가르치기 위해 우리는 다른 영적 대화와 명상, 기도를 참고해야 한다. 하지만 다른 종교의 예를 참고하는 것을 피하려면, 멘토와 교사들이 "나는 이것을 이런 식으로 하지만 너희 부모님은 다른 방식으로 하실 수도 있어. 너도 역시 너만의 방식이 있을 테고. 기도에 올바른 방식이 정해져 있는 건 아니란다."라고 말하면서 모델이 되는 범위를 확장시키는 것이 필요하다.

일기를 쓰면서 삶의 기록을 남길 수도 있다. 자신의 삶의 이야기를 많이 써볼수록 삶에 대한 이해도 깊어지는 법이다. 부모의 일기 쓰는 모습은 자녀에게 훌륭한 본보기를 제공해준다.

아이에게 일기 쓰는 습관을 갖게 하는 것은 정말 위대한 일이다. 어떤 아이들은 일기에 자신의 꿈을 적으면서 실현해 나간다. 아이들이 자신의 숨겨진 내면의 삶과 외적인 삶 모두를 바탕으로 이야기를 만들 수 있도록 도와주자.

남자아이들은 정신적 고독의 가치를 배울 필요가 있다. 영혼이 성장하기 위해서는 아무 자극 없이 홀로 있는 평화의 순간이 필요하다. 고독의 가치를 배우지 못한 성인은 아이들도 고독의 순간을 거치며 성장한다는 사실을 외면한다.

정신적 고독에 대한 아이의 관심을 유지시키는 가장 좋은 방법은 자연 속 공간이나 아이의 방 등 혼자만의 장소를 만들어주는 것이다. 이러한 장소로서 자연이 효과적인 이유는 전화, TV 등 방해 요소가 거의 없기 때문이다.

아이들이 다양한 취미를 갖도록 돕는 것은 매우 중요한 일이다. 모형 비행기를 가지고 놀게 함으로써 공간적 능력을 길러줄 수 있고, 음악을 들려줌으로써 두뇌의 독창적·추상적인 부분을 발달시킨다. 음악은 뛰어난 감정 배출 장치이자 자기통제력을 가르치는 도구다. 스포츠는 말할 것도 없고 취미와 개인적인 창조 활동, 학교의 특별 활동 등은 아이들에게 성취감과 일체감을 안겨주는 최고의 방법이다.

만족스러운 취미는 곧 아이에게 정신적인 친구가 된다. 여러 가지 취미와 활동을 경험한 아이들이라면 이런 식으로 말할 것이다.

"일곱 살 때 기타를 선물 받았어요. 지금도 혼자 있고 싶을 때는 그 낡은 기타를 퉁기곤 하죠. 마치 집에 돌아간 것 같은 느낌이에요."

기도를 비롯하여 이와 같은 활동을 통해 아이는 자신을 재충전하고 새롭게 만들어나가게 된다.

인간은 대인 관계를 통해서 가장 풍부한 정신적 깊이를 느낀다. 일찍부터 효과적인 의사소통 기술과 갈등 해결 기술을 가르침으로써 우리는 아이에게 영적인 기반을 마련해줄 수 있다. 따라서 우리는 아이들과 효과적으로 의사소통하고 지혜롭게 아이들과의 갈등을 풀어 나가야 한다. 우리가 모델이 되고 가르침을 줌으로써 아이들은 무엇이든 할 수 있고 어디로든 갈 수 있는 능력을 갖추게 될 것이다.

"이방인 같은 기분을
느끼고 싶지 않아요."

14세의 남자아이가 내게 이런 말을 했다. "뭔가 좀 제대로 하고 싶어요. 사람들의 인정도 받고 싶고요. 하지만 어떻게 해야 할지 방법을 모르겠어요. 다른 사람은 다 아는데 저만 모르고 있다는 기분도 들고요. 마치 나 혼자만 내가 누구인지 모르고 있는 것 같아요."

나는 그 아이에게 "정말 네 친구들은 자신이 어떤 사람인지 알고 있을까?"라고 물었다.

"상관없어요. 제 기분을 아는 사람은 저밖에 없어요. 그들과 함께 있으면 항상 이방인 같은 느낌이에요. 사실 집에서도 그렇고요. 그 기분이 정말 싫지만 자꾸 그렇게 느껴져요."

많은 청소년들이 자신이 속한 곳에서 이방인의 기분을 느끼고 있다.

발달 단계상으로 볼 때 어느 정도는 충분히 그럴 수 있다. 누구나 어린 시절, 자신을 이해하거나 자신에게 관심을 가지는 사람은 아무도 없는 듯한 기분을 느껴본 적이 있을 것이다.

그러나 우리의 생각대로 이것이 꼭 정상적인 것만은 아니다. 사회의 개인주의 때문에 우리가 생각하는 '정상'의 기준이 모호해졌기 때문이다. 너무도 많은 10대 청소년들이 낯설고 소외된 느낌 속에서 괴로워하고 있다. 이것은 절대 '정상'이 아니다. 하지만 일부 성인들은 이러한 아이들의 '반항'을 극히 자연스러운 정상적인 현상으로 간주한다.

청소년들의 도덕 체계를 이해하기 위해서는 많은 아이들이 왜 이방인 같은 기분을 느끼고 있는지부터 이해해야 한다. 이를 위해서는 세 가지 유형의 가족 체계를 다시 세우는 것이 중요하다.

이 장에서 다룬 내용을 제1가족 유형에만 적용시킨다면, 혹은 아이들이 제2, 제3가족 유형을 통해 반복적으로 듣지 못하거나 또는 정반대의 메시지를 듣는다면 여기서 다룬 내용들은 점점 이해하기 어려워질 것이다. 세 가족 유형은 아이들에게 동일한 메시지, 성실·책임·존중의 가치를 전해야 한다. 물론 어떤 가치에 대한 이견은 있을 수 있고 그러한 차이도 종종 도움이 되지만 우리가 그 의견 불일치를 너무 정치적으로 다루거나 그것에 과민 반응한다면 아이들은 각 가족 유형에서 소외감을 느끼게 될 것이다.

하루아침에 세 가지 가족 체계를 세운다는 것은 불가능하다. 그동안 여러 곳을 다니면서 이러한 노력의 현장을 경험해왔지만 우리 사회는 아직까지 무엇을 어떻게 해야 할지 모르고 있다. 가치·도덕·영성을 가르치는 주도권은 어디까지나 부모에게 있어야 한다. 부모는 제2, 제3가족으로 선택하고 싶은 사람들과 가까이 지내면서 그들에게 어떤 가치를 가르치는지 묻고 서로 비교하며 현재 아이의 단계에 대해 이야기를 나누어야 한다.

부모와 멘토, 교사가 이와 같이 힘을 모은다면 그들의 힘으로 이른바 '공동체 의회'를 세우는 셈이다. 이 의회는 세 가지 가족 유형 간의 대화의 장이 되어 아이의 삶에서 가치, 도덕, 영성 교육을 한층 체계적으로 이루어나갈 것이다.

물론 아이들 각자가 동의하지 않는 가치를 배우게 되면 어쩌나 하는 우려의 목소리도 분명 있을 것이다. 만일 어느 부모가 성교육은 아이에게 해가 될 것이라고 주장하거나 특정한 정치·종교적 가치에 집착한다면 그에게 다른 공동체 의회를 찾아보도록 권할 필요가 있다. 꺼내기 힘든 말이겠지만 때로는 꼭 해야 할 말이다. 한두 사람의 정치·종교적 이견에 대응하느라 많은 아이들이 피해를 보게 할 수는 없기 때문이다.

공동체 의회를 통해 부모들은 여러 사람들의 도움을 받아 아이들에게 다양한 프로젝트를 제공한다. 아이들이 시청하는 TV 프로그램 등 주요 사안에 의견을 모으기도 한다. 예를 들어 의회에서 자녀들의 TV 시청 시간을 줄이기로 단체로 합의했다면, 아이는 친구의 집에서도 장시간 TV를 볼 수 없게 되는 것이다.

어른들이 서로 친밀해질수록 아이들도 소외감에서 벗어나게 된다. 우리가 주위 사람들과 더욱 가까워지고 긴밀하게 협조하는 것은 아이에게 가치와 도덕, 영성을 가르치기 위해 밟아야 할 가장 중요한 단계일 것이다.

제9장

사랑과 성 가르치기

섹스가 하고 싶어요. 사랑이나 책임이요? 그런 건 나중에 생각할 문제고요.
– 아놀드(16세)

어느 토요일 아침, TV 앞에 앉아 테니스 경기 중계를 보고 있을 때 아버지가 느닷없이 성과 관련된 이야기를 꺼내셨다. 그때 내 나이 열다섯이었다.

"마이크, 섹스가 뭔지는 알지? 학교에서도 배웠잖니."

"음……." 나는 우물쭈물하며 이것저것 물어보고 싶은 마음을 억눌렀다.

"너나 네 친구들이나 벌써 많이 알고 있을 거야, 그렇지?"

두 사람 모두 불편한 상황임을 알면서도 아버지는 계속 말씀하셨다.

"궁금한 게 있으면 언제든 물어봐라, 알겠니?"

"……."

"좋아, 하지만 조심해야 해. 섹스는 절대 장난삼아 하는 게 아니야."

"……."

"이야! 저 친구 서브하는 것 좀 봐라."

아버지는 이 이야기가 사실이 아니라고 주장하지만 내가 기억하는 바로는 이렇다. 나는 많은 고민으로 가득 찬 신경질적인 사내아이였고 따라서 내 기억이 정확하다고 자신 있게 주장할 수는 없다. 그러나 이 일이 상징하는 것에 대해서만큼은 아버지와 나 모두 동의하고 있다.

대부분의 옛날 부모님들처럼 내 아버지 역시 남자아이들을 가르치고 이끌어 성인 남성의 세계로 안내해야 한다는 책임을 느끼지 못하셨다. 내가 어릴 때만 해도 "알아야 할 것은 저절로 알게 되어 있어."라는 사고방식이 지배적이었으니까. 성이나 사랑과 같은 민감한 문제에서도 부모들은 한 발자국 물러나 팔짱만 끼고 있었다.

오늘날의 부모들은 예전에 비해 이런 문제에 어느 정도 개입하지만 그 정도는 아직 너무나 미약하다. 자녀가 사랑과 성 및 그에 따른 책임을 배우는 것에 대해 부모들은 좀 더 깊이 관여하기를 원하지만 일단 시간이 부족하다는 것이 문제이다.

오늘날 남자아이들의 4분의 3, 여자아이들의 절반 정도가 고등학교를 졸업하기 전에 성경험을 가진다. 첫 성경험을 갖는 평균 연령은 남자의 경우 16.6세, 여자는 17.4세다.

1994년 앨런 구트마커 연구소는 '미국 청소년의 성에 관한 연구'를 실시하였다. 연구 결과에 따르면 12세의 청소년 중 9퍼센트, 13세 청소년의 16퍼센트, 14세의 23퍼센트, 15세의 30퍼센트, 16세의 42퍼센트, 17세의 69퍼센트, 18세의 71퍼센트가 그 나이에 첫 성경험을 가졌다. 이 통계는 실제 성행위만 기록한 것으로, 다른 형태의 성적 행동이나 남자아이들이 느끼는 사랑, 연애 감정 등은 포함되지 않았다. 이러한 행동과 감정은 그들이 10대 시기에 겪는 가장 혼란스러운 것이다.

위의 통계는 우리의 관점에 따라 한편으로는 좋은 소식이고 다른 한편으로는 반갑지 않은 소식이다. 한 여론 조사에서 '10대 청소년 대부분이 16세 이전에 첫 성경험을 할 것'이라고 추측한 성인이 전체의 62퍼센트였다는 사실을 감안하면 이 통계 자료는 좋은 소식이다. 아이들이 우리가 생각하는 것보다 오래 참고 기다리고 있다는 의미이기 때문이다. 하지만 다른 관점에서 볼 때, 15세 아이들의 30퍼센트가 이미 순결을 잃었다는 것은 결코 반가운 소식이 아니다.

또한 구트마커의 연구 결과에 의하면 10대 청소년의 70퍼센트가 첫 성관계 시 피임 도구를 사용했지만, 그들 대부분이 성관계 때마다 피임 도구를 사용한 것은 아니었다. 청소년 4명 중 1명이 성관계를 통해 질병에 감염되고, AIDS가 10대와 청소년 사이에서 빠른 속도로 퍼져 나가고 있는 상황임을 감안하면 대부분의 10대 청소년들이 콘돔 사용에 소극적이라는 사실은 우리를 불안하게 만든다.

좋은 소식이건 나쁜 소식이건 우리는 아이들에게 사랑과 성, 책임을 가르치는 일에 더 적극적으로 임해야 한다. 그렇다면 어떤 방법이 있을까? 다음에서 좀 더 구체적으로 알아보자.

사랑과 성의 세계로 안내하기

인류학자였던 어머니는 아버지와 내가 테니스 경기에 대해 이야기하고 있는 동안, 아프리카 한 부족의 생활 문화를 담은 비디오테이프를 보고 계셨다. 나는 그것을 보고 그 부족의 남자아이들이 사춘기 이전에 매우 특이한 방식으로 성교육을 받는다는 사실을 알게 되었다. 연장자의 안내에 따라 통나무 가운데를 파 구멍을 만들고 그 구멍을 모래로 덮어 부드럽게 한 다음, 그 안에 성기를 삽입하는 연습을 하는 것이었다.

그리고 몇 년이 흘러 내가 연구 활동에 뛰어들면서 실제로 이러한 방식을 사용하는 수많은 부족을 발견하였다. 할례, 요도 절개, 허벅지 상처 내기 등과 관련된 오스트레일리아 원주민 부족의 의식들은 남자아이에게 삶의 대순환에서 그의 성적 능력이 얼마나 중요한지를 가르쳐준다. 부족의 연장자는 남자아이에게 사랑과 성, 성적 활동, 그리고 남녀의 역할, 서로에 대한 책임을 가르치는데, 이러한 가르침은 교육적으로 유익할 뿐 아니라 아이에게 어른이 되었다는 자부심을 심어준다.

이러한 성교육 형태와 오늘날 우리 사회의 금욕적인 방식의 차이가 가져올 결과는 실로 엄청나다. 부족 문화에서는 남자아이들에게 자신의 신체를 어떻게 사용해야 하는지 알려주며 통제하는 법과 타고난 본능을 충족시키는 법 모두를 가르친다. 이는 인간의 몸과 신체적 욕구를 신성한 힘으로 이해하기 때문에 가능한 일이다. 그렇다고 순결에만 집착하는 것은 아니다. 쾌락적 경험과 신성한 책임을 대립되는 개념으로 생각하지 않기 때문이다. 그럼에도 불구하고 이러한 부족 문화에서 보이는 결혼 형태는 대부분 일부일처제다.

우리의 문화는 남자아이들에게 주로 자신의 몸을 통제하는 법을 가르칠 뿐, 인간으로서 타고난 신성한 목적에 대해선 전혀 가르치지 않는다. 그 결과 남자아이들은 밖으로 돌며 본능을 해소하기 위해 여자를 만나 관계를 갖다가 결국 임신까지 시키곤 한다. 우리는 여자아이를 임신시킨 데 대해 책임을 물며 남자아이를 비난하지만, 사실 아이가 가지고 있는 성적인 능력이 얼마나 신성한지 우리는 제대로 가르친 적이 있는가? 그러면서 어떻게 아이가 자신의 몸을 진지하게 다루길 기대하는가?

우리의 문화는 '그 나이에 쾌락에 빠지는 것은 무모하며 그들의 경험을 그릇된 일'이라고 가르침으로써 아이의 성적 충동을 억누르려 한다. 자위행위에 대해서도 "그 나이에 그런 쾌감을 느끼는 것은 있을 수 없는 일이야. 적어도 ○○살이 되기 전까지는 그런 기분을 느껴선 안 돼."라고 말한다. 아이들은 성에 대한 어른들의 잠재적 두려움을 꿰뚫고 있는지도 모른다. "잠깐만요. 내 몸에서 뭔가가 느껴져요. 겁쟁이 같은 어른들은 아무것도 아니라고 말하지만요. 이게 무엇인지 내가 직접 알아내겠어요." 아이들은 그렇게 자신이 직접 알아내기 위해 밖으로 향한다.

우리는 남자아이들을 성적으로 성숙한 존재로 이끄는 데 거의 아무 도움을 주지 못했을 뿐 아니라, 그들이 경험하고 있는 것이 나쁘다는 생각을 주입시키는 것이 고작이었다. 아이들은 자신의 몸이 어떤 면에서 신성한지가 아니라, 어떤 식으로 불경스러운지를 배워온 것이다. 우리가 섹스를 몸과 영혼이 결합된 거룩한 행위로서가 아니라 윤리 문제를 야기하는 위험한 행위로 가르쳐왔기 때문이다.

그렇다고 자기 절제와 금욕, 순결을 가르치지 말자는 뜻은 결코 아니다. 나는 그 누구보다 자기 절제의 중요성을 강조하는 사람이다. 내가 여기서 말하고 싶은 것은 아이들에게 성행위의 도덕성 여부와 인간이 느끼는 사랑의 감정을 가르치는 현재의 방식이 매우 잘못되었다는 사실이다. 이것은 자신이 누구인지, 어떻게 사랑해야 하는지 모르는 대다수의 남자아이들에게 전혀 효과가 없는 방식이다.

남성 특유의 방식으로 가르쳐라

어릴 때 뉴욕에 살면서 옛날 남자아이들에 대해 종종 듣곤 했다. 과거에는 남자아이가 16세가 되면 아버지 손에 이끌려 매춘부를 찾았다고 한다. 이것이 그들의 성인식이었다. 아버지의 계획과 통제 아래 동정을 잃은 후에야 진정한 성인 남성으로 받아들여진 것이다.

대학에 다닐 무렵, 이러한 성인식을 경험한 한 남자를 만났다. 그는 당시의 경험을 떠올리며 무서워 죽을 뻔했다고 말했다. 매춘부는 그리 매력적이지 않았고 발기가 잘 되지 않아 당황스러웠다며 이러한 형태의 성인식이 '혐오스럽기 짝이 없다'고 표현하였다.

이러한 성인식 이야기를 꺼내는 이유는 인간의 상식이라는 것이 때로는 모순투성이임을 말하고 싶기 때문이다. 남성과 여성은 섹스의 생물학적 특징, 사랑의 감정을 서로 매우 다르게 인식한다. 남성 매춘부와 관계를 맺고 처녀 딱지를 뗀 젊은 여성을 진정한 성인으로 인정해주는 여성 사회는 거의 없을 것이다.

18세부터 59세까지 3,432명의 성인을 대상으로 진행한 한 조사에서 첫 성경험을 갖게 된 동기를 물었다. 남성의 51퍼센트가 '호기심과 성적 충동 때문'이었다고 답했으며, 여성은 24퍼센트만이 이와 같이 대답하였다. 반면 여성의 48퍼센트가 '파트너에 대한 사랑 때문'이었다고 대답했고, 남성은 25퍼센트만이 같은 이유를 들었다.

남녀의 큰 차이는 서로 다른 호르몬과 뇌 구조 때문에 만들어진다. 따라서 남자아이들에게 사랑과 성, 책임을 어떻게 가르쳐야 할지 알고 싶다면 먼저 그 차이를 이해하고, 그들에게 효과적인 방법을 찾아내야 한다.

사회학자 바바라 화이트헤드는 어느 잡지에 '성교육의 실패'라는 제

목으로 다음의 글을 썼다.

"10대들의 성의식 변화에도 불구하고 남자, 여자아이들은 사랑과 성 관계를 너무 다른 방식으로 보고 있다. 여자아이는 안정을 찾고 남자아이는 모험을 추구한다. 여자아이는 친밀함을, 남자아이는 다양성을 원한다. 여성은 사랑하기 위해 섹스하고, 남성은 섹스하기 위해 사랑한다는 말이 맞는 것 같다. 한 연구에 따르면, 남성이 최근 만난 사람과 성관계를 가질 확률은 여성보다 2배 이상 많다고 한다. 어번 인스티튜트(Urban Institute)의 프레야 소넨스타인과 동료들에 의하면, 동시에 두 명의 파트너를 각각 두세 달 정도씩 만나는 것이 사춘기 때 남성의 전형적인 모습이라고 한다."

기본적인 호르몬 차이를 뛰어넘어 페어리 디킨슨 대학교의 생물학 교수 로버트 프랑쾨르는 근본적인 남녀 차이의 비밀이 두뇌 구조에 있음을 지적하였다. 감각적·감정적 요소를 더 빨리 흡수하는 것이 여성의 뇌가 가지는 특징이므로, 여성이 성적·신체적·감정적으로 친밀함을 느끼기 위해선 성 기관과 오감, 감정의 자극이 동시에 필요하다. 여성의 오르가슴은 이것을 신체적으로 표현한 것이다.

반면 남성의 두뇌는 신체적·감정적 자극을 동시에 필요로 하지 않는다. 발기와 사정의 필요성에 초점을 두는 두뇌 때문에 남성은 감정적 자극보다는 성적 자극을 원하고, 상대방과의 감정 관계에 대해서는 일단 사정이 끝난 후에 생각하게 된다. 아직 결혼할 수 있을 만큼 감정적으로 성숙하지 않은 남자아이들에게, 성행위는 감정적 사랑의 교감이 아니라 페니스 운동일 뿐이다. 매춘부를 찾는 남성은 섹스를 하나의 신체 행위로 볼 뿐 어떠한 감정도 부여하지 않는다.

이 모든 것은 매우 상식적인 내용이다. 그렇지 않은가? 남성은 섹스를 할 때 사정까지 끝내기를 원하고, 여성은 꼭 섹스가 아니더라도 감정적 교류, 포옹, 신체적 접촉으로 만족한다. 그런데 우리는 이러한 사실을 알면서 왜 아이들을 가르치는 데 적용하지 않는가? 물론 청교도의 금욕주의 때문일 것이다. 그러나 청교도적 관점은 아이들에게 전혀 도움이 되지 않는다.

남성은 성적으로 한 상대에게 머물다가 다른 상대를 찾으려 하고, 감정적으로는 여느 생물체와 마찬가지로 사랑하는 상대의 관심을 원한다. 또한 사회적으로는 자신의 사랑에 책임을 져야 할 많은 동기를 가지고 있다.

이는 많은 부족 사회에서 나타나는 문화이기도 하다. 부족 문화에서 남자아이들은 섹스는 섹스고 자연스러운 생물학적 행동이며 절대 부끄러운 것이 아니라고 배운다. 또한 사랑, 즉 에로스는 상대방과의 신비로운 감정 관계고, 사랑하고 섹스를 경험하고 가정을 이루어 삶의 대순환을 이어나가기 위해 사회적으로 정해진 역할이 바로 책임이라고 배운다.

남자아이들에게 사랑하는 법을 가르쳤다고 해서 반드시 우리가 그에게 책임지는 법도 가르친 것은 아니다. 사랑하는 법을 빼고 책임지는 법만 가르치면, 책임감은 뛰어나지만 마음속에는 분노를 가진 성인이 될 수도 있다. 따라서 사랑, 성, 책임, 이 세 요소가 가지고 있는 중요성을 동시에 가르칠 때에야 아이는 깊은 통찰력을 갖게 된다.

여자아이들은 생물학적으로 책임에 집중하는 능력이 매우 뛰어나다. 아기를 낳아 길러야 하기 때문이다. 하지만 남자아이들은 이러한 능력을 타고나지 않기 때문에 책임감 함양을 위한 사회화 과정을 밟아야 한다. 세 번째 요소인 책임을 이행하지 않았다고 남자아이를 때리면서 첫 번째와 두 번째 요소를 가르치지 않는다면 그것만큼 큰 실수는 없을 것이다. 여자친구를 임신시키고 무책임하게 떠나는 남자아이들이 점점 늘어나고 있는 것은 바로 이러한 실수의 증거다.

우리가 사랑과 성, 책임, 이 세 가지 요소를 제대로 가르치지 않는다면 아이들에게 아무것도 기대할 수 없을 것이다. 과거 부족 사회는 일찍이 이러한 사실을 알고 있었다. 좀 늦었지만 우리는 지금부터라도 따라잡아야 한다.

남자아이들이 배우고 싶은 것

언젠가 남자아이들에게 가정과 학교의 성교육 시간에 어떤 내용을 배우고 싶은지 물어보았다. 아이들은 처음엔 킥킥거리고 웃으며 머뭇거렸지만 곧 다음과 같은 여러 구체적인 사항들이 쏟아져 나오기 시작하였다.

- 어떻게 자제해야 하는가?

- 왜 여자아이들만 보면 안절부절못하는 것일까?
- 여자아이들은 어떻게 그리 능숙하게 나를 다루는 것일까?
- 내 성기의 크기는 정상인가?
- 섹스를 더 할 수 있는 방법은 없을까?
- 혹시 내가 동성애자는 아닐까?
- 왜 내 자신이 자꾸 부끄러운 것일까?

한 아버지가 아들에게 '세 가지 P'를 가르친 이야기를 들려주었다. 성적 충동을 느낄 때 혼자 있을 장소(privacy), 사람(person), 성기(penis), 이 세 가지에 집중해야 한다는 내용이었다. 즉, 성적 충동을 발산할 은밀한 장소를 찾고 그러한 충동을 느끼게 하는 사람을 떠올린 다음, 모든 것은 결국 페니스가 원하는 것임을 기억하라는 것이다.

아버지는 아들의 욕구를 누구보다 잘 알기에 "지금 네가 느끼는 감정은 매우 개인적이고 신성한 문제란다."라며 아들이 궁금해하는 것을 지혜롭게 가르쳐줄 수 있다. 무엇보다 아버지는 아이에게 여성을 한 인격체로 바라보아야 한다는 것도 일깨워주어야 한다. 남성이든 여성이든 성적으로 흥분하면 상대방을 성적인 대상으로만 보게 되는 경향이 있기 때문이다.

그러나 아버지가 아들의 성교육에 참여하는 데 반드시 포함되어야 하는 요소는 '과정'이다. 당신은 아들이 혼자만의 공간을 찾는 법, 자신의 충동을 자연스러운 신체 현상으로 받아들이는 법, 상대방을 성적인 대상 이상으로 존중하는 법 등을 깨닫는 것이 곧 '감정적 과정이 어떻게 일어나는지를 이해했다는 뜻'이라고 가르쳐줄 수 있는가?

섹스는 기능적·본능적·감정적인 측면임과 동시에 생리적으로는 본능적 목적을 위한 신체 기능이다. 아버지가 참여하는 성교육에 '과정'이라는 요소를 추가함으로써 남자아이들은 자신의 성적 느낌을 먼저 기능적, 본능적으로 바라보고, 어떤 성적 느낌이 '감정적'인 것인지 이해하고, 자신의 느낌이 사회의 일부임을 깨닫게 된다.

나는 중요한 건 섹스가 아니라 사랑이라는 걸 아들에게 가르쳐야 한다며 "여자친구에게 진지한 감정을 느끼지 않는다면 결코 관계를 가져선 안 돼."라는 식의 말을 하는 아버지들을 자주 접한다. 그러나 이렇게 남자아이의 성적 심리에 눈을 감은 채 아이의 생태가 변하기만 기대하는 것은 아이와 우리 사회 모두에 악영향을 미친다. 낭만적인 충동은 사랑의 감정과 다르다. 이것을 모르는 바는 아니지만 우리는 정작 남자아이들을 다룰 때 이러한 진실을 외면한다.

결론을 내리기 전, 이번에는 자위행위라는 문제를 어떻게 다루어야 할지 생각해보자.

자위행위에 대해 가르치기

1994년 클린턴 정부 때 장관급이었던 연방보건원장 조슬린 엘더스 박사는 직위를 박탈당했다. 아이들에게 자위행위를 정상적인 인간의 기능으로 가르쳐야 한다는 그녀의 공식 발표에 클린턴 정부가 마침내 참지 못하고 일어선 것이다. 엘더스 박사는 자신의 주장대로 하지 않으면 아이들에게 더 큰 문제가 생길 것이라고 말했다. 직위 해제된 이유는 여러 가지가 있지만 정부에서 제시한 이유는 바로 이 '상식적인' 주장이었다. 그녀는 우리가 책임 있는 부모, 멘토, 교사가 될 수 있도록 노력해왔지만 결국 직업을 잃고 말았다.

왜 우리는 자위행위에 대한 대화를 회피하는가? 일부 근본주의 성서 연구가들은 성서의 몇 구절을 인용하여 하나님이 자위행위를 금한다고 주장해왔다. 우리 역시 성과 관련된 문제를 공개적으로 다루는 것이 영 불편하다. 우리 자신의 신비로운 성적 능력에 대한 두려움 앞에 무릎을 꿇은 것이다.

아이들은 성장하는 중이다. 성인들은 자녀에게 도움을 주기 위해 모든 두려움을 떨쳐버려야 하지만 실제로는 그렇지 하지 못하고 있다. 아무 말도 하지 않음으로써 그들의 정상적 기능을 두려워하고 있음을 보여주는 것은 오히려 아이들을 혼란스럽게, 심지어 무서워하게끔 한다. 아이들이 자위행위를 하면서 심한 죄책감을 느끼고 자기 존중감을 잃어버린다면 사회 전체에도 전혀 득이 되지 않는다.

자위행위를 하는 남성이 더 성적으로 문란하고 사랑에 대해 무책임하다는 연구 결과는 어디에도 없다. 다시 말해 자위행위가 인간을 비도덕적으로 만든다는 주장을 뒷받침할 근거가 없는 것이다. 오히려 자위행위가 성적 긴장감을 해소시키고 무분별한 성행위와 강간 비율을 떨어뜨린다는 사실을 많은 연구·조사 결과들이 보여주고 있다.

연구 결과에 따르면 전 세계적으로 거의 모든 남성이 자위행위를 한다. 하루에도 예닐곱 번씩 테스토스테론이 분비되는 사춘기 남자아이들의 경우는 말할 것도 없다.

사적인 공간에서만 이뤄진다면 자위행위는 불법이 아니다. 하지만 만일 전립선염 등의 문제가 있을 경우엔 전문의와의 상담이 필요하다. 자위행위는 부적절하게 표출될 수 있는 욕구를 자연스럽게 해소시키는 방법이다.

자위행위에 대한 도덕적 비난은 섹스가 혼외 관계에서 이뤄져선 안 된다는 생각에서 비롯된 것이므로, 자위행위를 섹스와 별개로 생각하는 것도 좋은 방법일 것이다. 많은 사람들이 자위행위를 일종의 섹스로 생각하기 때문에 도덕적 타락 여부를 둘러싼 논란이 일어나는 것이다. 그러나 자위행위는 섹스가 아니다. 순결과는 아무 관계가 없다. 혼자 하는 자위행위가 두 사람 사이의 결합과 어떻게 같을 수 있겠는가?

자위행위를 섹스와 구분하면 그것에 대한 인식을 새롭게 하고 자녀들의 자위행위에 대해 무조건 비판보다는 조언을 줄 수 있을 것이다. 아이들은 우리가 솔직하기를, 그리고 신체에 대한 여러 가지 신비로운 사실을 가르쳐주길 바라고 있다. 본능과 욕구를 느낀다는 것 때문에 죄책감까지 떠안을 필요는 없다. 여성의 월경과 같은 신체의 변화, 살아 있다는 것, 그리고 인간으로 살아간다는 것이 어떠한지를 가르쳐주듯이 아이들은 우리가 자위행위에 대해서도 가르쳐주기를 원한다.

내 아들이 동성애자라면?

"난 동성애자예요."라는 말이 아들의 입에서 나온다면 어떤 기분이 들까? 아들이 다른 남자아이에게 사랑을 느끼는 사이, 부모는 좌절과 두려움, 분노, 혐오감을 느끼게 될 것이다.

부모는 동성애라는 이 생물학적 사실을 '삶의 방식 차이'라고 부르며 애써 부인한다. 아들이 동성애자임을 고백해도 "좀 있으면 또 바뀔 거야."라며 부정하는 식이다. 하지만 아이들은 바꾸려고 노력해도, 심지어 결혼하여 아이를 낳더라도 자신이 달라지지 않을 것임을 안다.

24세 된 동성애자 아들을 둔 아버지가 이런 말을 한 적이 있다.

"제대로 정신이 박힌 사람이라면 누가 동성애자가 되려 하겠어요? AIDS 감염 확률도 높고 사람들의 시선도 따갑고 일자리 구하기도 힘든 데 말이죠. 제 아들은 그 삶을 '선택'한 게 아닙니다. 인생의 수많은 것들이 그렇듯이, 그건 아들아이에게 '정해진' 거예요."

동성애에 반대하는 사람들은 성경 등 종교적 텍스트를 통해 자신들의 주장을 정당화한다. 그러나 펜실베이니아 대학과 UCLA 의과대학 및 런던 정신의학 연구소의 두뇌 과학자들이 진행한 과학적 연구는 동성애 성향이 삶의 방식 차원에서의 선택 문제가 아님을 입증하였다. 동성애는 유전자·염색체상의 영향을 받아 뇌에 그 형질이 장착된 것이기 때문이다. 따라서 어떤 가계에 유독 동성애자가 많이 나타나기도 한다.

시상하부는 뇌의 임무 수행 중추다. 이 시상하부에 생화학자와 신경생물학자들이 '동종이형의 핵' 또는 '두 가지 형태의 핵'이라고 부르는 신경다발이 있는데, 이것이 성적 성향을 결정한다. 동성애자의 뇌에서 이 핵은 이성애자의 뇌에 있는 한쪽 핵의 절반 크기 정도에 그친다. 완전한 연구 결과가 나온 것은 아니지만, 남자아이의 5~10퍼센트 정도가 평균보다 작은 동종이형의 핵을 가지고 있고 따라서 동성애 성향을 나타낸다는 사실이 분명히 밝혀졌다.

동성애 성향을 나타내는 유전적 특징과 뇌의 작은 핵은 생물학적 사실이다. 뇌가 유도하는 성적 성향 역시 생물학적 사실이다. 따라서 다른 사람과 다르다고 동성애자를 비난하는 것은 창조주의 작품을 비난하는 것과 마찬가지다.

이러한 사실에도 불구하고, 혹은 이러한 연구 결과가 아직 널리 알려지지 않았기 때문에, 어머니들은 죄책감을 느끼며 '내 잘못인가? 내가 아이를 잘 돌보지 못해서 그런 것일까?'라고 생각하고 아버지들은 '호기심 때문에 남자아이들과 장난을 쳐서 그런 것 아닐까? 계속 저럴까? 좀 더 빨리 손을 써야 했던 게 아니었을까?'라고 자문한다.

어머니가 잘 돌보지 못한다고, 또는 성적 호기심으로 인한 친구들과의 장난 때문에 아이가 동성애자가 되는 것은 아니다. 간혹 남자들끼리 지내면서 일정 기간 동성애를 즐겼더라도 처음부터 시상하부의 핵이 작지 않았다면 곧 원상태로 돌아오게 된다.

때때로 "소아기호증 환자나 성폭행범들을 보시라고요. 그들도 동성애자예요. 그들이 어떤 짓을 저질렀는지 한번 보세요."라고 말하는 사람들이 있다. 대부분의 성폭행범들은 유년기에 심한 신체적·심리적·성적 학대를 받아 신경 전달 등 뇌의 기능이 심각하게 변화한 사람들이다. 그리고 그들은 동성애자가 아니라 정신질환자들이다.

그러니 이러한 것들은 모두 근거 없는 이야기들이다. 돌고 돌지만 정작 맞는 것은 하나도 없는 소문과도 같다.

동성애자를 이해하고 감싸 안기

새로운 과학적 사실들이 하나둘 밝혀지고 있는 시점에서, 우리에겐 다음 세 가지 선택이 있다.

- 선택 1: 모든 사실에 눈과 귀를 닫고 동성애자 아들에 대한 두려움과

분노를 쌓아간다.
- 선택 2: 사실을 받아들이고 동성애자들을 그대로 인정해준다.
- 선택 3: 한 걸음 더 나아가, 그들이 사회에서 자신의 위치를 찾을 수 있도록 돕는다.

동성애자 때문에 남자아이에 대한 성적 학대가 늘어난다거나, 동성애자를 고용하면 일의 생산성이 떨어진다는 증거는 없다. 동성애자 친구와 친하게 지내면 언젠가는 동성애자가 된다거나, 동성애자로 인해 사회질서가 붕괴된다는 것도 근거 없는 이야기다. 이 모든 생각은 우리의 비합리적인 두려움에서 비롯된 것이고, 그 두려움 때문에 우리는 더욱 그들에게 등을 돌리고 상처를 준다.

복잡한 생물학적 체계를 모르더라도 이제 세상 사람들은 그들이 우리와 다를 뿐이며 독특한 재능을 가질 수 있다는 것을 인정한다. 실제로 많은 사회에서 동성애자들 스스로 자신의 독창성을 발견하여 사회에 기여하도록 도움을 주고 있다.

북아메리카 주니(Zuni) 부족에서는 동성애자들이 '버다치(berdache)'라는 특별한 역할을 맡았다. 이들은 두 가지 성을 한 몸에 구현하고 있는 신비로운 존재로 인식되어 부족 사람들에게 상담을 해주고 마을의 종교의식을 이끌었다. 어릴 때부터 이 중요한 역할을 감당하도록 훈련된 그들은 신으로부터 어떤 계시를 받은, 신과 맞닿은 존재로 존경을 받았다.

북아메리카의 다가라(Dagara) 부족은 게이들을 어릴 때부터 '부족의 수호자'로 양성하였다. 이들은 신성한 힘과 연결된 사제, 무속인들로서 사람들이 영적 세계와 교감할 수 있도록 도움을 주었다.

과거 유럽, 특히 그리스와 로마에서는 많은 군주가 동성애자였다. 주디 그랜이 쓴 『또 하나의 모국어(Another Mother Tongue)』는 동성애자의 시각에서 세계의 언어를 관찰한 책이다. 이 책은 특히 영어가 수백 가지 방식으로 과거 동성애 문화와 연결되어 있음을 지적한다. 'fairy', 'faggot' 등 동성애자를 비하할 때 사용하는 많은 영어 단어의 뿌리는 신성한 언어에 맞닿아 있다. 'fairy'는 요정 혹은 성스러운 존재를, 'faggot'는 성화에 사용된 석탄을 뜻하는 단어이다.

대다수 사람들이 가장 우려하는 것은 동성애자 소년들이 자라서 교사나 성직자가 될 수도 있다는 사실이다. 물론 교사나 성직자가 동성애자일 때 아이들이 나쁜 영향을 받을 수 있다는 증거는 없지만 두려운 마음이 드는 것도 사실이다. 하지만 인류 역사를 돌아볼 때 동성애자들이 정신적 지도자로서 사람들에게 도움을 준 예는 수도 없이 많다.

가장 힘든 사람은 누구보다 그들 자신이다. 그들은 일찍부터 자신이 남과 다르다는 것을 깨닫지만 오랫동안 이 사실을 숨겨야 했다. 젊은 시절의 대부분을 진짜 자신의 모습을 숨기며 살아가는 것이다. 또한 자신을 아무 조건 없이 사랑한다던 부모, 형제, 친구들이 자신의 성적 정체성을 알았을 때 보이는 반응은 그들을 가장 절망하게 만든다.

그러나 우리는 그들을 인정하고 받아들여 그들이 가진 특별한 재능을 활용해야 한다. 동성애자들이 사회에서 자신의 자리를 찾을 수 있도록 도울 실제적인 방법은 없을까?

먼저 사회 전체가 동성애자에게 등을 돌리고 있다는 그릇된 인식을 없애야 한다. 많은 설문 조사가 반(反)동성애 정서가 소수의 의견임을 보여준다. 우리 마음에서 동성애에 대한 편견을 몰아내면 그들에게 더 가깝게 다가갈 수 있다. 직접 다가가서, 어떻게 도우면 좋을지 물어라. 만일 자신의 아들이나 이웃 아이가 동성애자라면, 인종차별에 맞서는 것처럼 이들을 바라보는 사회적 편견에 대항하라.

신앙과 과학이 서로 반목할 필요는 없다. 과학 역시 하나님이 우리에게 주신 것이며 동성애도 하나님이 만드신 것임을 과학이 증명하고 있기 때문이다. 따라서 우리는 '동성애자 대(對) 이성애자'라는 이분법을 던져버려야 한다. 양쪽 모두 온전한 인간일 뿐, 상극되는 존재가 아니다. 사람을 사랑하는 방식의 차이는 그들 삶의 극히 일부분에 불과하다.

학교에서의 성교육

1992년도 워싱턴 주 보건부의 조사에 따르면 워싱턴 주에 거주하는 8학년 학생의 25퍼센트가 "성경험이 있는가?"라는 질문에 '있다'고 대답했다. 이어 1995년도 조사에도 같은 질문이 포함되자 몇몇 사람들은 목소리를 높이며 그 질문을 삭제하고 말았다. 그들은 그 같은 질문이 아이들의 성경험을 부추길 수 있다고 주장하였는데, 이러한 주장을 뒷받침할 실제적인 자료는 없다. 하지만 결국 질문은 삭제되었고 현재 교사들은 학생들의 성교육 자료를 개발하는 데 더 큰 어려움을 겪고 있다.

아이들과 자위행위에 대해 토론하기를 두려워하는 것은 설문 조사에서 성경험에 대해 물어보기를 꺼려하는 것과 궤를 같이한다. 자녀에게 직접 묻기가 두려운 부모들은 학교에 이 권한을 떠넘기고 있다. 학교 역시 부모들의 기대에 부응하려고 노력하지만 부모들은 중요한 질문과 답안을 회피하는 등 학교를 오히려 방해하고 있다.

사랑과 성에 대한 가치와 지혜의 가르침은 가족 내에서 이뤄져야 한다는 것은 누구나 다 아는 사실이다. 특히 남자아이들은 우선적으로 아버지, 혹은 매우 친밀한 관계에 있는 남성으로부터 그러한 지혜를 배울 필요가 있다.

최근 들어 여러 종류의 성교육 프로그램의 효과에 대한 비교 연구가 진행되어왔다. 그 결과 많은 성교육 프로그램이 제 기능을 발휘하지 못하고 있다는 사실에 대부분이 동의했다. 많은 사람들이 성교육 프로그램에 대해 "아이들에게 절제를 가르치지 못한다."라고 평가한 것이다.

기준에는 여러 가지가 있다. 성교육 담당자들에게는 성관계를 통해 감염되는 질병을 실제로 감소시킬 수 있는지의 여부가 매우 중요한 기준이고, 어떤 이들에게는 아이들이 자아 존중감을 배울 수 있는지의 여부가 중요하게 작용한다. 성교육자들은 부모의 도움 없이 아이들에게 성을 가르치는 것이 얼마나 힘든 직업인지 실감한다.

어떤 내용을 가르쳐야 하는지에 대해서도 부모와 성교육 강사, 정치가들의 의견이 엇갈린다. 그러나 전적으로 상식에 기초한 다음 원칙들을 놓고 논쟁을 벌일 필요는 없다고 생각한다.

- 원칙 1: 이들에겐 좀 더 솔직하고 자세한 성교육이 필요하다.
- 원칙 2: 남녀 합반일 경우와 분반일 경우 그 특성에 맞게 가르쳐야 한다.

- 원칙 3: 아버지가 성교육에 참여하여 이야기를 들려주고 질문에 답하고 교사의 말을 부연 설명함으로써 남자아이들의 성장에 큰 도움을 줄 수 있다.

세 번째 항목은 아버지들이 힘을 합쳐 아이들을 훈련시키는 공동체 역할을 할 필요가 있음을 의미한다. 동서고금을 막론하고 이는 아버지들의 중요한 역할이다.

영적 훈련으로서의 사랑

성인들에게 사랑의 가장 좋은 형태는 영적 훈련, 애착의 과정, 연민과 친밀감에 대한 동의 등으로 나타나는 것이다. 불행히도 우리는 우리의 사랑을 영적 훈련으로 여기지 못하기 때문에 청소년들에게 그런 접근법을 가르치는 것이 어렵다. 그러나 남자아이들은 자신처럼 질풍노도의 시기를 거친 어른들이 이 어둡고 혼란스러운 세파를 헤쳐나갈 수 있는 훈련이 있다고 말해주길 기대한다.

훈련 체계를 얻고 싶은 남자아이들은 종종 사랑을 스포츠라는 체계에 맞추기도 한다. 사랑을 일종의 스포츠로 생각함으로써 사랑에 대한 혼란스러움을 해소하는 것이다. 그래서 덩크 슛을 하듯이 섹스를 한 후, 경기를 펼쳤던 코트는 뒤도 돌아보지 않은 채 자신의 경기 성적에만 기뻐

한다. 또한 아버지나 어머니가 사랑을 표현했던 방식에서 가장 부정적인 부분을 끄집어내 폭력적이고 수동적인 태도를 갖기도 하는데, 이처럼 스스로 이해하지 못하는 훈련 체계를 찾는 아이들은 자신을 '사랑 같은 건 할 수 없는 존재'라고 여겨 자아 존중감은 무너지고 만다.

훈련된 사랑에는 자아의 기능, 영혼의 기능, 기술의 기능이라는 세 종류의 영적 기능이 있다.

자아의 기능은 개인의 정체성을 형성한다. 기쁨과 연민, 의욕을 가지고 사랑하기 위해서는 잘 발전시킨 자아상, 즉 성장의 바탕이 될 자신의 정체성이 있어야 한다. 만일 자아 존중감이 거의 없다면 다른 사람을 사랑할 수 없다. 인간이란 자신을 사랑하는 만큼 다른 사람을 사랑할 수 있기 때문이다. 사랑하는 법을 배우기 위해 남자아이들은 먼저 자신의 정체성을 분명하게 확립해야 한다. 남자아이가 자라남에 따라 우리는 그를 성인의 길로 안내한다. 이와 같은 어른의 도움이 없다면 남자아이들은 자신이 남성임을, 온전한 인간임을 느끼지 못한다. 그러한 상태에서 누군가를 사랑할 수 있을까?

영혼의 기능은 영적인 힘과의 연결을 추구하는 활동이다. 자신의 영혼에 대한 깊은 사랑은 타인과의 깊은 친밀감으로 이어진다. 어릴 때 영적 경험을 하지 못했다면 내 영혼에 필요한 의식, 기도 등에 반감을 갖게 되고, 결국 다른 사람의 영혼에 아무 관심도 갖지 못할 것이다.

사랑의 기술적 기능은 의사소통 능력을 키워 비난과 판단을 줄이고 상대방의 말에 더 귀를 기울이며 상호 긴밀한 공조 체제를 이룸으로써 쌓을 수 있다. 남자아이들에게 정말로 어떻게 사랑해야 하는지 가르치려면 이 기술부터 먼저 익히라고 말해야 한다. 남자아이들은 임무와 목표를 좋아하고 항상 어떤 기술을 배우고 싶어 한다. 그들이 이 기술을 익히면서도 상대방과 친밀한 관계를 형성하지 못하면 사랑의 가치에 대해 회의적인 태도를 가질 수 있다. 우리는 그들이 "사랑은 영적 훈련으로서 모든 훈련의 본질이다."라고 말할 수 있도록 도와주어야 한다.

그간 어른들은 사랑이 영적 훈련임을 잊고 있었기 때문에 아이들에게 그것을 가르치는 것을 게을리해왔다. 그 결과, 남자아이들은 훈련되지 않은 삶을 살고 문란한 성 개념을 갖게 되었다. 이러한 그들을 누구보다 비난하는 것은 어른들이지만 그들에게 자아의 기능, 영혼의 기능, 기술의 기능을 가르치지 않은 책임은 전적으로 우리 어른들에게 있다.

사랑과 성 그리고 대중매체

대중매체는 이미 아이들에게 제2, 제3가족과 같은 존재가 되었다. 하지만 대중매체는 수많은 아이들에게 훈련되지 않은 사랑의 방식을 가르치는 주범이다. 최근 연구 결과에 따르면 미국의 10대 청소년들이 TV에서 정사 장면을 보는 횟수가 1년에 평균 1만 4,000건에 이른다고 한다. 성교육을 받는 시간에 비해 이들이 대중매체를 통해 성에 대한 왜곡된 이미지를 흡수하는 시간은 실로 엄청나다.

영화 〈귀여운 여인〉은 전 세계적으로 흥행에 성공한 할리우드 영화지만 사실 전형적인 사랑의 공식을 밟고 있다. 일단 한 쌍의 남녀가 맺어지면 영화는 끝난다. 우리가 접하는 모든 영화, 드라마, 책들의 99퍼센트가 그렇다. 너무나 비현실적인 영화적 설정 속에서 사랑은 아주 쉽게 그려지고 있다. 두 남녀의 관계는 진지한 훈련이 아니라, 몇 차례의 만남과 사소한 말다툼을 거쳐 어느새 섹스와 결혼으로 향한다.

성숙한 어른들에게는 이 영화가 흥미 있는 오락거리일 뿐이지만 남자아이들에게는 훈련이 아닌 판타지를 제공할 수 있다. 아이들의 상상 속에는 판타지의 세계가 있다. 어느 것이든 자유롭게 상상할 수 있고 규칙이나 제재도 받지 않는다. 아이들이 창조하는 새로운 비전과 시도들은 모두 이 판타지 세계에서 나온 것이다.

하지만 이 판타지가 아이가 가진 세상의 전부일 경우, 아이는 자신의 삶을 관장하는 것이 자기 훈련이 아니라 판타지라고 생각한다. 판타지의 지배를 받는 아이는 즉각적인 만족을 추구하고 판타지의 대상을 찾아 주로 섹스를 통해 친밀감을 느끼고 금세 헤어지기를 반복한다. 남성에게는 당장의 만족감을 원하고 여성을 하나의 대상으로 생각하며 감정적 마무리가 깔끔하지 못한 성향이 있지만 그 이면에 사랑과 책임감이 깊이 자리하고 있다. 훈련과 판타지 모두 이들에게 필요한 요소들이다. 하지만 인간관계 속에서 사랑하고 사랑받으려면 더 많은 훈련이 필요하다. 불행히도 우리 사회의 대중매체가 제공하는 것은 훈련이라기보다 대부분 판타지다.

정치적으로 우리는 지금 둘로 나뉘어 있다. 대중매체를 무조건 비난할 것인가? 물론 아이들 문제와 관련해서는 그래야 한다. 아이들을 위한 일부 수준 높은 프로그램을 제외하고 대부분의 대중매체 프로그램들은 성인의 오락용으로 만들어졌다. 아이들은 어른이 아니다. 신경 화학적 안정성이나 감정적 활동 능력, 호르몬의 안정성 등 그들의 뇌는 아직 어른만큼 성숙하지 못하다. 아이들을 위한 대중매체를 따로 만들어야 한다는 주장도 있다. 하지만 누가 과연 책임을 질 것인가?

이번에도 역시 상식적으로 생각하는 수밖에 없다. 부모와 대중매체가 함께 책임져야 하지 않을까? 부모는 아이가 대중매체 이미지를 흡수하는 것을 제한하고 대중매체는 스스로 사회에서 제2, 제3가족의 역할을 담당하고 있음을 인식해야 한다. 따라서 청소년 훈련 프로그램 개발에도 총력을 기울일 필요가 있다. 할리우드 역시 한 걸음 더 나아가 청소년 영화 장르를 개발해야 할 것이다. 이제 대중매체가 청소년 심리 발달 전문가와 부모, 멘토, 교사들에게 끊임없이 조언을 구하고 그것을 바탕으로 프로그램을 기획해야 한다.

수많은 강연회에서 이러한 주장을 펼칠 때마다 많은 사람들이 "맞아요. 대중매체가 그런 역할을 했으면 좋겠어요."라고 말한다. 대중매체는 우리가 돈을 지불하고 요구하는 것을 만든다. 따라서 우리가 청소년 프로그램의 효과를 증명한다면 분명 프로그램 개발에 뛰어들 것이다. 많은 청소년들이 에이즈의 위험에 노출되어 있고 대중매체 제작자들도 자녀를 키우고 있다. 청소년을 대상으로 하는 서적이나 사회 활동 등이 이미 그 효과를 입증하고 있는 상황인 만큼, 우리가 대중매체를 설득하는 것은 그리 어려운 일이 아닐 것이다.

대중매체가 아예 없어지거나 금욕적으로 변하여 모든 폭력물과 음란물이 사라지길 바라는 사람도 있을 것이다. 하지만 시각적으로 자극하고 즉각적 반응을 일으키는 대중매체는 남성의 뇌가 만들어낸 것으로서 결코 사라지지 않을 뿐더러 오히려 남성의 삶에 더 깊숙이 파고들 것이다. 온라인상의 의사소통이 놀라운 속도로 보편화되어가는 상황에서 대중매체를 없애기보다는 남자아이들의 요구에 맞게 만들어갈 필요가 있다.

대중매체에서 섹스와 폭력적 요소는 결코 사라지지 않을 것이다. 아무리 부인하려 해도 이 두 가지는 성인들 삶의 일부이기 때문이다. 정책 입안자들은 풍부한 증거를 통해 청소년들의 자유분방한 성의식과 폭력성, 그리고 대중매체 간의 관계를 확인함으로써 관객 연령 제한 제도를 더욱 엄격하게 실시하고 어린아이들의 극장 출입을 금하며 성인 온라인 대화방을 폐쇄하려 할 것이다. 부모와 교사들은 이러한 움직임을 단체로 지지하고 대중매체와 관련된 규칙을 만들어 각 가정이 이를 준수하도록 권고해야 한다.

대중매체가 아이들에게 미치는 폐해를 자각한 수많은 공동체가 이에 대응하기 위해 놀라운 활동을 벌여나가고 있다. 이 사회의 성인으로서 우리는 더 많이 대화하고 더 많은 공동체를 만들며 우리가 원하는 바를 대중매체에 전달하는 데 앞장서야 한다. 이 모든 과정을 통해 우리의 학교와 마을, 인터넷상에 좀 더 많은 제2, 제3가족을 만들어나갈 수 있을 것이다.

남자아이들과 성폭력

현재 미국 남자아이들의 4~6명 중 1명이 성폭력을 당하고 있으며, 피해 아동의 90퍼센트 이상이 가해자를 알고 있다. 대부분의 경우, 그 가해자는 남성으로서 동성애자는 아니지만 자신이 직접 성적 학대를 당한 기억을 가지고 있었다.

어린 남학생들이 성인 남성의 행동에 대하여 성폭력 여부를 판단하는 것은 쉽지 않다. 『성폭력으로부터 자녀 보호하기(Protect Your Child From Sexual Abuse: A Parenting Guide)』라는 책에서 저자 재니 하트 로시는 아동에 대한 성폭력을 이렇게 정의하였다.

아동 성폭력이란 "아이가 속임수, 착취, 협박, 완력에 의해 성인의 성적 만족을 위한 대상으로 사용되는 것을 말한다. '옷 벗고 나랑 같이 놀면

이거 두 개 줄게.'라는 식으로 말하는 것이 속임수이고 '이게 내 사랑 표현 방식이야.'는 착취, '이렇게 하지 않으면……'이라고 말하며 겁을 주는 것이 협박이다."

하트 로시는 성폭력이 베이비시터 등 일시적으로 부모 역할을 맡고 있는 18세 이하 미성년자에 의해서도 일어날 수 있다고 설명하였다. 이 정의는 매우 정확하다고 볼 수 있다. 이 정의를 통해 우리는 정상적인 소년기의 성적 장난이 성폭력이 아닌가 하는 두려움에 대해 생각해볼 수 있다. 하지만 다른 남자아이와의 성적인 시도는 정상적인 소년기의 일부이며, 상대 남자가 또래 친구일 때 그 시도는 성폭력이 아니라 단순한 장난에 그치게 된다.

남자아이들 간의 애무 등 성적인 접촉을 자연스럽게 받아들이지 못하는 것은 우리의 동성애 혐오증 때문이다. 남자와 남자가 성적으로 접촉하면 그것은 비정상적인 행위로 비난받지만, 남자아이들에게 이러한 성적 접촉은 매우 자연스러운 놀이다. 우리가 동성애 혐오증에서 벗어난다면, 남자아이들의 정상적인 시도를 보다 편안하게 받아들일 것이다.

반면 실제 성폭력에 대한 경계심은 절대 늦춰선 안 된다. 세 가지 가족 유형이 붕괴되면 성폭력이 일어날 가능성이 커질 뿐 아니라 실제 일어나더라도 꼭꼭 은폐될 것이다. 부모나 멘토가 아이와 함께 보내는 시간이 적을수록 아이는 외로움을 느끼고 따라서 쉽게 주위의 유혹에 빠질 수 있다.

그렇다면 성폭력 여부를 확인할 수 있는 방법은 무엇인가?

1) 성적인 특성에 유난히 관심을 보이거나, 아니면 무조건 외면하려고 한다.

2) 수면 장애를 겪거나 자주 악몽을 꾼다.

3) 친구와 가족을 피하려고 한다.

4) 학교 성적이나 출석에 문제가 생긴다. 혹은 학교에 가지 않으려고 한다.

5) 심한 우울감에 빠져 있다.

6) 상대방을 유혹하는 듯한 말투와 행동을 보인다.

7) 자신의 신체가 불결하다는 식의 말을 자주 한다.

8) 자포자기한 듯이 행동한다.

9) 비정상적으로 혼자 있으려고만 한다.

10) 성행위에 대해 생각보다 자세히 알고 있다.

위의 항목 중 몇 가지 징후를 나타냈다고 반드시 성폭력을 당한 것은 아니겠지만 1, 6, 7, 10번 가운데 한 가지 이상의 징후를 나타낸다면 성폭력 여부를 의심해보아야 한다.

성폭력의 고통은 당해보지 않은 사람은 상상하기 어렵다. 소년기의 성폭력 피해가 사회에 미치는 영향은 상상을 초월한다. 피해자였던 아이들이 가해자가 되고, 설령 가해자가 되지 않더라도 반사회적인 인물로 성장하기 때문이다.

어릴 때 성폭력을 당했던 브루스 커크패트릭은 한 잡지와의 인터뷰에서 이렇게 말했다.

"그 사람을 만난 건 열세 살 때였어요. 아주 유머러스했고 무엇보다 내게 관심을 가져주었죠."

부모가 이혼했기 때문에 브루스는 아버지를 거의 볼 수가 없었다. 이러한 상황에서 만난 그는 아주 매력적인 사람이었다. 두 사람은 점점 가까워졌고 곧 제2가족과 다름없는 사이가 되었다.

브루스는 말을 이었다. "어느 날 밤 저는 그의 집에서 함께 술을 마셨어요. 그는 우리 엄마에게 전화해서 그날 밤 제가 그곳에서 자고 갈 거라고 말했죠. 그는 저를 침실로 데리고 가 옷을 벗기고 강간했습니다. 특별히 아프지는 않았지만 극도의 절망감을 느꼈어요."

그날 이후에도 두 사람의 관계는 계속되었다. 그는 브루스에게 엄청난 상처를 주었지만 그러면서도 동시에 멘토이자 친구였다. 하지만 몇 년 후 브루스는 비로소 깨닫게 되었다.

"아직도 그때 느꼈던 고통을 기억해요. 그 수치스러움도 잊지 않고 있고요. 그가 제게 준 상처는 그 후 26년 동안이나 저를 괴롭혔어요."

브루스는 자신의 경험을 수많은 소년, 성인 남성들과 공유하였다. 이러한 일을 겪은 사람들은 보통 자신도 가해자가 되어 주요 뉴스를 장식한다. 브루스와 같은 사람들이 고통과 두려움에 빠진다. 하지만 브루스는 도움의 손길을 내밀었다. 비록 어릴 때 받은 상처를 잊었다 하더라도 그 상처는 그들을 떠나지 않고 평생을 지배한다. 뉴욕 주립대 스토니 브룩 캠퍼스의 존 가뇽 교수는 3,000명 이상의 성인을 대상으로 연구한 결과, 어릴 때 성폭력을 당한 남녀가 성인이 된 후 문란한 성생활을 할 가능성이 훨씬 높은 것으로 나타났다고 밝혔다.

남자아이의 성교육에 필요한 실제적 원칙

남자아이들에게 사랑하는 방법을 가르칠 때 도움이 될 만한 열두 가지 원칙을 소개한다.

1. 남녀의 생각이 서로 다름을 가르쳐라.

남자아이와 여자아이들이 자신의 입장에서 서로 대화할 수 있도록 아이들에게 남녀의 생각 차이를 가르칠 필요가 있다. 예를 들어 한 15세 소녀를 알고 지내던 남자아이가 어느 날 그녀에게 만나자고 했다. 그는 솔직하게 소녀와 관계를 갖고 싶다고 말했지만, 소녀는 그를 천박하다고 비난하며 망신을 주었다. 소녀의 관점에서는 그 남자아이가 천박하게 여겨졌지만, 남자아이의 관점에서 보면 자신은 솔직한 것이었다. 그리고 남자아이는 분명 소녀도 자신이 솔직하길 원할 거라고 생각했다. 이처럼 남녀의 생각이 서로 다름을 가르치는 것은 아이들에게 많은 도움이 된다.

2. 아버지와 지속적인 대화를 갖게 하라.

아버지와 아들은 끊임없이 사랑과 성, 책임에 대해 의견을 주고받아야 한다. 한 번의 대화만으로는 부족하다. 사춘기의 남자아이에게는 언제든 사랑과 성, 책임에 대해 이야기를 나눌 수 있는 상대가 필요하다.

3. 제3가족을 반드시 만들어줘라.

동성으로 이루어진 그룹 내에서 성인은 아이들과 지속적인 의사소통을 해야 한다. 가족 모임이나 야영장, 동호회, 탈의실, 학교 등 어느 곳에서든 남자 성인들은 소년들에게 사랑, 성, 책임감에 대해 자신이 가졌던 두려움을 들려주고 가르침으로써 그들을 자연스럽게 성인이 되는 과정으로 이끌 수 있다. 어른들이 이 과정을 편안하게 생각하면 아이들도 어색해하지 않을 것이다.

4. 절제와 순결의 개념을 가르쳐라.

이는 개인의 건강과 사회적 안정을 위해 꼭 필요하다. 자위행위를 대안으로 가르칠 수도 있을 것이다.

5. 안전한 성관계를 가르쳐라.

피임법과 안전하고 책임 있는 성관계에 대해 가르친다. 이를 위해 어른들이 먼저 성생활에서 모범을 보여야 함은 물론이다.

사실 이것은 4번 원칙과 서로 반대되는 개념이다. 그러나 둘 중 어느 하나만 택하면 다른 한쪽의 방법을 사용하는 수많은 남자아이들이 무시되는 결과를 낳는다.

6. 임신과 그 결과에 대해 미리 가르쳐라.

만일 여자친구를 임신시킨다면 어떤 상황이 벌어질지에 대해 미리 이야기를 들려주는 것도 좋다. 불행히도 이미 여자친구가 임신을 해버린 상황이라면, 무조건 꾸짖거나 두려움을 심어주지 말고 아버지로서 어떤 역할을 해야 할지 스스로 깨닫도록 이끌어준다.

7. 신체를 소중히 여기게 하라.

성 기관을 포함한 자신의 몸을 소중한 것으로 인식하게 가르친다. 삶의 대순환에서 자신의 몸과 생태가 매우 중요한 것임을 인지시키자.

8. 자신의 성적 정체성을 표현하게 하라.

성적 정체성을 나타내는 자신만의 표현을 찾도록 돕는다. 이 과정을 통해 남자아이들에게 성적 충동의 세 가지 요소인 본능적·기능적·감정적 요소를 가르칠 수 있다. 그들의 혼란스러운 내적 변화를 적절하게 표현하는 말을 제시함으로써 통찰력과 긍정적인 자기 통제력을 배우게 한다. 이 과정을 거치며 그들의 두뇌는 더욱 성숙한 수준으로 발달할 것이다.

9. 성적 의도에 대해 솔직해져야 함을 가르쳐라.

자신의 성적 의도에 대해 솔직해져야 함을 알려주자. 사춘기가 되어 테스토스테론의 분비가 늘어나면 공격성도 증가한다. 사춘기 여자아이들이 점점 얌전하고 새침해지는 반면, 남자아이들은 자기주장이 더욱 강해진다는 사실을 많은 연구 결과가 반복해서 보여주고 있다. 이 타고난 공격성을 다스리는 데는 반드시 어른들의 도움이 필요하다.

오늘날의 사회 문화에는 '남자아이에게 포옹, 대화, 꽃다발, 선물 등 여자아이가 원하는 것을 많이 해주라고 가르치면 남성다움을 잃을 것'이라는 사고방식이 은연중에 깔려 있다. 그러나 남자아이들이 여자친구를 따뜻하게 안아주거나 그녀에게 꽃을 선물하는 것은 모두 똑같은 의도, 즉 성관계 때문이다. 여자친구를 사귀는 새로운 기술을 배울 때에도 왜 자신이 이러한 행동을 하는지 솔직해져야 한다. 더불어 남자아이들이 자신의 의도를 솔직히 밝히고 여자친구와 관계를 가졌다면 그 행동에 대해 두 사람이 공동으로 책임지도록 함으로써, '남자아이는 가해자, 여자아이는 피해자'로 보는 이중적 기준을 우리 스스로 점검해야 한다.

10. 연애를 해야만 성인이 되는 것은 아님을 가르쳐라.

완전한 성인이 되기 위해 반드시 여자친구가 필요한 것은 아니라는 것을 말해주자. 다른 어떤 것들보다 낭만적 사랑에만 너무 집착한 나머지, 자신이 누구인지 알기 위해서는 짝을 찾아야 한다고 전전긍긍하는 성인의 문화와 마주한 남녀 아이들에게 우리는 이 사실을 가르치기 위해 노력해야 한다.

11. 거부당하는 경험의 중요성을 가르쳐라.

남자 및 여자아이들로부터 거부당했을 때 감정을 추스르는 법을 가르친다. 어떻게 남성이 될 것인지에 대한 중요한 가르침 중 몇몇은 사춘기에 타인으로부터 거부당하는 경험을 겪으며 깨닫게 된다. 남자아이들이 비록 겉으로는 우리를 밀어내더라도, 속으로는 누군가에게 거부당했을 때 어떻게 이겨내야 하는지 가르쳐주기를 원하고 있을 것이다.

12. 여성을 대하는 법을 가르쳐라.

여성을 상대하는 방법을 알려주자. "여자아이에게 다가갈 때는 이렇게 해야 해.", "여자아이에게 그런 행동을 하면 아마 이렇게 생각할 거야." 등과 같은 가르침은 특히 사춘기 남자아이들에게 꾸준히 이뤄져야 한다.

우리는 지금보다 훨씬 더 많이 남자아이들과 사랑과 성, 책임에 대해 의견을 나누어야 한다. 아이들과의 대화에 적극적으로 임함으로써 우리 모두는 진정으로 신성한 작업에 참여할 수 있다.

제 10 장

건강한 남성의 역할 가르치기

오늘날 우주는 우리에게 막중한 임무를 요구하고 있다.
우리의 일상생활을 위대한 행위로 재연결시키는 작업에 우리를 집요하게 초대한다.

– 매튜 폭스, 『만물의 재창조(The Re-invention of Work)』 중

브라질 동부의 샤반테족에게 삶은 대지의 리듬과 전통의 지혜가 인도하는 것이다. 이 부족은 남녀가 노동과 육아를 분담하는 이유와 각자의 역할, 자연이 그들에게 요구하는 것 등을 분명히 인식하고 있다.

각 부족 구성원에게 맡겨진 역할은 결코 쉬운 것이 아니지만 다른 부족들과 마찬가지로 샤반테족에게 그 역할은 개인과 공동체 삶에 확고한 의미를 부여한다. 그 역할을 통해 개인은 자신, 가족, 사회, 그리고 자연과 연결된다. 이러한 역할이 없다면 목적 없이 방황하는 삶이 될 뿐이다.

수백만 년 동안 남성은 그들의 역할을 수행해왔다. 그들은 제공자이고 보호자이며 자녀 양육자였다. 자녀 양육의 경우, 아이가 어릴 때는 주로 여성이 돌보았기 때문에 아이가 어느 정도 자란 후에야 남성이 동참

했다. 아이가 성인이 되면 남성은 딸을 보호하고 인도하며 아들을 훈련시키고 멘토링하는 데 특별한 관심을 쏟는다. 그들은 여성과 아이들, 공동체 사회, 가치 시스템을 지키기 위한 싸움이라면 싸우다 죽는 것을 신성한 임무로 생각하였다. 가족이 먹을 음식이 없을 때는 자괴감을 느꼈던 이들의 사명감은 뼛속까지 파고들어 결국 DNA에 남게 되었다. 이들이 바로 우리의 조상이고 할아버지이며 아버지들이다.

20세기에 들어서서 인류 공동체가 유지하던 세 가지 가족 형태의 특성이 무너지고 개인주의가 발달하면서 급격한 사회적 변화가 일어났다. 가장의 역할과 생업으로 인해 아버지들은 가족과 점점 멀어졌고 여성이 할 일의 영역도 제2의 기업이 되다시피 하였다. 혼란스러운 사회 변화는 계속 이어졌고 지금도 일어나고 있다. 이것은 사회학자들의 관점에서 보았을 때 인간을 제한하는 해체적 사회 구조에 기반을 두고 있다.

21세기에 들어 이러한 해체의 에너지는 점차 재건의 에너지가 되어가고 있다. 우리가 혼돈의 상황에서 내던져버린 많은 것들이 이 사회와 사람들의 영혼에 상처를 남겼음을 깨달았기 때문이다. 따라서 우리가 과거를 돌이켜보는 것은 지난 몇 십 년 동안 우리가 성취한 것들을 버리기 위해서가 아니라 우리가 잃은 것을 되찾아 지금까지 발견한 진보적 비전 및 체계와 재결합시키기 위함이다.

올바른 남성의 역할이 무엇인지 알아내기 위해서는 이러한 수정 작업이 필요하다. 21세기에 들어서서, 많은 소년과 젊은이들이 남성이 어떤 역할을 맡아야 하는지에 대한 연구의 필요성을 인식하고 있다. 많은 사람들에게 남성 역할에 대한 이야기는 두려운 주제이고, 또 어떤 사람들에게는 불필요하기도 하다. 하지만 남자아이들이 어떻게 자라고 사회화되는지를 감안한다면, 남성으로서의 신성한 역할을 배우지 못할 경우 갱이 되거나 연인을 때리고, 자녀를 버리며 감정적으로 고립되어 약물 중독에 시달릴 가능성이 높아진다는 사실을 인정할 수밖에 없다.

남자아이들에겐 자신이 어떤 존재인지 깨달을 수 있는 훈련 체계, 그리고 분명한 목표와 책임이 정해진 삶의 여정, 인생에서의 역할이 필요하다. 이러한 것들, 그리고 이에 따르는 역할 훈련이 없다면 인생에서 성스럽고 중요한 자신의 존재 이유를 깨닫지 못할 것이다. 오히려 자신이 정말 그러한 존재인지를 의심할 수도 있다.

목표를 어떻게 이뤄야 할지 모르고 여기저기서 주워들은 '비법'을 사용해보지만 좀처럼 자신이 올바르게 살아가고 있다는 확신이 들지 않는다. 훈련 체계가 없다면 왜 반드시 목표가 있어야 하는지 이해하지 못하는 것이다. 예를 들어 아이가 어릴 때, 남성은 제한된 기간에만 자신이 필요한 존재임을 느낀다. 아기가 엄마와 더 깊은 유대감을 형성하거나 아내와의 갈등이 아기에게 영향을 주는 것을 느끼면서, 남성은 자신이 불필요한 존재라고 생각해 떠나버리기도 한다. 훈련된 역할을 갖지 못한 남자아이들은 자신이 성취한 것을 어떻게 측정해야 할지 알지 못한다.

남성의 신성한 역할을 정의하기 위해서는 먼저 우리가 하나의 사회로 뭉쳐 있어야 한다. 이제부터 다루는 내용이 남성이 어떤 역할을 해야 하는가에 대해 스스로 판단할 수 있도록 도와주기를 기대한다.

21세기를 위한 신성한 남성의 역할

남성의 역할을 'husbandry'라는 영어 단어의 의미인 '관리', '보호'의 측면에서 생각해보자. 이 단어는 고대 영어 'husbonda'와 '거주하다'라는 의미의 고대 스칸디나비아어 'bua'의 결합에서 유래되었다. 고대 문화에서는 남편이 집에 머물며 가정, 땅과 깊은 유대 관계를 형성하였다. 관리(husbanding)란 자기 자신, 가족, 공동체, 문화, 자연과의 안정적인 관계를 생성하고 유지시키는 것을 뜻했다.

이러한 차원에서 남성의 역할을 정의하기 위해 다음 열 가지 원칙을 제시한다. 이것들은 부족 문화 연구 자료, 성 역할에 대한 역사적 기록, 그리고 최근의 토론 자료에서 찾아 정리한 것들이다. 신성한 역할이 남자아이가 성인이 되는 여정에서 의미 있는 부분이 되려면 아이들에게 최대한 빨리 가르쳐야 한다. 또 그 역할의 원칙이 남자아이들에게 효과적으로 적용되려면 훈련 체계와 사회화 구조, 그리고 세 가지 가족 형태의 일부가 되어야 한다.

신성한 남성 역할의 열 가지 원칙

제1원칙 : 영적 발달, 가족에 대한 헌신, 생업 사이에 균형을 이루게 해줄 생활 방식, 공동체, 협력자를 찾아라.

인간의 가장 주요한 존재 목표는 자신과 세 가지 가족 체계에 대한 책임, 그리고 자신의 재능, 기회가 제공해주는 일에 대한 책임 사이에서 균형을 이루며 살아가는 것이다. 가족과 떨어져, 혹은 영적인 발달을 접어두고 하루 10시간, 일주일에 70시간씩 일하는 것은 너무도 불균형한 현상이다. 일과 가족, 개인 생활에서 일어나는 이러한 불균형은 사회가 사회의 체계를 수정함으로써 바로잡아야 한다.

제2원칙 : 사랑해야 할 사람을 보호하고 물질적으로 부족함이 없게 돌보라.

남성은 힘이 닿는 데까지 자신이 돌봐야 하는 사람들에게 음식, 거처, 의복, 신체적·감정적 안정감, 조건 없는 사랑 등 생존을 위한 필수 요소들을 제공할 책임이 있다. 아이를 낳았을 경우에는 그 아이를 돌보는 것이 가장 중요한 책임이다.

제3원칙 : 세 가지 가족 유형에 적극적으로 참여하라.

인간 사회에 대한 남성의 책임은 혈연관계 안에서만 이루어지는 것이 아니다. 그들은 세 개의 동심원이 맞닿는 중심에 서 있다. 가장 가까운 원은 직계가족이고, 그다음 원은 확대가족, 또 그다음 원은 그들이 속한 공동체다. 삶에 적극적으로 참여하기 위해서는 세 가지 가족 형태 모두에 자신의 에너지를 쏟을 만한 어떤 초점이 있어야 한다. 또한 자신의 자녀뿐 아니라 다른 아이들에게도 멘토가 되어주어야 한다. 아직 미혼인 남성이라면 기혼자들이 직계가족을 돌보는 데 도움이 되도록 자신의 에너지를 제2, 제3가족 체계 안에서 가능한 한 많이 사용하고자 노력해야 한다.

제4원칙 : 자연과 조화를 이루어 살아가라.

남성은 자신이 살고 있는 자연에 대해 책임을 져야 한다. 그들은 상호의존적인 망(網) 조직의 일부이며 남성으로서의 완전함은 다른 사람들과 관계를 이루는 방식뿐 아니라 자연과 조화를 이루는 방식에 의해서도 결정된다. 결국 인간은 자연에서 비롯되어 자연으로 돌아간다.

제5원칙 : 여성들과 협력 관계를 추구하라.

남성은 여성을 있는 그대로 존중해야 한다. 어느 한쪽이 우위를 차지하는 것이 아니라 동등한 관계를 이루어야 하는 것이다. 남성에게는 여성이 원하는 것을 해주고 자신이 원하는 것을 받고 싶어 하는 경향이 있다. 지배와 복종의 욕구는 동전의 양면과 같다. 여성과 그들의 문화를 전혀 이해하지 못하는 남성, 그들을 지배하려는 남성, 여성 앞에서 비굴하게 행동하는 남성들은 모두 남녀 간의 균형을 깨뜨린 책임을 져야 한다. 남성은 파트너와 낭만적 관계를 형성할 때 성숙한 영적 훈련으로서의 사랑을 실천함으로써 더욱 깊은 사랑을 느낀다.

제6원칙 : 남성 공동체를 형성하라.

세 가지 가족 체계 중에서 도움을 주고받을 수 있는 남성들만의 그룹을 찾을 필요가 있다. 이러한 공동체의 일원으로서 구성원과 활기찬 감정적 교류를 나누면서 스스로 중요한 존재임을 느끼고 무의식중에 조금씩 발전해나간다.

제7원칙 : 섬김과 사회적 대화, 그리고 필요 시 사회적 변화의 주체가 돼라.

남성은 사회 발전에 참여하고 다른 사람을 섬겨야 한다. 사회적 소외 계층에 대해 아무런 연민을 느끼지 못한다면 그는 결코 온전한 인간이 아니다. 또한 세상이 어떻게 돌아가는지 이해하지 못한다면 여러 가지 정보를 찾아 살펴봐야 한다. 모든 것을 안다고 주장하는 사람만큼 위험한 인물은 없다. 용기 있게 섬기는 자가 진정한 영웅이다.

제8원칙 : 자신이 어떤 삶을 만들어나가고 있는지 점검하라.

남성은 자신이 걷고 있는 삶의 여정을 항상 점검해볼 필요가 있다. 자신이 삶의 어느 단계에 서 있는지, 남성으로서 어느 시기인지, 그에 따른 의무와 보상은 무엇인지 깊이 생각해보아야 한다. 또한 자신의 뿌리와 전통을 알아야 한다. 자신이 어떤 존재인지 모르는 상태에서 느끼는 개인적 자유는 어느새 감정적 소외감으로 변질되기 때문이다. 또한 인생의 지혜와 거울이 되어줄 멘토를 찾고, 삶이 영적으로 충만한 여정임을 보여주는 여러 의식 및 기도 방식과도 조화를 이루며 살아가도록 한다.

제9원칙 : 노력의 결과를 만끽하라.
열정적으로 놀지 못하는 사람은 성숙한 인간이 아니다. 자신의 노력뿐 아니라 그 결과까지 사랑하는 사람만이 삶을 온전히 끌어안을 수 있다. 남성다움이란 기쁨과 환희의 춤, 안식, 흥분, 유머로 가득 찬 기질이다.

제10원칙 : 열린 마음으로 변화, 특히 가치의 변화를 수용하라.
놓아버릴 줄 아는 사람이 진정한 남성이다. 엄격함이 요구될 때는 엄격해야 하지만 이것이 잘못된 충성, 위험한 관계, 불필요한 권력 싸움으로 이어진다면 남성은 변화를 시도하고 새로운 길과 방법, 자신의 에너지를 쏟을 새로운 초점을 찾아야 한다. 성인으로서 자신의 삶을 책임지고 가치 있게 만들 사람은 결국 자기 자신뿐임을 깨달아야 한다. 변화는 그것을 방해하는 것이 아니라 오히려 더 새롭고 보람 있는 도전을 유발한다.

과연 어린 남자아이들에게 관리·보호의 역할을 기대할 수 있을까?

샤반테족은 남자아이가 4세가 되면 특정 역할을 위한 훈련을 시작한다. 아이들은 초원 한복판에 놓이고, 그 부족민의 표현을 빌리자면 '나무처럼 되는 법을 배운다'고 한다. 하지만 현재 우리는 역할 훈련이 어떤 식으로 이뤄져야 하는지 정하지 않았기 때문에 일찍부터 역할 훈련을 시작하는 데 어려움을 겪을 뿐 아니라 중요성까지 간과하게 된다. 나는 관리, 보호의 역할 모델이 우리에게 신성한 남성 역할의 정의를 위한 기초를 제공하고 그 기초로부터 남자아이들의 삶 전체에 역할 교육이 적용, 시행되기를 바라고 있다.

일터는 역할 훈련이 일어나는 주요 장소 가운데 하나다. 어떤 의미에서 남자아이들에게 성스러운 역할을 부여한다는 것은 결국 어린 남자아이의 삶, 성인 남성의 삶, 가장으로서의 삶에서 각 단계마다 해야 할 일의 역할을 이해하고 있는가의 여부에 달려 있다.

중요한 임무를 맡기기

행복한 소년기와 성인기의 필수 요소는 자신의 '일'에 대한 애정이다. 여기에서의 '일'이란 그 시기에 경험하는 모든 일이 아니라, 다른 사람과 친밀해지고 신체적·정신적으로 성숙하며 자신감을 갖고 세상이 움직이는 방식을 배우는 통로가 되는 몇 가지 중요한 일을 가리킨다. 남성은 일에 대한 추진력을 가지고 목표를 이루고 일을 통해 자아상을 확립한다. 생산적인 일이 없다면 남성은 깊은 상실감에 빠질 수도 있다. 여성도 마찬가지지만 대다수 남성에게 일하는 것은 숨 쉬는 것만큼이나 중요하다.

일을 통해 개인은 자신을 다른 사람과 분리시키는 동시에 다른 사람에게 속하게 된다. 독립과 단체 활동의 욕구 사이의 밀고 당김은 종종 일을 하면서 해결된다. 직장에서 자신의 일을 하면서도 공동의 노력에 일조할 수 있다. 남성들은 자유와 책임 사이에서 안전하게 위기를 헤쳐나가는 방법을 찾고 있다.

아버지는 내가 처음 신문 배달을 시작했을 때 이렇게 가르치셨다.

"뉴스, 광고, 영화 스케줄, 이 모든 것이 사람들을 더욱 가깝게 만들고 여러 가지 의견을 형성하도록 도와주지. 너는 사람들에게 달랑 종이 몇 장 건네는 것이 아니야. 뉴스를 전달하는 거라고."

아버지는 내게 매일매일 반복되는 지루하고 고된 일에서 그 일의 의미와 역할의 중요성을 깨닫도록 도와주셨다.

남자아이들은 걸음마를 할 때부터 어떤 중요한 역할을 맡고 싶어 하는데, 그 역할은 곧 자신감을 키워주고 책임 있는 성인 남성, 가장이 되도록 이끈다. 두 살배기 아기가 포크를 바닥에 떨어뜨렸을 때 우리는 그것을 대신 주워주곤 한다. 세 살배기 아이가 세발자전거를 밖에 두고 들어오면 아이 대신 집 안에 그것을 들여놓고, 빨리 숙제를 끝내야 하는 일곱 살짜리 아이가 친구와 놀고 싶어 눈물을 글썽이면 우리는 아이가 안쓰러워 숙제를 대신 해주기도 한다. 하지만 이 모든 경우에 아이 스스로 문제를 해결하고 일을 마무리하도록 가르치는 것이 필요하다.

남자아이들은 아무 일이 아닌, 정말 중요하고 의미 있는 일을 하고 싶어 한다. 이는 그들이 우리가 지혜를 나누어줄 수 있는 부분에 적극적으로 개입하기를 바란다는 뜻이기도 하다. 아이들은 일이 어떻게 기쁨과 연민의 감정을 느끼는 수단이 되는지 우리에게 듣고 싶어 하고,

우리가 일의 중요성을 설명해주기를, 남성으로서 관리·보호의 역할을 수행하는 데 일이 얼마나 중요한지 보여주기를 원한다. 일이 판에 박힌 일상의 반복이 되었을 때 우리는 아이들 스스로 그 안에서 의미를 찾도록 도와주어야 한다. 특히 많은 남자아이들이 막다른 상황에 처하여 저임금과 고된 노동에 시달리고 있는 오늘날의 현실에서 이는 매우 중요하다.

우리는 아이들을 일로부터 보호하는 것이 아니라 일로 이끌어주어야 한다. 스포츠, 컴퓨터, 신문 배달, 집안 청소, 숙제 등은 일이 될 수 있으므로 모두 의미 있고 중요하다.

아주 일찍부터 우리는 남자아이들에게 자신의 두려움, 고통, 슬픔, 분노의 감정을 다루고 조절하는 것이 인간으로서 반드시 해야 할 일이며 소년, 성인 남성, 가장으로 성장하면서 거쳐야 할 내면의 과정임을 가르쳐야 한다. 아이에게 "넌 이런 일을 하면서 너 자신과 친구들, 네가 속한 공동체에 대해 무엇을 배웠니?"와 같은 질문을 자주 던져보자. 아이가 하는 일이 중요한 의미를 갖기 위해선 어른들과 그 일에 대해 많은 대화를 나누어야 하기 때문이다.

열네 살 때 나는 한 버스 정류장에서 화장실 청소 일을 했다. 집안이 매우 어려웠기 때문에 어쩔 수 없이 선택한 일이지만 부모님이 어떤 식으로든 그곳에서 일하는 나를 격려해주시길 바랐다. 한 직원과는 막역한 친구 사이가 되었고, 그는 지금도 가끔 내게 그때 일을 얘기하곤 한다. "넌 버스 정류장 화장실의 변기도 닦았잖아. 그런 일을 해냈으니 못할 일은 없을 거야."

직장에서의 남성은 어떤 모습일까?

'남성은 편하고 여성은 힘들다'는 성에 대한 그릇된 인식은 직장과 관련된 남자아이들의 요구 사항을 이해하는 데 가장 큰 걸림돌이 된다. 신성한 남성으로서의 역할을 되찾기 위해 우리는 이와 같은 인식을 점검해야 한다. 남성과 여성은 모두 힘든 직장 생활을 한다.

21세기에 들어서서 여성의 역할은 더욱 커지고 있다. 여성은 자녀 양육의 대부분을 책임질 뿐 아니라 사회 전체 일자리의 절반 이상을 차지하고 있다. 이에 따라 남성의 역할은 점점 줄어든다.

경제학자 스티븐 로즈는 국가고용정책위원회(National Commission for Employment Policy)에서 22년 동안 연구를 진행하며 다음과 같은 사실을 밝혀냈다.

1970년대에는 전체 남성의 24퍼센트, 1980년대에는 36퍼센트의 임금이 삭감되었다. 이 시기에 여성들의 수입이 더 많았다. 또한 백인 남성보다는 흑인 남성의 임금 삭감 폭이 더 컸다. 1970년대에는 흑인 남성의 4분의 3이 정규직에 종사했지만 1980년대의 흑인 정규직 종사자는 전체의 50퍼센트에 그쳤고, 1970년대에 22~26세 젊은이 중 임금이 삭감된 경우는 9퍼센트에 불과했지만 1980년대에는 26퍼센트였다. 반면 여성들 중 임금이 줄어든 비율은 40퍼센트에서 30퍼센트로 떨어졌다.

그간의 경제적 변화가 남녀 사이의 이러한 격차를 줄이는 데 크게 기여했지만 아직도 특정 지역은 남녀 격차가 크다. 가정 페미니스트로서 나는 그동안 직업의 평등화를 위해 노력해왔다. 그러나 많은 페미니스트들이 집착하는 목표인 '직장에서의 평등'은 인간 공동체에서 중요한 여러 목표 가운데 하나일 뿐이다. 지금까지 여성의 경제적 지위 향상을 위해 전력투구하면서, 우리는 변화로 인해 사람과 사회에 파생된 위험 요소의 존재를 미처 알아차리지 못했다. 일자리를 잃은 수백만 명의 남성이 자녀를 만나지 못하고 있고, 부모가 이혼한 경우에도 양육권은 대부분 어머니에게 돌아가는 실정이다. 또한 노숙자의 90퍼센트가 남성이며 생활 보조금을 받는 성인 대다수는 여성이다. 하루 평균 병원을 찾는 환자들도 여성이 남성의 2배 가까이 된다.

직장에서 여성의 지위 향상에 초점을 맞추고 남성의 역할을 무시함으로써 우리는 많은 남자아이들에게 그들 스스로 자아 존중감을 지켜나갈 방법이 더 이상 없다고, 여성이 자아 존중감을 얻도록 돕는 것이 그들의 역할일 뿐이라고 가르치고 있다. 이는 엄청난 아이러니가 아닐 수 없다. 어떤 문화에서든 남자아이와 성인 남성의 가장 중심이 되는 역할은 여성이 안전하도록 지키는 것이다. 지난 30년 동안 페미니즘이 그 모든 타당성에도 불구하고 놓쳐온 사실이 있다. 지금까지 페미니즘이 남성 문화를 향해 외쳐온 것은 '여성은 엄청난 피해를 입어왔고, 따라서 보살펴 주어야 할 존재'라는 진부한 메시지뿐이었다는 점이다. 남성 문화는 생물학적·사회적으로 이러한 원칙에 기반을 두고 발전해왔다.

신성한 역할을 가르치기

남자아이들에게 신성한 역할을 가르칠 수 있는 방법은 많지만, 무엇보다 나는 관리·보호의 역할을 가르치기 위한 모델이 필요하다고 생각한다. 그 실제적 방법 가운데 상당수는 이미 우리가 알고 있는 '상식'일 것이다.

다음 질문에 답해보자. 연필과 종이 몇 장만 준비하면 된다. 이 질문에 답하면서 우리가 도울 수 있는 방법을 각각 다른 종이에 적어보자.

- 아이에게 ~을/를 가르칠 때 도움을 얻을 수 있는 사람은 누구인가?
- 꼭 가르치고 싶은 원칙은 무엇인가?
- 세 가지 가족 체계의 도움을 받으며 이러한 원칙을 가르칠 만한 최적

의 장소는 어디인가?
- 언제 가르칠 것인가?
- 어떤 방식으로 가르칠 것인가?
- 왜 가르쳐야 한다고 생각하는가?

위와 같은 훈련을 통해 우리는 특정한 원칙, 장소, 도움을 얻을 수 있는 사람들에게 집중하게 된다. 부모뿐만 아니라 멘토와 교사, 다양한 가족 구성원 등 아이들의 건전한 성장에 관심을 갖고 있는 모든 사람에게 매우 유용한 훈련이 될 것이다. 첫 번째 카테고리에서는 직접 훈련 형식의 예를 들어보고 이어지는 다음 카테고리에서는 누가, 무엇을, 어디서, 언제, 어떻게, 왜 등의 여섯 가지 주제어만 제시할 것이다.

자신을 관리하는 법 가르치기

남자아이들이 자기 존중감과 자신에 대한 통찰력을 얻고 정신적으로 성장할 수 있도록 도울 수 있는 방법은 무엇일까? 아이에게 초점을 맞추어 답해보자. 아이가 도움을 구할 사람이 있는가?

유년기, 청소년기에 더 잘 배우기 위해서 남자아이들에게 필요한 특정 원칙은 무엇인가?

이러한 원칙을 가르칠 가장 좋은 장소는 어디인가? 자연? 교회? 학교? 가정?

언제 가르치는 것이 가장 좋은가? 저녁 식사 시간? 캠핑 여행에서? 졸업식, 결혼식 등 인생의 중대한 전환점이 되는 시기에?

어떻게 가르쳐야 하는가? 어떤 경험이나 놀이, 도구를 가지고 가르칠 것인가? 또한 어떤 형식을 사용할 것인가?

남자아이에게 이것을 가르치는 것이 왜 중요한가? 아이의 어떤 행동을 보고 아이가 자기 자신을 잘 관리하지 못하고 있다는 것을 알았는가?

이상의 답을 모두 적었다면, 자신과 다른 사람의 노력을 이해하고 자녀와 나눌 공통 화제를 발견할 수 있을 것이다.

제1가족 돌보는 법 가르치기

현재 어떤 형태의 제1가족 체계를 이루고 있는가에 관계 없이, 이제 남자아이들에게 제1가족의 모든 구성원을 잘 돌보도록 가르치는 방법을 생각해보자. 만일 제1가족이 혼합 가족 형태를 이루고 있다면 그 혼합된 가족 구성원도 포함시키도록 한다.

- 누가 도울 것인가?
- 무엇을 가르쳐야 하는가?
- 어디에서 가르쳐야 하는가?
- 가장 좋은 기회는 언제인가?
- 어떻게 가르쳐야 하는가?
- 왜 지금 가르쳐야 하는가?

친족과 공동체 돌보는 법 가르치기

남자아이들은 일찍부터 제2, 제3가족에 대해 책임감을 느끼고 공동체 구성원이 보여주는 관심을 즐긴다. 그리고 더 많은 관심을 얻기 위해 노력한다.

제2, 제3가족의 다른 구성원을 둘러보자. 그 가운데 누가 우리의 자녀를 의식적으로 이끌어줄 수 있을까? 그는 아이에게 어떤 역할을 가르칠까? 아이를 어느 곳에 보내서 배우게 할 것인가? 가장 좋은 시간은 언제인가? 우리는 어떤 식으로 도움을 줄 수 있는가? 이것이 왜 중요한 일인가?

자연을 돌보는 법 가르치기

아이에게 자연을 돌보는 법을 가르치겠다고 결심했다면 선택할 수 있는 장소는 매우 다양하다. 많은 장소가 아이에게 자연의 위대한 힘과 경이로움을 보여준다. 견학이나 체험 학습, 또는 주말 드라이브 등의 기회를 이용하는 것도 좋다.

남성 공동체에서 적응하는 법 가르치기

우리는 종종 남자아이들은 주위 사람들을 어떻게 돌봐야 하는지에 대해 저절로 배운다고 생각한다. 단지 그들이 남자라는 이유로 말이다. 하지만 그들도 우리의 도움이 필요하지 않을까? 남자아이들도 가끔은 남성 공동체 안에서 혼란스러움을 느낀다. 아이가 물었던 질문, 그리고 최근 남성 공동체에서 아이가 경험한 불안이나 두려움이 있다면 각 종이의 빈칸을 채워라.

여성 공동체를 대하는 법 가르치기

꼭 사랑에 빠진 경우가 아니더라도, 남자아이는 항상 여성 공동체가 지닌 엄청난 힘의 도전을 받고 있다. 남자아이에게는 여성 공동체가 신비한 힘을 가진 성배(聖杯)처럼 느껴질 때도 있고 재난지역으로 보일 때도 있을 것이다.

여성 공동체와의 관계를 통해 아이에게 건전한 역할, 즉 아이의 자아존중감을 훼손시키지 않고 여성의 에너지를 수용하도록 도움을 줄 수 있는 사람이 누구인지 생각해보라. 또한 이것을 가르치기 위한 가장 좋은 장소가 어디인지도 고민해보라. 1년 전에는 집이었지만 아이가 자라면서 다른 곳으로 바뀔 수도 있다. 이 밖에 '언제, 어떻게, 왜'의 문제에도 집중하라.

모두 마쳤으면 이제 남자아이의 눈으로 세상을 한번 바라보자. 남자아이들이 여성 공동체를 대하는 방법을 배워야 하는 이유는 무엇인가? 여성 공동체는 남자아이를 더 나은 사람으로 만드는 데 어떤 식으로 기여할 수 있는가?

좋은 파트너가 되는 법 가르치기

부모들도 이 부분만큼은 깊이 관여할 수 없지만 어느 정도 도움은 줄 수 있을 것이다. 때때로 우리는 적절한 사람에게 도움을 청하지 않아서 정말 가르치고 싶은 것, 즉 서로 깊이 사랑하는 법을 아이들에게 가르치지 못하는 경우도 있다. 아이들은 서로 사랑하는 법이 아니라 오히려 상대방을 지배하고 통제하는 법을 배우며 사랑에 실패했다고 생각하고, 상대방의 판단에 따라 자신을 정의하며 모든 힘을 다해 사랑하기를 꺼려한다. 바람직한 인생의 동반자가 되는 법을 가르칠 때 '누가, 무엇을, 어디서, 언제, 어떻게, 왜'의 답을 생각해보면 '누구'에 대한 답은 우리 자신이라는 결론을 내리게 될 것이다. 아이들에게 더욱 필요한 것을 만드는 사람도, 아이들에게 악영향을 미치는 것을 만들어내는 사람도 바로 우리 자신이기 때문이다.

아이들 혹은 자녀 돌보는 법 가르치기

우리는 아이에게 아버지라는 역할에 대해 어떻게 가르치고 있는가? 남자아이들 역시 일찍부터 누군가의 멘토가 되기를, 자신의 역할을 갖게 되기를 원한다. 우리는 우리를 모델로 삼는 남자아이가 멘토링하는 법을 배울 수 있을 만큼 훌륭한 멘토인가? 누가, 무엇을, 왜, 어디서, 언제, 어떻게 함으로써 훌륭한 멘토가 될 수 있는가?

이것들은 우리가 하나의 훈련에서 찾아볼 수 있는 관리·보호 카테고리의 일부에 불과하다. 직장, 학교, 가정, 교회 등 생각나는 모든 카테고리를 대상으로 이 '누가, 무엇을, 어디서, 언제, 어떻게, 왜' 훈련을 시도해보고 모두 끝난 후에 그중 일부를 반드시 실행에 옮겨보자. 이 훈련을 통해 우리는 소년기의 여러 단계로 되돌아갈 수 있다. 집중의 수단으로, 또한 자녀 양육, 멘토링, 교육에 있어서 새로운 에너지 생성의 바탕으로, 반복적으로 사용하기를 바란다.

| **맺는말** |

　어릴 적에 영화 〈피노키오〉를 보면서, 나는 내가 어떤 소년기를 거치게 될지 전혀 예측할 수 없었다. 나의 생태가 어수룩하고 서툰 소년기에서 성인기로 나를 이끌고 있다는 것도, 스스로의 남성성을 발견하도록 하고 있다는 것도 전혀 알아차리지 못했다. 용감하고 성실해지는 법을 배우는 것이 얼마나 어려운지도 몰랐고, 얼마나 나 자신이 많은 어른들에게 살아가는 법을 배우고 싶어 하는지도 몰랐다. 그 당시 내가 아는 것이라고는 나도 피노키오처럼 살아 있음을 느끼고 싶다는 사실뿐이었다.
　이 책을 통해 남자아이들을 위해 제1, 제2, 제3가족의 일원으로서 우리가 하고 있는 일들의 중요성을 깨닫기 바란다. 남자아이들을 보살필 책임으로부터 자유로운 사람은 하나도 없다. 우리는 모두 그들의 푸른 요정이고 동시에 제페토 할아버지이기도 하다. 그들을 사랑하고 자극하고 실망시키는 모든 과정에서 우리는 그들에게 살아 있음을 느끼게 해 주는 존재다.

어릴 적 수많은 경험을 했음에도 불구하고 나는 30대가 되어서야 비로소 내가 남자임을 느끼게 되었다. 한 남성 단체에서 "내가 정말 남자인지 나도 잘 모르겠어요."라고 말했던 것이 기억난다. 그때가 1980년대 중반이었다. 그 고백 이후로 수십만, 수백만 명의 성인 남성들이 나와 같은 고민을 경험하며 성장했다는 사실을 알게 되었다. 성인 남성들도 아직 어색하고 부자연스러움을 느낀다. 스스로 어떤 존재이고 남자라는 것이 무엇인지, 무엇을 배워야 하는지, 남성으로서 무엇을 가르쳐야 하는지, 우리는 모르고 있었다. 성인 남성임에도 불구하고 마음 한구석은 피노키오의 여정을 좇고 있었던 것이다.

우리가 남자아이들을 더 나은 아이들로 키우고, 인간 사회가 공동체의 역할에 관심을 모음으로써 서로 힘을 합치는 데 이 책이 도움이 되기를 바란다. "나는 과연 어떤 존재인가?"라는 질문의 답을 찾기 위해 그 어느 때보다 도움이 필요한 청소년들에게 손을 내미는 모든 성인 남성과 여성들, 그들의 삶에 경의를 표한다.

감사의 말

만약 내가 전혀 다른 소년기를 보냈다면 이 책의 내용도 분명 달라졌을 것이다. 내가 세계 곳곳의 다양한 문화권을 경험할 수 있도록 기회를 제공해주신 부모님에게 감사드린다. 인도의 아이야와 마흐무드, 우트족 인디언 보호구역의 사람들에게도 고마움을 전한다. 부모님의 뜻을 이어 나는 세계를 누비며 이스라엘 사람들로부터 도로(Dorot) 키부츠의 생활 방식을 접했고, 터키에서도 생활하였다. 터키에 머무는 동안 가깝게 지낸 나의 특별한 친구이자 동료들도 잊지 못할 것이다.

인간 발달의 요소들을 이해하는 데 큰 도움을 준 정신의학자인 이스턴 워싱턴 대학의 응용심리학 교수 아민 아렌트, 테리 트루먼, 워렌 패럴 박사, 제프 헤지, 유전학에 대한 중요한 정보를 제공해준 달 밴더 린덴 박사, 존 다보이 박사, 그리고 바쁜 와중에도 내 질문에 언제나 친절히 응해준 마이클 메이너 박사에게도 감사의 마음을 전한다.

헤르조그(Herzog) 가문은 세 가지 가족 형태가 어떤 것인지 나에게 직접 보여주었다.

출판사의 도움이 없었다면 이 책은 빛을 보지 못했을 것이다. 그런 점에서 로리 폭스와 린다 체스터에게 깊이 감사한다. 온갖 세세한 도움을 제공해준 리처드 달크와 저명한 임상의학자로서 네 아들의 아버지인 편집자 앨런 린츨러에게도 고마움을 전한다. 이렌느 프로코프와 그녀의 연구원들, 몇 년 동안이나 나의 연구를 뒷받침해준 제레미 타처에게 특히 감사한다.

그동안 많은 청소년과 성인들이 내 연구에 협조해주었다. 그들의 공동체와 학교, 야영장, 상담실, 가정을 찾으면서 내가 보고 배운 모든 것에 대해 진심으로 감사함을 전한다.

마지막으로 내 영원한 동반자인 가브리엘, 다비타, 게일의 따뜻한 격려와 인내에 대해 마음속 깊이 감사의 마음을 전한다.

남자아이 심리백과

펴낸날	초판 1쇄 2009년 4월 8일
	초판 17쇄 2023년 5월 16일

지은이	마이클 거리언
옮긴이	도희진
펴낸이	심만수
펴낸곳	(주)살림출판사
출판등록	1989년 11월 1일 제9-210호

주소	경기도 파주시 광인사길 30
전화	031-955-1350 팩스 031-624-1356
홈페이지	http://www.sallimbooks.com
이메일	book@sallimbooks.com

ISBN	978-89-522-1122-4 13370

※ 값은 뒤표지에 있습니다.
※ 잘못 만들어진 책은 구입하신 서점에서 바꾸어 드립니다.